JN437006

귀여겨듣다

귀여겨듣다

최재선 수필집

수필과비평사

| 작가의 말 |

나이를 먹을수록 내 이름을 불러주는 사람이 점차 줄어든다. 허리 통증을 잠재우려고 병원에 들렀더니 간호사와 물리치료사가 아버님이라고 했다. 아버지는 내 이름 대신 큰아들 이름을 부르시고 어머니는 큰 아가라고 하신다. 다른 사람은 날 최 교수 아니면 최 작가라고 부른다.

허리가 부실하여 병원에 들렀다
아버님! 어디가 안 좋으셔요?
딸 삼았으면 좋겠다 싶은 어린 간호사의 극진한 호칭
강아지풀 하늘거리듯 간지러웠다
허리에 엑스레이 광선 쏘아 넣는 기사도 아버님이라 했다
시뻘겋다 못해 립스틱 시커멓게 칠한 물리치료사도

아버지는 날 찬용이라 부르신다
어머니는 큰 아가라 부르신다
십자가만 바라보고 사는 아내는 최 집사라 부른다
장난기 심한 큰아들은 어이 최 시인이라 부른다
스물네 해째 말문 빗장 걸고 사는 작은아들에게 정작
아빠란 소리 한 번 뼈 시리게 듣고 싶건만

어느 세월의 고샅 돌아보니 집집마다 문패가 없다
문패 대신 죄다 인생행로 몇 번지 주소뿐이다
내 몸의 집 지으며 상량식 한 지 예순한 해 이 세월
어느 곳간에 다 쟁여놓았을까
사람들은 날 최 교수 아니면 최 시인이라 부른다
뻔뻔하게도 내가 그런 사람인 줄 알고 이름을 잃어버렸다

세월의 공법으로 지은 몸 올해도 나이테 하나 더 늘었다
사람들은 이제 내 이름을 잘 불러주지 않는다
두루마기처럼 돌돌 말아뒀던 내 이름을 꺼내 달빛에 말린다
재선아! 미안해 이름에 걸맞게 살아주지 못해서
재선아! 고마워 울퉁불퉁한 길 잘 견디며 여기까지 와줘서
재선아! 사랑해 다행히 철들 줄 모르고 아직 詩 몸살 앓아서

–「내 이름을 꺼내 달빛에 말린다」 전문

여섯 식구 가장 허리는 아무 기별 없이 통증이 불쑥 자주 찾아온다. 내가 앓는 허리 통증은 삶통痛이 아니라 글痛이다. 이 통증을 통해 내 글의 곳간이 차곡차곡 쌓였다. 결국 풍성하게 부유해졌다. 끝내 내 이름으로 푸지게 행복했다. 그러나 글 쓸 힘밖에 없어 부모님께 죄송하다. 아내와 아들에게 미안하다.

달빛 교교한 아중천에 핀 달맞이꽃의 관절이 싱싱하다. 내 이름을 꺼내 달빛에 말린다. 별빛이 건네는 말과 잔돌을 밟고 가는 물의 발소리를 귀여겨듣는다. 잠들지 않은 어휘가 銀魚처럼 튀어 오르고 글의 심장 소리가 들린다.

"귀여겨들으면/ 풀잎도 심장 뛰고/ 돌멩이 혈관도/ 소리 없이 흐른다// 귀여겨들으면/ 새도 앓을 줄 알고/ 멀리 있는 산도/ 사랑에 빠질 줄 안다// 귀여겨들으면/ 겨울잠 든 것 같은/ 그대의 사랑/ 봄길로 오고 있다."

–「귀여겨듣다」 전문

2020년 가을 달빛 아래서

| 목차 |

1부

꽃의 자리

2부

빨강 신호

3부

전원 살이

4부

귀여겨 듣다

5부

아들의 꿈

6부

감사의 조건

7부

은혜의 강

1부

꽃의 자리

전지하다

서리가 몇 차례 내렸다. 웃자란 낙상홍 가지를 잘라야 할 것 같다. 밖에 내둔 분재를 비닐하우스로 집어넣었다. 나무는 잎을 다 떨어내고 이제 각자 휴면기에 들기 시작했다. 전지는 나무가 일정한 모형을 유지할 수 있게 하려고, 쓸데없이 자란 부분을 자르는 것이다. 즉 나무가 잘 자라게 하려고 불필요한 부분을 잘라내는 일이다. 전지는 아무 때나 하는 것이 아니라, 자연의 섭리에 따라 해야 한다. 일반적으로 나무가 성장을 멈추거나 성장하기 시작한 시점에 맞춰 전지한다.

우리 삶도 마찬가지이다. 나무가 시도 때도 없이 잎을 무성하게 매달고 있으면 겨울에 얼어 죽을 수 있다. 나뭇가지도 마찬가지이다. 필요 이상으로 가지가 많으면 폭풍에 찢어진다. 또 햇볕을 제 몸 구석구석으로 끌어들이지 못해 골고루 성장할 수 없다. 무엇이든 버리지 않고 움켜쥐고 있는 것만이 능사가 아니다. 무엇인가를 채우려면 그만큼 비워야 한다.

수형은 나무를 돌보는 사람 손에 달려 있다. 나무를 어떻게 전지하느냐에 따라 나무 자태가 결정된다. 전지를 잘한다고 하여 수형을 아름답게 유지하는 것은 아니다. 그저 햇볕이 잘든 곳에 나무를 심고 물만 주면 잘 자랄 것이라고 기대하는 것은 잘못이다. 시절에 따라 해충이 얼씬하지 않게 농약을 뿌려야 하고, 퇴비를 넉넉하게 줘 영양을 보충해야 한다.

분재는 어린아이 보듯 잘 돌봐야 한다. 작은 화분에 있는 분토가 마르지 않게 때 맞추어 물을 줘야 한다. 수종에 따라 잎을 솎거나 따줘야 하고, 꽃을 적절하게 가려 따야 한다. 어떤 것은 가위를 대지 않고 손으로 일일이 따야 하는 것도 있다. 분갈이를 때 맞춰 적기에 해야 하고, 분재목이 잘 자라도록 영양을 잘 공급해야 한다. 이런 과정에서 나무에 사랑을 담뿍 줘야, 꽃을 예쁘게 피우고 열매를 튼실하게 맺는다.

수형을 사람과 비교하면 인품과 같다. 수형이 아름다운 나무는 수많은 가위질을 묵묵히 견디며 자랐다. 해변에 있는 몽돌도 마찬가지다. 수많은 세월 동안 자기 몸에 파도의 가위를 대며 살아왔다. 모난 생각을 파도에 맡겨 깎아내고 그릇된 사고를 파도의 가위로 잘라내 동그랗게 빚었다. 질기고 단단한 몸을 파도에 유연하게 맡기고, 많은 시간을 침묵하며 견뎠다. 마침내 둥글어진 몸을 서로 포개고 아픔을 유연하게 다스릴 줄 안다.

시골에 가면 마을 입구에 대부분 당산나무가 있다. 당산나무 수령은 대부분 몇십 년에서 백 년을 훌쩍 넘긴 것이 많다. 이들 당산나무가 아름다운 자태와 위엄 있는 수형을 유지한 것은 나무 스스로 자연의 섭리를 깨우쳤기 때문이다. 자연의 섭리에 순응하면서 자신을 전지한 것이다. 비바람이나 폭설을 다스리는 법뿐만 아니라, 온갖 병충해를 물리치는 법을 체득하며 살아왔다.

누구든 사람에게 고유한 향이 있다. 이 향이 고매할 수도 있고 역겨울 수도 있다. 이 차이는 자신을 어떻게 전지하며 어떤 수형을 만들어가며 사느냐에 달려 있다. 외모는 얼마든지 전지하여 성형이 가능하다. 내면은 성형외과 의사 손을 빌려도 성형할 수 없다. 새벽에 일어나면 밤사이 시든 화환처럼 늙은 근육을 친절하게 먼저 푼다. 이어서 무릎을 꿇고 기도한다. 기도 끝에 내 언행이 오늘 만나는 사람에게 선한 영향을 끼쳐달라고 간구한다.

오늘 아침, 차 시동을 걸어놓고 작업실 주변에 있는 담배꽁초를 주웠다. 이때 빠른 속력으로 오토바이가 다가와 하마터면 부딪칠 뻔했다. 고등학생쯤으로 보이는 남자 아이였다. 너무 놀라 속력을 좀 줄이라고 했더니, 시비조로 "왜? 30km도 안 되는데, 왜?" 하면서 대들었다. 도무지 말이 통하지 않을 것 같아 "빨리 가라."라고 했다. 녀석이 "너나 빨리 가."라고 하면서 사라졌다.

요즘 부쩍 가르치는 일이 쓸쓸하다. 오전 첫 강의, 스무 명 정도 되는 수강생 가운데 책을 읽어오는 학생이 네댓 명쯤이다. 독서에 대한 부담을 줄이려고, 두세 장(chapter)만 읽어오라고 하는데도 책을 잘 읽지 않는다. 강의 시간에 제멋대로 강의실을 들락거리는 학생이 있다.

출석을 거의 하지 않다가 종강 무렵에 얼굴을 내민 학생도 있다. 나는 이들을 나무라고 여기며 단단히 나무란다. 그릇된 행동에 가위질한다. 학생들이 낸 리포트를 첨삭하면서 또 가위질한다.

내게 자라는 가지 가운데 전지할 것은 없을까. 곰곰이 들여다보니 차마 내려놓지 못하고 붙잡고 있는 이기와 탐욕의 잔가지가 많다. 다름을 인정하지 않은 비뚤어진 가지와 척한 위선의 가지가 그득하다. 잘 정돈하지 않은 가지들이 무질서하게 얽히고설켜 있다.

정원에 있는 화살나무와 향나무, 섬잣나무와 회양목, 주목과 소나무의 자태가 낱낱이 풍경이다. 그 풍경이 자성이 되어 내 맘속에 자석처럼 자꾸 달라붙는다.

(2018. 11. 19.)

안개

“오늘도 안개가 굉장하다.”

이른 아침 주방 창문을 열고 어머니께서 안개 타령을 하신다. 안개는 우리 마을 풍경이다. 호남 만덕 단맥 들머리에 있는 묵방산(530미터) 줄기가 마을을 감싸고 있고, 산 턱 밑에 화심 소류지가 마당처럼 자리하고 있다. 이 소류지는 묵방산에서 흘러내린 물이 작은 암자인 원각사와 방생사 산문을 나서자마자 합류하므로 물이 차다. 게다가 오염원이 없어 청명하기까지 하다. 이 소류지에서 뿜어낸 안개가 국약천을 따라 물살처럼 흐르면 사방이 온통 우윳빛으로 물들어 파묻힌다.

오래 죽치고 있을 것 같았던 안개의 결의는 앞산 공제선에 햇살이 퍼지면 뚝 꺾이고 만다. 안개는 모든 것을 제자리에 돌려놓고 아무 일 없었던 것처럼 고요하게 사라진다. 안개가 지나간 나뭇가지는 한결 촉촉해져 생기가 돌고, 길바닥에 있는 돌멩이는 안개로 머리를 감고 한결 정갈해진다. 까치 떼는 감나무와 감나무 사이를 평화스럽게 낮은 자세로 비행하다 가지마다 층층이 모여 숟가락질하느라 분주하다.

안개는 새벽에만 부화하지 않고 밤에도 파닥거릴 때가 있다. 이런 날 안개는 허기진 야생동물처럼 불빛이란 불빛을 먹잇감처럼 다 삼켜 버린다. 자동차 전조등은 물론 안개등까지 먹어 치우고 마을 골목을 밝히는 가로등마저 한입에 집어넣는다. 이런 날은 어둠과 밝음의 경계가 무너져 모든 것이 또 다른 이름의 경계와 한통속이 된다. 우리는 안갯속에서 허방을 짚지 않으려고 드러내 놓고 안개를 경계한다.

안개가 쓴 문장은 난해하고 아리송한 부호로 이루어져 있다. 더 꺼낼 말이 없을 때 의존명사 등등을 마구 쓰는 언어습관을 안개도 즐겨 쓴다. 안개는 문장 빈 곳마다 흰 잉크로 등을 마구 갈겨쓴다. 안개를 잘 읽으려면 안개가 뒤집어쓴 애매한 누명을 풀어헤쳐야 한다. 안개가 끼면 한 치 앞을 볼 수 없다. 안개의 주어는 이 거리를 극복하고 누명을 벗겨야 찾을 수 있다.

안개의 어원은 고립이다. 바다에도 안개 끼는 날이 많다. 바다에 끼는 안개를 해무라 한다. 육지와 달리 바다에 안개가 끼면 눈으로 볼 수 있는 목표물까지 거리가 멀어진다. 몇 해 전 봉준호 감독이 만든 「해무」란 영화를 상영했다. 만선에 대한 꿈이 오래된 장독처럼 박살나자 선장인 '철주'는 선원과 모의하여 밀항하는 사람을 실어 나른다. 밀항하려면 은밀하게 해야 하므로 안개와 동업자가 되어야 한다.

안개와 동업한 일은 흐지부지 사라지거나 불행하게 끝난다. 가족처럼 지낸 선원은 서로를 죽이고 밀항하려고 한 사람은 꿈꾸는 땅을 밟지 못한다.

기형도 시인이 쓴 「안개」 가운데 일부이다. "몇 가지 사소한 사건도 있었다. 한밤중에 여직공 하나가 겁탈을 당했다. 기숙사와 가까운 곳이었으나 그녀의 입이 막히자 그것으로 끝이었다. 지난겨울엔 방죽 위에서 취객 하나가 얼어 죽었다. 바로 곁을 지난 삼륜차는 그것이 쓰레기 더미인 줄 알았다고 했다. 그러나 그것은 개인적인 불행일 뿐 안개의 탓은 아니다."

기숙사와 가까운 곳에서 여직공이 성폭행을 당하고 술에 취해 사람이 동사한 것을 '사소한 사건'이라고 시인은 노래하고 있다. 술에 취해 얼어 죽은 사람을 운전자는 쓰레기 더미인 줄 알았다고 했다. 사람 목숨보다 경제 논리를 우상처럼 섬긴 음울한 시대 모습을 '안개'로 표현했다. 이 사회와 나라, 정치하는 나리들은 아무 잘못이 없다는 식이다. 그저 그런 피해를 본 사람이 당한 개인적인 불행이라며 누명을 뒤집어씌우고 있다.

안개의 다른 어원은 기다림이다. 살다 보면 우리 삶에도 자욱하게 안개 낀 날이 있다. 이럴 때 우왕좌왕하면 방향을 잃고 낙과처럼 떨어질 수 있다. 우리에게 닥친 고난이나 아픔을 잘 다스리며 상처가 아물 때까지 기다려야 한다. 싱싱하게 버텨야만 한다. 그리움은 안갯속에서 등불을 켜고 진득하게 눈길을 주며 기다리는 것이다.

"고덕산 어두리 품에 안은 새벽안개/ 가녘 없이 밀려오는 허연 파도/ 17번 국도 신호등 꽃처럼 피었다 집니다/ (중략) / 안개 더 깊어지지 않게/ 퍼억퍼억 농부의 삽질 소리 숨 가쁩니다/ 아무리 울부짖고 퍼내도/ 스러지지 않고 일어서는 새벽 강/ 그 강 옆구리 꽃 문 열고/ 새 목숨 같은 알 품고 있겠지요?/ 마른 갈대 이슬 껴안고요/ 그 강에 배 내어/ 당신께 노 저어 가고 싶은데/ 어둠 걷히고 안개 강 마르기 전/ 당신 만나고 싶은데/ (중략) / 어찌합니까?/ 이 안갯속에 이대로 그냥 있을랍니다." (「새벽안개」 전문)

근래 보기 드물게 거대하게 형성된 안개의 종족이다. 안개에 갇혀 보지 않은 사람은 안개가 얼마나 단단하고 질긴 고독인지 잘 모른다. 이 견고한 고독 속에서 시의 뿌리를 캔다. 그리움의 씨앗을 뿌린다.

(2020. 3. 28.)

우중만보雨中萬步

억수다. 한 맺힌 사람이 가슴으로 울어대는 울음이다. 사랑하다 미쳐 마구 흘리는 눈물이다. 예배를 마치고 집으로 돌아가는 길, 시야가 온통 물빛이다. 차바퀴에 깔린 빗물이 물보라를 일으키며 학춤을 춘다. 슬쩍 지나치는 비라고 치기엔 기세가 너무 등등하다. 사랑으로 치면 숨 쉬는 것조차 잊고 뜨겁게 불타오르는 격정이다. 윈도 브러시의 몸짓이 청춘처럼 젊다.

글방으로 오는 길도 여전하다. 신발장에 오래 처박혀 있던 장화가 내 눈치를 살핀다. 녀석이 콧바람을 쐰 지 오래되었다. 장화를 꺼내 신었다. 운동화를 신을 때보다 발바닥이 먹먹하지만, 굵은 빗속을 걷기엔 안성맞춤이다. 황토물을 이미 뒤집어쓴 아중천이 물의 怒氣로 가득하다. 아중천은 평소 아중저수지 수문 틈을 찔끔 빠져나온 물과 생활하수가 몸을 섞어 맹맹하게 흐른다.

물길이 막혀 물의 걸음이 더딘 곳에서 맡기 역겨운 냄새가 난다. 그래도 물이 걸음을 멎지 않고 보행을 계속하여 아중천 심장이 뛴다. 이 물을 집으로 삼고 물억새가 군데군데 가문을 이루며 어울려 산다. 수달도 짝으로 산다. 천변을 걷다 눈이 호강하는 날에는 금실 좋은 수달 부부를 만난다. 어린이집에서 돌아온 새끼 오리들을 어미 오리가 손잡고 돌아오는 풍경도 볼 수 있다. 두루미와 청둥오리도 이따금 풍경 하나씩 매달고 난다.

과분하게 내린 비로 산책길이 물과 한몸이다. 길이 하나만 있다고 여기는 것은 최선이 아니라 한계이다. 한계의 못을 미리 박으면 우리 삶은 앞으로 나아가지 못하고 뒤로 밀려난다. 다른 길을 찾는 것은 곧 도전하는 것이다. 산책길이 아닌 다른 길을 밟는다. 그 길에 개망초가 속살을 환히 드러내고 무리로 피어 있다. 청명한 하늘 아래서만 핀다면 꽃이라는 이름이 감히 부끄럽지 않으랴.

아중천과 소양천이 합류하는 곳에서 물살이 있는 대로 성질을 부린다. 이곳에서 두루미가 목을 낚싯바늘처럼 세우고 먹잇감을 탐색하고 있다. 이런 날 물고기는 자기 몸에 붙은 지느러미를 조율할 수 없다. 누렇게 뒤집혀 가속도가 붙은 물살에 몸을 맡겨야 한다. 두루미는 이 기회를 놓치지 않고 긴 부리를 연신 물속으로 던져 물고기를 낚는다. 기회는 편견 없이 누구에게나 온다. 다만 기회가 찾아오는 것을 기다리기보다 만들어야 한다. 기회를 만들어야 우리가 더 많은 길을 선택할 수 있다.

질기게 내리던 비가 지쳤는지 잠시 멎는다. 살다 보면 분노나 원망이 불청객처럼 찾아올 때가 있다. 이때 그들을 보내지 않고 오래 머물게 하면 안 된다. 황토물이 흐르는 아중천처럼 속을 다 뒤집어서 풀어야 한다. 분노나 원망은 자라는 속도가 빨라 순식간에 덩치가 불어난다. 이들을 잘 달래서 내보지 않으면 심신이 상한다. 내 맘에 분노나 원망의 씨앗이 떨어지면, 사람이 별로 없는 한적한 곳을 골라 걷는다. 걸으면서 내 안에 있는 서운한 감정을 다 쏟아낸다. 때로는 육두문자를 서슴지 않고 꺼내 쓰기도 한다.

비가 멎은 틈을 타 황토물이 탁한 빛깔을 몇 겹 지운다. 마치 제 안에 있던 분노나 원망을 덜어낸 것 같다. 서운한 감정을 쏟아낸 뒤 상황을 바꿔치기한다. 내가 그 사람이라면 어떻게 했을까? 그 사람과 같은 상황에 부닥쳤다면 난 어떻게 행동했을까? 내 자존심과 상대가 맞닥뜨린 상황이 줄다리기하며 싸운다. 이때 글을 생각한다. 내 안에 분노와 원망의 나무가 자라면, 글은 울퉁불퉁하고 뾰쪽뾰쪽한 열매를 맺는다. 내 글의 모서리를 없애려고 자존심을 미련 없이 버린다. 그리고 글을 쓴다.

억수다. 잠시 멎었던 빗줄기가 거세게 힘을 쓴다. 억수는 날마다 걷는 내 산책의 장애물이다. 산책길에서 억수가 많은 것을 가르쳐준다. 자연은 절대 입으로 말하지 않는다. 묵언을 통해 조용히 가르친다. 침묵을 통해 지혜를 말해준다. 길섶에 핀 메꽃이 비에 흠씬 젖었지만, 연홍색 표정은 환하고 밝다. 꽃은 억수로 인해 키가 작아졌을 뿐, 여전히 꽃의 자세로 버티고 있다. 억수와 무관하게 꽃은 여전히 꽃이다.

우리 생애 억수가 쏟아지는 날이 어찌 몇 날이고 말랴. 이런 날, 비를 핑계로 그냥 웅크리고 들어앉아 세월을 축내지 말자. 날아다닐 생각을 접는 순간 우리 삶의 날개는 점점 퇴화하지 않겠느냐. 억수 속에서 덜컹거리는 장화가 불편하지만, 먼 곳까지 이르렀다. 만 보는 족히 될 성싶으니 충분히 붕붕 날았다.

(2019. 7. 21.)

바람

태풍 사촌쯤 되는 바람이 내내 분다. 내일은 양간지풍이 분다고 예보하였다. 양간지풍은 강원도 양양과 간성 사이에서 부는 강한 바람이다. 동해안 지방에서 대형 산불이 주로 일어나는 까닭도 이 바람 때문이라고 한다. 많은 과수농가가 4월 끝물에 찾아온 꽃샘추위와 강풍으로 냉해와 풍해를 입었다.

창문 덜컹거리는 소리가 끊길 줄 모르고 오랫동안 새의 비행이 뜸하다. 나무에 앉아있는 방울새의 머리카락이 바람에 뒤집혀 누르스름하게 빛난다. 아직 연둣빛을 띠고 있는 나뭇잎을 단 나무의 들숨과 날숨이 가쁘다. 바람이 우우 소리를 내며 길을 뚫는다. 그 길에 있는 것마다 바람이 가는 대로 휘청거리거나 불안하게 흔들린다.

연구실에서 학생들이 쓴 리포트를 첨삭하고 있다. 우리 대학은 다른 학교와 달리 서른다섯 이상 먹은 만학도가 많다. 모 학생이 쓴 인생길에서 만난 바람에 관한 이야기가 가슴을 먹먹하게 만든다. 이 학생은 40대 중반에 ○○을 공부하려고 입학하였다. 남편이 한 살 터울인 두 딸을 남기고 교통사고로 하늘로 간 지 스무 해가 되었다.

세상에서 안 해 본 게 거의 없다. 보험모집인, 식당 일, 세차, 편의점 알바, 미용실, 요양보호사, 간병인에 이르기까지. 두 딸이 대학을 마치고 나자 허리를 좀 펼 수 있었다. 삶의 뒤안길을 눈여겨보니 먹고 사는 일밖에 한 것이 없어 불쑥 고독했다. 이때 하나님을 만났다. 믿음의 자성에 이끌려 용기를 내어 대학에 입학했다. 요즘 동영상 강의가 낯설고 컴맹이라서 리포트 쓰는 것이 여간 힘들지 않다.

들여쓰기와 단락을 나누지 않은 리포트는 쟁기질하다 그만둔 밭처럼 고르지 않았다. 완결하지 않은 비문마다 눈물이 뚝뚝 배어 있었다. 웬만한 바람 앞에서 뿌리째 흔들리지 않은 중심이 외롭게 자리했다. 지금껏 자신을 키운 건 팔 할이 바람이 아니라, 일체가 바람이라고 고백했다. 이 고백 속에 삶에 대한 의지가 쇠말뚝처럼 박혀 있었다. 감히 글에 대해 왈가왈부할 수 없어 "정말 잘 살아오셨습니다."라는 문장을 하나 조심스럽게 새겼다.

우리 생애 바람 잠잠한 날 몇 날이나 되랴. 우리나라에 불어 닥친 코로나의 광풍은 어느 정도 멎었지만, 이 광풍의 한가운데에 있는 나라가 아직도 많다. 이 바람으로 인해 많은 사람이 목숨을 잃었고 일상이 뒤틀어졌다. 문門이란 문門은 죄다 빗장을 걸었고 사람과 사람은 거리를 두었다. 이 통에 거추장스럽게 여긴 마스크가 필수품이 되었고 사소하게 여긴 일상이 기적이라는 것을 알았다.

“기적은 기적처럼 오지 않고/ 아침처럼 찾아온다/ 아침에 눈과 입술 열리고/ 심장과 맥박 뛰어/ 저 스스로 걸을 수 있다면/ 이미 기적이 찾아온 것이다// 기적은 기적처럼 오지 않고/ 사소하게 찾아온다/ 뜰에 핀 꽃 한 송이 바라보고/ 새소리 들을 수 있고/ 흙냄새 맡을 수 있다면/ 기적이 이미 찾아온 것이다// 기적은 기적처럼 오지 않고/ 절실하게 찾아온다/ 힘들 때 살갑게 부를 이름 있고/ 곰살궂게 다가올 사람 있어/ 삶 외롭지 않으면/ 이미 기적이 일어난 것이다// 기적은 기적처럼 오지 않고/ 저녁처럼 찾아온다/ 저녁에 들어갈 집 있고/ 그 집에서 만날 식구 있고/ 식구들 이름 부를 수 있다면/ 이미 기적이 일어난 것이다.”(「기적은 기척처럼 오지 않는다」 전문)

군청에서 재난 안전 지원금이 나왔다. 한 사람당 5만 원 권 지역상품권으로. 주민지원센터에서 상품권을 받아 들른 농협 주차장이 발 디딜 틈 없이 사람으로 넘친다. 쌀, 국 멸치, 계란, 돼지고기, 라면, 부모님 간식거리 따위를 사서 집으로 가는 길이 오지고 푸지다. 이 길에도 덩치 큰 바람이 잠시도 멈추지 않고 활보하고 있다. 고추 묘를 심으려고 씌운 비닐이 흙발이 약한 곳에서 들썩거리며 멀미를 한다. 직립을 고집해온 나무의 자세가 바람 앞에서 잠시 잠깐 알량하게 흐트러진다.

정원 곳곳에 핀 꽃이 바람에 분분히 진다. 바람에 지는 꽃은 제 무게를 생각하지 않는다. 꿈처럼 여긴 날을 바람에 맡기고 날릴 뿐. 꽃은 떨어지면서 차후 행선지를 말하지 않는다. 그저 바람이 부르는 길을 따라 걸어갈 뿐. 바람은 아무도 들어주지 않은 말을 계속하려는 듯 風氣를 놓지 않고 있다. 이 風氣에 風景마다 흔들린다. 이 통에도 36.5도의 체온이 약지에 낀 반지처럼 변함없으니 기적 아니랴. 이 땅에 있는 뭇 생명은 앓으면서 자란다. 바람에 흔들리며 철든다.

(2020. 4. 24.)

봄길

대낮 볕을 따라 꽃을 찾아 나선 게 몇 해 만인가. 코로나가 우리 일상의 지형을 바꿔놓은 게 한둘 아니다. 예배를 가정 예배로 돌려놓았고, 3월 끝물에 이르렀는데도 학교는 대면 강의를 하지 못하고 있다. 글방에서 느긋하게 점심 겸 저녁을 먹었다. 몇 가닥 방으로 발을 들여놓은 바람의 체온이 푹신하다.

뒷산으로 가는 길목마다 꽃이 즐비하다. 어느 주택 앞마당에 동백 한 그루가 선혈을 머금고 서 있다. 첫사랑에 빠진 연인의 마음을 행여 찢어 볼 수 있다면, 바로 저런 빛으로 불타다 자작자작 밭지 않을까. 유별스럽게 따스한 날을 마다하고 한기 속에서 홀로 피어 사랑을 듬뿍 받으려는 심사心思를 향해 어찌 돌을 던지랴. 저리 눈부시게 피어있다 질 때는 미련 한 푼 없이 통째 뚝뚝 져버리는 성품은 화끈하다 못해 뒤끝이 맑다.

우리 시 가운데 남녀 사이에 일어난 이별을 노래한 게 많다. 이른바 '전통시'이다. 우리나라 전통시 특징은 남성이 여성을 일방적으로 버리고 떠난다. 이런 상황에서 여성은 인내하면서 남성을 기다린다. 동백꽃도 이런 이미지를 많이 품고 있다. 서정주 시인은 「동백꽃」이란 시에서 동백을 이렇게 노래하고 있다. "선운사 골짜기로/ 선운사 동백꽃을 보러 갔더니/ 동백꽃은 아직 일러 피지 않았고/ 막걸릿집 여자의/ 육자배기 가락에/ 작년 것만 상기도 남았습니다/ 그것도 목이 쉬어 남았습니다."

선운사는 전북 고창에 있는 절로 겨울에는 동백꽃, 가을에는 꽃무릇이 장관이다. 육자배기는 전라도 지방에서 유행하는 대표적인 민요이다. 우리 소리의 근간은 恨이다. 서정적 자아는 선운사에 동백꽃을 보러 갔지만 보지 못한다. 그러나 주모가 부르는 육자배기 가락에서 작년에 핀 동백의 잔흔을 듣는다. 주모가 부르는 육자배기에서 동백꽃을 유추한 시인의 상상력은 '恨의 美學'에서 비롯했다.

산 복숭아뼈 근처에 있는 모 문중 제각 뜰에 수선화가 두루 피어있다. 수선화는 복수초나 영춘화와 더불어 봄을 알리는 춘신春信의 전령사이다. 샛노랗게 빛나는 낯이 만나면 좋은 이야기만 골라 하는 사람처럼 한결 살갑다. 어느 꽃이든 꽃말을 파고들면 사랑과 동떨어져 생긴 게 별로 없다. 수선화 역시 이 굴레를 벗어나지 못한다.

수선화 속명은 Narcissus이다. Narcissus는 그리스 신화에 나오는 미소년인 나르키소스에서 유래했다. 나르키소스는 미모가 특출하여 많은 사람이 그를 사랑했지만, 그는 사랑에 별 관심이 없었다. 사랑을 거부당하면 누구나 절망에 빠진다. 나르키소스에게 사랑을 거부당한 어느 요정은 복수심이 일었다. 그래서 아프로디테에게 자신이 겪은 고통과 똑같은 아픔을 나르키소스도 겪게 해달라고 빈다. 나르키소스는 결국 호수에 비친 자기 모습을 보고 사랑에 빠지는 형벌을 받는다. 그래서일까. 일제히 아래쪽을 향하고 있는 수선화 눈빛이 애잔하다.

편백 숲이 끝나는 곳에 진달래가 피어있다. 김소월 시인은 「진달래꽃」에서 자신을 버리고 떠난 사람에게 왜 진달래꽃을 뿌려주겠다고 했을까. 하고많은 꽃 가운데 하필 진달래꽃일까. 진달래꽃은 설화적으로 소쩍새와 밀접하게 연관되어 있다. 어떤 남자를 죽도록 사랑했던 여자가 남자에게 사랑을 고백하지만, 거절당하고 만다. 상심한 여자는 피를 토하면서 스스로 목숨을 끊는다. 이때 피가 진달래꽃에 묻어 진달래가 붉게 되고, 여자는 소쩍새가 된다. 소쩍새가 된 여자는 밤마다 남자 집 주위를 떠돌면서 "소쩍, 소쩍" 목놓아 울었다. 이렇게 보니 동백, 수선화, 진달래꽃이 모두 꽃잎 뒤에 사랑의 슬픔을 감추고 있다.

진달래가 무리 지어 피어 있는 곳에서 좀 멀찍한 골짜기에 산벚꽃이 만발했다. 버찌를 배불리 먹은 새가 이 숲을 건너다 분의糞意를 참지 못하고 그만 똥을 지리고 말았을 것이다. 생명은 자궁이나 씨방을 통해서만 잉태되는 것이 아니다. 새의 먹잇감이 되어 종족을 번성하는 벚나무의 종족 충만 방식은 기발하다 못해 애틋하다. 산벚꽃은 공기가 맑은 산에서 자란 탓에 일반 벚꽃과 달리 순백하다. 겨우내 비었던 가지마다 나뭇잎이 연둣빛으로 막 깨어날 때, 산 곳곳에 산벚꽃이 피면 한 폭의 파스텔화가 된다.

민들레나 채송화, 제비꽃을 흔히 앉은뱅이꽃이라고 한다. 키가 작다는 이유로 꽃 앞에 '앉은뱅이'라는 수식을 붙인 것이 너무 가혹하고 외식外飾적이다. 며칠 전까지만 해도 꽃잎을 노랗게 달고 있던 민들레가 이제 홀씨가 되었다. 곧 각자 가고 싶은 곳 주소지 우편번호를 찾아 쓰고 바람에 몸을 맡길 터. 그곳이 멀든 가깝든, 옥토든 척박하든, 불평하지 않고 안주할 터. 바람이 내려준 땅에 몸을 묻고 끝내 썩어 문드러지고 말 터.

자귀나무 숲 너머로 석양이 지고 있다. 석양은 지면서도 이 봄날 여느 꽃 못지않게 아름답게 피어난다. 피어있는 시간이 짧디짧지만 강렬하고 눈부시다. 하루 생을 갈무리하고 밟는 귀갓길, 빨강 신호에 걸려 한 번쯤 누구나 눈부시게 바라보는 꽃. "나이 먹을수록 내 삶도 저렇게 눈부시게 채색해야지."라며 한 번쯤 다짐했을 성싶은 꽃. 이 꽃이 지금 시나브로 지고 있다.

우듬지에 앉아 있던 새 한 마리가 도당산을 향해 날개를 편다. 가로등이 눈을 줄줄이 뜬다. 봄날 꽃잎을 달고 있어야만 꽃이랴. 꽃이 피어있어야만 봄 길이랴. 맘속 깊이 지지 않는 고운 생각 몇 송이 품고 남은 생애 봄길 가듯이 갈 터.

(2020. 3. 30.)

낙엽을 배우는 시간

가을의 본말은 뭐니 해도 단풍이고 나가는 말은 뭐니 해도 낙엽이다. 푸릇푸릇했던 냉정이 붉은 열정으로 번지고 노릇하게 물들었던 잎이 지고 있다. 하늘하늘, 분분히, 하염없이. 이렇게 떨어지는 나뭇잎은 낙화보다 눈부시다. 이 시절 떨어짐이 함유한 의미를 장독처럼 들여다본다.

떨어져 내림은 우선 비움이다. 붙잡고 있으면 그 무거운 비중으로 인해 심장이 멎고 혈관이 막힐 수밖에 없다. 이런대도 우리는 우매하고 탐욕스러워 비울 줄 모르고 채우려고만 한다. 하여 짓밟고 짓밟히며. 등 돌리고 겨누며. 우리 생애, 시도 때도 없이 바람이 분다. 바람 앞에서 우리는 바람의 세기와 방향으로 흔들린다. 살다 보면 냉혹하게 기댈 곳이 바람뿐일 때가 있다.

가을 숲 나무가 자신을 비우는 소리로 사각거린다. 급히 서두르거나 조급해하지 않고 시나브로 제 몸 가운데 일부인 잎을 내려놓는다. 애매하지 않고 명료하게. 시기를 놓치는 실수를 저지르지 않고 적절하게. 징징거리지 않고 화끈하게. 다투거나 시기하지 않고 평화스럽게. 더불어 같이.

떨어져 내림은 생명이자 생존이다. 우리 생애, 바람만 부는 게 아니라 눈보라의 혹한이 찾아온다. 눈보라의 비중을 견디려면 남이 내려놓을 때 홀로 가지고 있으면 안 된다. 살벌한 혹한을 회피하지 않고 당당하게 직면하려면, 욕망의 체중을 줄여야 한다. 믿는 구석이 허공과 같고 삶이 겨울 같은 사람일수록 낙엽의 몸말을 잘 읽어야 한다.

떨어져 내림은 생의 끝이 아니라, 부활을 준비하는 몸부림이다. 나무는 추위가 찾아오기 전에 제 몸에 있는 잎을 다 내려놓는다. 그리고 봄날 다시 소생하려고 잠시 쉬면서 부활의 에너지를 비축한다. 그야말로 자연에 순응하며 겸손하게 사는 구도자이다. 우리는 대부분 쉴 줄 모르고 삶의 트랙을 본능적으로 질주하며 산다. 쉴 여유나 시간이 없는 것이 아니라, 쉬는 방법을 잘 모르거나 쉬면 괜스레 불안하기 때문이다.

자동차 운전대를 잡고 속력을 내는 운전자는 풍경을 꼼꼼히 볼 수 없다. 속력의 강도가 대세인 시절을 사는 우리는 가끔 삶의 운전대를 놓고 가을 풍경을 속속 들여다봐야 한다. 단풍이 그린 수채화의 붓질과 이 시절 시름시름 외로워지는 사람 마음을 눈여겨볼 줄 알아야 한다. 때가 되면 목숨을 여미며 땅으로 돌아가는 낙엽 하나쯤, 마음속에 꽉 끼지 않게 넣어둔 사람 마음에 끼워 넣을 일이다.

떨어져 내림의 배후는 견고한 믿음이다. 낙엽이 지상으로 마땅하게 떨어져 내리는 것은 땅에 대한 믿음이 있기 때문이다. 가을날 대지는 수효를 헤아리기 어려울 만큼 많이 떨어지는 낙엽을 공평하게 받쳐주고 품어준다. 대지는 눈송이처럼 떨어지는 낙엽에게 믿음의 품이다. 땅은 제 속에 사는 생명만 감싸지 않고 뭇 생명을 안아주는 어미이다. 어미 눈에는 밉고 고운 새끼가 있을 수 없다. 모정은 불공정하지 않고 불공평하지 않다.

수많은 나뭇잎이 거리낌 없이 지상으로 낙하하는 힘은 함께 떨어져 주는 동료가 있기 때문이다. 아득한 거리에 홀로 떨어지면 누구든 막막하게 외롭고 흔들흔들 불안할 것이다. 낙엽은 선선히 함께 지고 땅에 당도하면 서로 몸을 포개고 최후까지 체온을 나눈다. 먼저 떨어진 낙엽은 땅처럼 나중 떨어지는 동료의 푹신한 의자가 되어준다. 이래서 떨어지면서도 뒤돌아보지 않고 비굴하게 주저하지 않는다. 곁에 함께 있어 줄 이가 있기 때문이다.

"세상에 혼자인 것 별로 없다/ 활활 불타다 꽃처럼 지는/ 저녁노을도 혼자 진 일 없거늘/ 그대 저녁노을처럼 함께 질 이 있는가?// (중략) //강은 제 혼자 흐르는 게 아니라/ 별뿐만 아니라 바람까지 껴안고/ 넓고 깊은 바다로 함께 가거늘/ 그대 강 같이 흘러갈 사람 있는가?// 구름 사이에 달빛 끼어 캄캄하고/ 등불 고개 떨치며 졸고 있는 밤/ 사람이든 시든 노래든 그림자이든/ 그대 가까이 있어 줄 이 있는가?" (「그대 있는가?」 전문)

떨어진 잎은 풍장으로 장례를 치른다. 비와 눈에 젖고 바람에 닳아져 소신공양한다. 별 볼 일 없이 헛웃음 치지 않고 고요히 침묵하며 사르르 눈감는다. 허공을 맑은 물처럼 여기고 사뿐히 숨을 거둔다. 이 시절에 마음이 자꾸 오그라들고 어깨가 자꾸 축축 처진 이름이여! 홀로 외롭다 못해 자꾸 슬퍼지는 이름이여! 낙엽의 아찔한 하강만 기억하며 마음 자꾸 뒤숭숭해지는 이름이여! 잠시 잠깐이라도 꽃보다 눈부시게 지는 낙엽을 눈여겨 바라보라.

한 잎 한 잎이 모두 경전과 같지 않으냐. 구차하게 사는 법만 배우려고 했지, 끝내 깨끗하게 지고 놓는 법을 외면했던 우리 아니냐. 정수리에 떨어진 나뭇잎이 송곳처럼 따갑다.

(2019. 10. 31.)

달빛을 밟으며

흐릿한 구름 사이로 달이 수줍게 떴다. 『삼국지』에 나오는 절세 미녀 '초선'을 보고 달조차 부끄러워 구름 뒤로 숨었다(閉月) 하였으니. 얼마 전 『삼국지』를 꺼내 다시 읽고 있다. 『논어』에서 '仁'을 강조하며 관계 맺기를 중요하게 여기듯, 『삼국지』 역시 관계 맺기에 대한 서사를 다루고 있다.

새삼스럽게 『삼국지』를 다시 읽게 된 연유가 있다. 사람이 살풋 무서워지면서 얽히고설킨 인간관계를 들여다보고 싶었다. 얼마 전 몸담은 학교에서 교수협의회가 총장 재신임과 관련하여 찬반 투표를 했다. 투표한 이후 모 교수가 인사를 받지 않았다. 단순히 외면하는 정도를 넘어 모멸감을 느낄 정도이다. 이 일로 인해 학교 가는 게 불편하다.

명절 때마다 부모님께 갖다 드리라고 선물을 주시고, 간혹 生物을 챙겨주셨다. 밥도 자주 사주시고 늘 살갑게 대해주셨는데. 생각을 달리하고 행동을 다르게 한 것에 대해 서운했다는 것을 알고 대화를 시도했으나 거절당했다. 미워하지 않게 해달라고 기도하건만, 막상 외면하고 지나칠 때마다 마음이 심하게 요동친다.

어떤 사람을 만나면 즐겁고 배울 것이 많아 도전받는다. 어떤 사람을 만나면 힘이 빠지고 지친다. 내 정서 생태계는 환경적으로 부정적인 말을 많이 들으면 인내의 둑이 무너져 오래 버티지 못한다. 긍정적인 에너지를 한 줌이라도 붙들고 있어야 하루 생애나마 온전히 살 수 있다. 글 한 줄이라도 쓸 수 있다.

온종일 학생이 쓴 리포트를 첨삭하고 몇몇 학생과 글쓰기 상담을 했다. 잠시 허리를 펴고 목을 축였다. 입맛을 잃고 숟가락을 힘없이 내려놓으신 부모님이 불쑥 떠올랐다. 자리에서 일어나 모래내 시장으로 향했다. 족발과 과일, 생선과 간식거리를 사서 집으로 갔다. 부모님께서 족발을 얼마나 맛있게 드시던지 맘이 화평해졌다.

진안 모래재 너머에 있는 모 시설에 전화하여 동생을 바꿔 달라고 했다. 며칠 전 신발과 여름옷을 사서 사람 편에 보냈다. 동생이 쓰는 언어는 단 몇 개 어휘만 부릴 줄 알아 단순하고 명료하다. 전화기를 어머니께 넘겼다. 어머니 통화가 진득하니 끊길 줄 모른다. 문장 하나하나가 얼마나 조곤조곤하고 그지없이 애틋한지 눈물이 무게를 버리고 미끄러진다.

아래층에서 어떤 일이 일어나고 있는지 알 리 없는 훈용이가 위층에서 난해한 어휘를 높은음으로 쏟고 있다. 잘 자랐으면 군대 다녀와서 취업 준비한답시고 책에 얼굴을 파묻고 살았을 텐데. 아니면 용돈 벌어 쓴답시고 아르바이트 자리깨나 알아보러 다녔을 텐데. 혹 알아. 유학 간다며 가난한 아비 간당간당한 밑천 다 내놔라고 했을 수도.

아버지께서 정원에 있는 소나무와 섬잣나무, 주목을 며칠에 걸쳐 전지하셨다. 우후죽순처럼 웃자라 까칠했던 나무가 모두 일목요연하게 정갈하다. 눈길 머무는 곳마다 모나고 막힌 곳 없이 동그랗고 환하다. 이런 풍경을 만드시느라 아버지는 숫돌에 전지가위 날을 퍼렇게 세우고 몇 날 며칠 동안 가위질을 하셨다. 그리고 끝내 끙끙 몸살을 부르셨다.

글방에서 저녁을 챙겨 먹고 나서서 달빛을 밟는다. 물고기가 물을 만난 것처럼 잘 맞아떨어진 것은 없다. 유비가 제갈공명을 만난 것을 이른바 '수어지교水魚之交'라고 한다. 달은 빛을 만나야 비로소 달빛이 된다. 이런 상황을 굳이 造語한다면 '월광지교月光之交'쯤 되지 않으랴. 통증을 느껴본 사람만이 통증을 이해할 수 있다. 통증이 공감 능력을 확장한다. 그 교수님이 왜 그렇게 아파하는지 아직 이해할 수 없지만, 나 역시 그 교수님으로 인해 아프다. 아니 그 눈빛이 지금은 무섭다.

이런 마음을 아는지 모르는지 달빛이 교교하다. 마른 억새가 모여 사는 마을, 개구리울음 왁자지껄한 마을, 풀잎 팔베개하며 누운 언덕, 새를 온화하게 품고 자장가 부르는 숲에 이르기까지. 달빛 머물지 않은 곳이 한 군데 없다. 달빛은 공평하다. 사람 사는 동네나 물이 사는 마을이나 달빛은 고르다. 부자가 사는 곳이나 가진 것 없는 사람이 사는 곳이나 달빛은 한쪽으로 치우치는 일이 없다. 때로는 극단적이고 편견에 사로잡힌 우리와 달리.

절제하지 못한 감정이 자꾸 흔들린다. 내 안에 있는 나를 고요하게 타이른다. 이 달빛 아래서 마음이 좀 더 널찍해질 수 없겠니? 이 달빛 아래서 혀와 입술이 좀 더 유순해지고 따뜻해질 수 없겠니? 누군가 맘속에 사는 어린아이를 잘 쓰다듬고 보듬어 줄 수 없겠니? 너 속상하고 억울한지 알지만, 너 스스로와 먼저 화해하면 안 되겠니?

달빛이 무수히 낙하하는 땅, 이 땅에 발 딛고 사는 우리 삶은 매사가 직선로가 아니다. 지름길이 없다. 달빛에 귀를 씻고 마음을 헹구며 너무 멀리 와버린 길을 돌아서 간다. 더 잃을 게 없는 길목마다 달빛만 수북하게 쌓인다.

(2020. 5. 30.)

동백

화심에 둥지를 튼 지 올해 십 년이 되었다. 이곳으로 이사하게 된 연유는 단문처럼 명료했다. 훈용이를 받아주는 교육기관이나 시설이 한 곳도 없어, 조용한 곳에서 훈용이가 소리라도 맘껏 지르라고. 또 다른 이유는 연로하신 부모님과 한 지붕 아래서 이마를 맞대고 살고 싶어서. 기존 주민이 사는 아랫마을과 달리 우리 집 주변에 시나브로 집을 짓고 이사한 사람이 해마다 늘어 금세 윗마을이 되었다.

이사한 사람은 여러 부류이다. 퇴직한 교장 선생님, 현직 부군수, 교수, 부부 교사, 은퇴한 신부님이나 교사, 도청 고위 공무원에 이르기까지. 우리 형편과 달리 이들은 공기 좋고 조용한 곳에서 남은 생애를 무심하게 보내려는 것이었다. 사람이 늘다 보니 오가는 차도 늘어 산중 같았던 마을이 예전 같지 않다. 우리 집은 다른 집에 비해 집터가 넓고 집이 크다. 부모님과 함께 살아야 하기도 했지만, 훈용이가 좁고 어두운 곳에서 심하게 스트레스를 받기 때문이다.

이사하면서 부모님께서 사시던 고향 집에 있는 정원수를 몇 그루 가져왔다. 100년 남짓 된 향나무, 40년 넘게 기른 동백, 30년 이상 된 금목서. 따뜻한 순천과 달리 화심은 진안과 맞닿아 있어 겨울 날씨가 인근 전주보다 5도 이상 낮다. 이사한 첫 해, 부모님께서 순천에서 하던 식으로 밭농사를 지어 낭패를 보았다. 밭농사가 거의 냉해 피해를 입었다.

집터에 가솔처럼 딸린 밭농사 냉해 피해는 한 해로 그치고 멈췄다. 문제는 고향 집에서 가져온 정원수가 겨울을 지날 때마다 시름시름 앓았다. 집 입구에 딱 어울리게 자리하고 있던 향나무는 황달 기색이 역력했다. 우두커니 서 있을 힘도 없을 성싶게 힘겨워 보였다. 귀동냥으로 주워들은 게 있어 막걸리를 주고 별수를 다 썼지만, 세 해 만에 세상을 둥둥 뜨고 말았다. 뒷산에서 뻐꾸기가 목청을 길게 가다듬으며 짝을 애타게 찾던 때였다.

금목서는 이사한 두 해째 온몸에 꽃망울을 터뜨려 환장한 이장네 꿀벌을 늦은 저녁까지 붙잡아뒀다. 향기가 얼마나 곱고 진한지 바람이 불지 않아도 저 스스로 먼 길까지 길을 내고 갔다. 사방에 있는 산새가 반갑게 날아와 금목서 향기를 흥청망청 채우고, 되돌아갈 때는 향기에 취해 횡설수설 날았다. 이랬던 금목서가 영하 10도 이상 된 날씨가 이어지던 어느 해 겨울을 지나고, 봄이 되었는데도 일어나지 못했다. 금목서가 이렇게 쓰러진 봄날, 아버지는 봄장마 같은 눈물을 흘리셨다.

금목서뿐만 아니었다. 아버지께서 5단으로 만들어 해마다 층층이 꽃을 피운 동백도 덩달아 쓰러졌다. 다른 나무와 달리 겨울나무라는 이름을 타고난 동백에 대한 신뢰는 상대적으로 컸다. 그런데 어쩌랴. 목숨은 신뢰와 딴 세상에 존재하는데. 세상에 자신이 타고난 이름에 걸맞게 사는 사람이 과연 몇이나 되랴. 역시 자신에게 붙은 이름답게 사는 나무가 몇 그루나 되랴. 향나무나 금목서의 죽음에 비해 동백나무의 서거는 탱자 울타리에 처박힌 몸처럼 지독하게 아렸다.

우선 이름답게 살아주지 못한 것에 대한 배신감이 컸다. 그냥 나무가 아니라, 겨울나무 아닌가. 아무리 혹독한 추위가 강하게 스매싱을 걸어도, 힘껏 드라이브를 날리며 추위를 쫓을 수 있는. 다른 나무는 꽃 피울 생각조차 하지 못하고 겨울잠에 깊이 빠져 죽은 시늉하고 있을 때, 동백은 푸릇푸릇 살아 있어야 하는. 푸릇푸릇하다고 해서 동백이 아니지. 겨울 눈보라 속에서도 퍼런 홑옷 걸치고 있는 나무가 얼마나 많은데. 동백은 봉긋봉긋한 가슴 보고 놀란 기색으로 꽃을 피워야지. 연인의 시뻘건 립스틱을 허기지게 먹은 이의 입술처럼 붉게 살아나야지.

동백이 홀연히 사라진 곳에 아버지께서 반송을 심으셨다. 나무에게 준 사랑이 컸던 만큼 상실감도 무량했다. 자식과 함께 산다고 하지만, 늘그막에 고향을 떠나 적막한 타지에서 사시는 부모님에게 나무는 향수의 산물이었다. 고향 집에서 가져온 나무가 다 죽은 이후, 부모님은 팔십 중반 고개를 발자국이 있는 듯 없는 듯 넘고 계신다. 뜸하게 들리던 고향 사람 부고 소식이 잦아지면서, 아버지께서 경로 할인 받은 열차를 타는 횟수가 늘고 있다.

목숨이 동아 밧줄처럼 질기다 하지만, 아침 안개와 측근이기도 하다. 고향 집에서 40여 년 동안 줄곧 꽃을 피웠던 동백. 이름처럼 겨울에 잘 자라고 성할 것이라고 믿었던 동백이 하루아침에 안개처럼 사라졌다. 이렇듯 목숨의 미래는 당장 내일, 아니 한 치 앞도 기약할 수 없다. 어찌 나무 목숨뿐이랴. 한때 '웰빙'이란 말이 들불처럼 번졌다. 요즘은 '웰다잉'이란 말이 우리 사회 핵심어가 되어, 이른바 '죽음의 인문학'이란 이름을 붙인 강의가 유행이다.

우리 생이 이 순간에 멎는다면, 바동바동 붙잡으려고 했던 것, 시기하고 질투했던 것이 과연 무슨 소용 있으랴. 미워하고 얕잡아 봤던 것, 등 돌리고 외면했던 것이 차마 부끄럽지 않으랴. 물려주고 물려받으려고 했던 것이 얼마나 대수이랴. 동백이 있던 자리에 잘 자라고 있는 소나무를 보니, 동백 낯으로 내 얼굴이 자꾸만 붉어진다.

"10년 전 화심*으로 이사하면서/ 고향 집 선선히 따라나선 동백/ 그곳 땅 맛 입에 맞았는지/ 얼추 40년을 무탈하게 자라며/ 해마다 추위 분량대로/ 꽃 보따리 오지게 풀었는데,/ 어느 핸가 눈 뒤집어쓰고 누워버렸다/ 목숨 동아 밧줄 같다지만/ 아침 안개와 가까운 측근인 것/ 여직 분 품고 있는 이름들/ 다시 보지 않겠다고 담장 친 이름들/ 이들 동백처럼 알맞추 피더니/ 동백 낯으로 얼굴 붉어졌다."
(「동백」 전문)

*화심: 전북 완주군 소양면 화심리

(2019. 10. 9.)

꽃의 자리

온종일 의자에 앉아 컴퓨터 모니터를 들여다봤더니, 엉덩이에 쥐가 날 것 같다. 눈도 그렇다. 안약을 눈 속에 한 방울 떨어뜨렸다. 정확히 탑 텐이다. 운동장으로 나갔다. 비가 닦아놓은 나무 의자가 반질반질하다. 누군가 남긴 체온이 다 씻겨나갔을 성싶다.

잔디밭 운동장에 민들레꽃 몇 송이가 눈에 띈다. 아직 먼 곳으로 날아가지 않고 꽃대 그대로이다. 다른 꽃은 이미 홀씨가 되어 여행을 떠났지만, 아직도 미소 짓고 있는 모습이 지각생이나 낙오자처럼 보이지 않는다. 한 녀석에게 말을 건넸다.

“넌 왜 아직도 그 자리에 있니?”

“난 늦었다고 생각하지 않아. 피어있는 지금, 이 순간이 가장 행복해.”

"그렇구나. 멀리 떠나고 싶지 않니?"

"글쎄. 난 내가 있어야 할 자리가 있어."

"있어야 할 자리?"

"응. 난 아무 데나 몸 풀지 않아. 누군가의 주어로, 목적어로, 서술어로, 보어로 있어야 할 자리에 존재하고 있어."

"아! 그렇구나. 있어야 할 자리라고 했지."

녀석과 안녕을 고하고 눈여겨보니 토끼풀꽃은 토끼풀꽃자리에, 개망초는 개망초 자리에 피어 있다. 고들빼기꽃은 고들빼기가 있어야 할 자리에 있다. 꽃뿐만 그런 게 아니다. 담쟁이는 담쟁이가 있어야 할 자리에, 나무는 나무가 있어야 할 자리에 있다.

지상만 그런 게 아니라, 하늘도 역시 그랬다. 구름은 자신이 있어야 할 자리만 차지하고 다른 구름에게 공간을 내줬다. 새도 자신이 가야 할 길만 차지하고 걸었다. 앞서거니 뒤서거니 하면서 보행하는 새의 비행도 각자 자리가 있다. 비에 젖어 잠시 축축했던 해가 고덕산을 넘고 있다. 하늘을 독차지하며 제 마음대로 할 것 같은 해도 딱 제 길 하나만 갔다.

산도 마찬가지이다. 각자가 있어야 할 자리에 자리하고 있다. 키가 크고 작을 뿐 적당한 거리를 두고 서로를 호위하며 지키고 바라보고 있다. 서로를 비교하거나 시샘하지 않고 감싸고 품으며 살고 있다. 큰소리 한 번 하지 않고 침묵으로 시나브로 서로에게 젖어 들었다. 산 밖 마을 등불에 불이 들어오기 전에 새 떼가 서둘러 산속으로 가로질러 날았다.

"민들레야! 네 말이 너무 눈부셔."

"눈부시다는 게 뭔데?"

"눈을 뜰 수 없을 만큼 황홀하다는 거야."

"그게 무슨 말이야?"

"누군가의 주어나 목적어, 서술어나 보어로 존재한다는 네 말이 내 마음을 눈부시게 했단 말이야."

어젯밤 아중천변을 산책하다 다리 밑에서 잠든 노숙자를 보았다. 한참 후 잠에서 깬 그가 술을 마셨다. 잠깐 그 사람과 시선이 겹쳤지만, 애써 외면하고 돌아왔다. 절박하고 긴박한 상황에서 싹터야 할 언어가 시들어버렸다. 집에 돌아와서야 해야 할 말이 떠올랐다. 집은 어디며 필요한 것은 무엇인지, 아픈 곳은 없는지 따위와 같은 아주 평범한 말이었다. 말을 잃어버린 바로 그 순간을 신학에서는 '절대 타자와 조우'한 것이라고 모 교수님께서 일러주셨다.

아무튼 나는 길바닥에 잠든 사람에게 어떤 문장 성분도 되어주지 못했다. 꽃이 아름다운 것은 색깔이나 형상 또는 향기 때문이 아니라, 제 몸을 두어야 할 자리에 피기 때문이다. 들꽃은 들에 피어 있어야 들꽃답고, 물꽃은 물에 피어 있어야 물꽃답다. 산에 피어야 할 꽃이 정원이나 집 안에 있으면 주소가 잘못된 것이다.

연구실 의자에 다시 앉았다. 방학인 데다 주말이라서 산속에 있는 학교가 적막강산이다. 하루 생애가 마치 잠시 지나가는 바람과 같다. 너를 위해, 눈부신 마음으로 사랑한 사람을 위해 나는 어떤 꽃으로 피어 있었던가.

길을 잘못 든 파리 한 마리가 연구실에서 방황하고 있다. 제 길을 가라고 문을 널찍하게 열어주었다. 생각한 것만큼 녀석이 잃은 길을 잘 찾지 못했다. 쓰던 글 허리를 이엄이엄 잇느라 정신이 팔려 소란하던 파리 날갯짓이 멈춘 것을 몰랐다. 녀석이 돌아가야 할 곳으로 잘 갔는지 그의 행방이 묘연하다. 어둠 속에서 가로등이 저마다 자리에서 꽃처럼 한 잎씩 피기 시작한다. 이 순간만큼은 불꽃이 만발하여 적어도 봄날이다.

어머니께서 닭을 삶으셨다며 귀가 시간을 물으셨다. 여섯 식솔 가장자리를 아슬아슬하게 지키고 있는 아들이 늘 허기지게 보이신 게다. 내 마음대로 아플 수도 없고 아파서도 안 될 절박한 자리이다. 힘들고 외로울 때도 있지만, 늘 깨어 있어야 할 자리이기도 하다. 이 자리에서 자식의 꽃으로 아비의 꽃으로 남편의 꽃으로 지지 않고 피어 있어야 한다.

이뿐이랴. 선생과 시인의 꽃으로도.

(2019. 7. 13.)

그때

꽃이 흥청망청 피고 있다. 제비뽑기하여 순서를 정하기라도 하듯, 한 꽃이 지고 나면 한 꽃이 길을 환히 튼다. 드레스 입은 신부를 떠올리는 백목련이 까무잡잡하게 지자, 신부 입술 닮은 자줏빛 자목련이 부끄럽게 허물을 벗는다. 벚꽃이 활활 불길을 사르자, 철쭉이 이곳저곳에서 산통을 앓는다. 수선화가 수군수군 꽃잎을 열어젖히자, 개나리가 풀이 죽는다.

주말, 일어나는 시간을 맘속에서 늘렸다 줄였다 하다 다른 날보다 그만 늦게 일어나고 말았다. 한 지인이 보내준 자료를 통해 내 성격을 분석하니 ENFJ 형이다. 이 유형에 속한 사람은 정이 많고 모든 일에 의미를 부여한다. 돈에 휘둘리지 않고 물욕이 없다. 무리에 속하는 것을 좋아하지만, 고독을 즐기기도 한다. 추억 되새기는 것을 좋아하여 소중한 기억을 절대 잊지 못한다. 누군가 억울해하거나 약한 사람이

당하는 것을 참지 못한다. 고집이 세다. 꽤 맞는 것 같다.

코로나 광풍이 멎지 않으면서 이른바 사회적 거리 두기가 계속되고 있다. 자가 격리란 말도 생겼다. 한두 주쯤 영상으로 강의하면 곧 강의실에서 학생을 만날 줄 알았다. 한 달에 한 번씩 만나 소찬을 나누던 모임을 유예했다. 교회에 가서 예배드리지 못한 지 한 달째 되었다. 부음을 듣고도 문상하러 가는 것이 내키지 않을 정도로 사람 사이 관계가 닳아지고 얇아졌다. 마스크를 쓰지 않으면 다른 사람에게 눈총을 맞는다.

한 달에 한 번 만나 각자 쓴 글을 합평했던 문학회 모임도 파장 분위기이다. 방학 글쓰기 특강은 2주를 앞당겨 어정쩡하게 마쳤다. 겨울이면 마을회관으로 마실가던 부모님은 몇 날을 빼고 집에 꼼짝없이 눌러계신다. 모 문화재단에서 실시한 창작지원금 공모자 인터뷰를 몇 차례 취소하다 결국 멀찍이 연기하였다. 부모님 백내장 수술을 하려고 했는데, 병원 갈 엄두를 내지 못하고 있다.

이런 통에 마스크를 사려고 우체국 앞에서 몇 날 줄을 섰다. '공익'이란 이름을 붙인 마스크를 사려고 약국에 들렀다가, 구매한 날보다 허탕 친 날이 더 많았다. 주민자치센터에서 가족관계 확인서를 떼고, 부모님 주민등록증과 훈용이 복지 카드를 가지고 다녀야 했다. 마스크를 살 때마다 가족 신분증과 가족 관계 확인서를 일일이 내밀었다. 이런 것은 아무 일도 아니었다. 오며 가며 발품 좀 팔면 될 일이었으니.

문제는 매주 강의할 자료를 만드는 일이다. 컴퓨터 다루는 것이 익숙하지 않은 이른바 '컴치'인 주제에, 강의 자료를 영상으로 만드는 게 이만저만한 고역이 아니다. 네 주째까지는 염치 불고하고 이 사람 저 사람에게 동냥하듯 품을 빌려 용케 버텼다. 이번 학기에 강의할 교과목이 주로 글쓰기나 말하기, 읽기와 토론 위주로 되어 있다. 이렇다 보니, 설령 컴치가 아니라 하더라도 온라인으로 하는 강의는 파행일 수밖에 없다.

여러 교수가 대안으로 구글 클래스를 쓰고 있다. 오래전 노트북을 아들에게 줬다. 컴퓨터 모니터보다 화면이 작아 쓰기 불편했으므로. 컴퓨터에 웹캠을 설치하려고 여러 군데 알아봤는데 모두 품절이다. 인터넷으로 사려고 했더니, 해외 직구로 들어오는 게 보통 2, 3주 이상 걸린다. 주말에 서울 가는 교수님께 용산에 들러 구해달라고 부탁했다. 풍문에는 용산전자상가도 웹캠이 이미 바닥났다고 한다. 대학뿐만 아니라, 초 · 중 · 고등학교도 처한 형편이 같아 수요가 홍수처럼 분 탓이다.

사회적 거리 두기를 더 늘린다고 한다. 우리가 마스크를 쓰고 사회적 거리 두기를 할 때 힘 있는 국가에 속한 나라는 대부분 비아냥거렸다. 우리 국민이 탄 비행기를 땅에 발붙이지 못하게 공중에서 그대로 돌려보냈다. 우리가 하는 코로나 검사법이나 예방법에 대해 과학적으로 신뢰하지 않았다. 이들을 비웃기라도 하듯이 코로나의 광풍이 이들 국가에 들불처럼 번지고 있다. 과학이 모든 문제를 해결해주리라고 믿었던 과학 우상주의와 교만성이 철퇴를 맞고 있다. 이제 이들이 우리를 따라 하고 있다.

글방 문을 열고 쌓인 먼지를 털어낸다. 실내 환기를 자주 하라는 말을 익숙하게 들은 게 한몫했다. 그때가 정말 언제였을까? 강의실에서 학생들 눈빛을 보며 새처럼 훨훨 날던 때가. 그렇게 춤추듯 날다 목이 밭으면, 교탁에 누군가 갖다 놓은 차나 커피로 목을 축였던. 다시 힘을 내서 신명 나게 열정의 비행을 했던 그때가. 그때가 정녕 언제였을까? 부모님 모시고 이 병원 저 병원 들렀다 오는 길에, 순댓국 한 그릇씩 비웠던 시절이. 제과점 빵보다 길가 붕어빵을 더 좋아하신 부모님께 붕어빵 몇 마리 사드렸던 그때가.

그때가 정말 언제였을까? 마스크 쓸 일 없이 살았던 시절이. 안경알 희뿌옇게 흐리지 않았던 날이. 지금 생각하니, 그때 그 일은 죄다 그냥 사소한 것이 아니었다. 지금껏 일상은 사소하게 오지 않고 기적처럼 왔다. 지금도 기적이다. 혈관의 피가 멎지 않고 흘러감이. 심장이 쉬지 않고 뛰고 있음이. 이 통에도 그리움이 봄꽃처럼 촘촘히 피어남이. 오늘이 또 언젠가의 그때일 수 있지 않으랴.

눈부신 봄날, 꽃을 찾아 나선다. 홀씨를 만든 민들레가 바람의 유모차를 밀고 유유히 간다.

(2020. 4. 4.)

2부

빨강 신호

줄곧

매콤한 더위가 줄곧 이어지고 있다. 오전 내내 줄곧 병원을 돌아다녔다. 내 혈압약, 아버지 비뇨기과 약, 한 번 드실 때 한 주먹만큼 된 어머니 약을 타러 이 병원 저 병원을 땀깨나 흘리며. 좀체 주눅 들지 않고 줄곧 내리쬐는 햇볕이 용광로에 쏟아지는 쇳물처럼 불덩이다.

모래내시장 등 뒤에 있는 비뇨기과에서 아버지 약을 타면서 뉴스 속보를 보았다. 예상한 대로 일본이 우리나라를 백색 국가에서 제외했다. 호성동에 있는 병원에서 어머니 약을 탈 때 이에 관한 뉴스를 줄곧 방송했다. 국무회의를 주재한 대통령이 "다시는 일본에 지지 않을 것이다. 승리의 역사를 만들 것"이라고 한 말이 울컥 든든했다.

우리 역사는 열강에 줄곧 침략당하는 수난사였다. 일본이 단행한 이번 조치에 대해 우리 정부는 '경제침략'이라고 단언한다. 대다수 국민이 이에 공감하면서 일본 제품을 불매하는 일에 동참하고 있다. 우리 민족은 수난의 역사 앞에서 풀처럼 줄곧 일어섰다. 줄곧 짓밟혔지만 견디며 숨통을 열고 다시 살아났다. 적어도 민초는 줄곧 이렇게 했지만, 다수 지식인은 줄곧 기회의 줄을 타며 개인의 영달을 꾀했다.

줄곧 작업실 에어컨을 켰다. 오후는 아무것 하지 않고 줄곧 쉴 요량으로 다른 일정을 잡지 않았다. 해마다 방학이 되면 독공하듯 인적이 드문 곳에 가서 몇 날 며칠 책이나 실컷 보고 오리란 생각을 하건만, 줄곧 놓치고 말았다. 이번 방학도 예외가 아닐 것 같다. 속된 말로 영양가 없이 벌려놓은 일에다 지독한 더위에 근육과 뼈의 동선을 늘리는 게 영 내키지 않아서.

김주대 시인이 쓴 「사랑을 기억하는 방식」이라는 짧은 시가 있다. "산정의 어떤 나무는 바람 부는 쪽으로 모든 가지가 뻗어 있다. 근육과 뼈를 비틀어 제 몸에 바람을 새겨놓은 것이다." 우리가 누군가를 사랑하면 모든 에너지를 그 대상에게 줄곧 분출한다. 이 시에서 나무는 서정적 자아 감정을 이입한 사물이다. 바람 부는 쪽은 그리워한 대상을 의미하고, 모든 가지는 모든 에너지를 뜻한다.

누구든 사랑하면 열정적인 사람이 된다. 이 과정에서 모든 에너지를 발산한다. 사랑할 때 나오는 에너지는 근육과 뼈를 비트는 아픔까지 감수하며 줄곧 사랑의 끈을 놓지 않으려고 한다. 사랑하면 줄곧 달콤한 일만 생기지 않는다. 맵고 짠 일도 줄곧 따른다. 이러할지라도 우리가 줄곧 사랑할 수밖에 없는 것은 한 번 기억한 사랑을 쉽게 지울 수 없기 때문이다. 사랑은 그 사람을 한순간도 잊지 않고 줄곧 기억하는 것이다.

아중천변에 요즘 코스모스가 기억의 넓이를 늘리고 있다. 어느 꽃이든 피었던 자리에서 줄곧 핀다. 이런 내공은 하루 이틀 만에 생긴 게 아니라, 오래 기억한 것을 바탕으로 생긴 힘 때문이다. 피었던 자리를 잊지 않고 줄곧 기억하는 것은 그리움이다. 누구든 자신이 태어난 고향을 잊지 않고 줄곧 그리워하는 향수를 지니고 있다. 살다 보면 잠들지 않고 줄곧 깨어있는 것이 한둘이랴만, 그리움은 줄곧 새록새록 깨어 눈을 환히 뜨고 있다.

하룻날도 빠트리지 않고 줄곧 쓰는 글감을 찾으려고 아중 호수에 들렀다. 목교 난간에 득시글하게 집을 지은 거미 행보가 분주하다. 먹잇감이 걸려들 때마다 출렁거리는 집을 단속하느라 이마에 땀깨나 흘린다. 누군가에게는 통로지만 또 다른 누군가에게는 헛방일 때가 있다. 잡아먹고 먹히는 생존의 원리가 아중 호수 목교 난간에서 줄곧 일어나고 있다. 이 통에도 나는 간절해지는 기억을 줄곧 떠올려 수면 위로 줄곧 푼다.

물 위를 줄곧 걷다 보면 옹색한 마음이 녹아내려 텅 빈다. 내 뜻대로 되지 않으면 당장 어떻게 해보리라는 나쁜 결기를 내려놓는다. 그랬다. 이 자리면 어떻고 저 자리면 어떠랴. 내가 앓는 통증의 덩어리를 아픔으로 여기지 않고, 선물이라고 생각하니 눈물이 난다. 줄곧 따라붙는 아픔과 통증이 흉터가 아니라, 감히 꽃무늬여서 감사하다. 이런 생각에 만취하여 살지 않으면 어느 하룻밤도 줄곧 잠들지 못할 터이니.

"허허허. 그래, 나 참 잘살고 있는 거야. 그렇지요? 하나님!"

불을 끄고 누우려고 하는데 모기 날갯짓이 요란하다. 벌써 며칠 되었다. 불을 켜고 그의 행방을 탐색했으나 묘연하다. 녀석과 줄곧 해온 술래잡기가 지겨울 법도 하련만, 잠이 지름길로 오지 않을 때 심심풀이 놀이가 된다. 발걸음을 줄곧 멈추지 않은 시간이 자정을 훌쩍 뛰어넘어 새벽 얼굴로 오고 있다. 시간은 길을 잘못 들지 않는다. 어느 곳이든 길을 내고 온다. 줄곧 그랬던 것처럼 그 길을 따라 중심을 그립게 기울인다.

(2019. 8. 3)

집착

오전에 연구실에서 통계자료 분석 때문에 학생을 만났다. 학생을 만나고 나서 올 1학기 개설과목 강의계획서를 입력했다. 이번에 새로 개설한 과목이 많다. 게다가 심리상담학과에서 부탁한 「독서 치료와 문학」이란 과목까지 겹쳐 강의계획서를 입력하는 게 거의 노동 수준이다. 어렵게 입력하여 저장하기를 하면 에러가 발생했다. 내가 실수했다고 여기고 두서 번 했지만 마찬가지였다.

늦은 점심을 학교에서 꽤 먼 순두붓집에 들러 혼자 먹었다. 오후에 강의계획서를 입력했지만, 똑같은 현상이 일어났다. 담당 선생님께 전화하여 문의했다. 전산실에서 아직 작업을 마무리하지 못했다고 했다. 이럴 수가. 공손하게 마음을 다스렸다. 하루 가운데 25%의 시간을 컴퓨터 앞에서 헛되이 날려버렸다. 허리 통증이 좀 가물가물해졌지만, 아직 자연스럽지 못하다.

생각은 말이 되고 말은 행동이 된다. 행동은 습관이 되고 습관은 성격이 된다. 성격은 그 사람의 운명을 결정한다. 생각이 꼬이면 말이 거칠어지고 행동은 공격성을 띤다. 요즘 생각을 맑게 하려고 날마다 다짐을 복용한다. 내 의지대로 할 수 없으므로 새벽에 일어나 하나님께 간구한다. "제 언행을 바로 잡아주셔서 저로 인해 상처받는 사람이 없게 하소서. 좋은 시상이 떠오르게 도와주소서."

작업실에 들러 모 장학재단에 지원한 은희가 쓴 자기소개 원고를 수정해줬다. 큰 꿈을 현실로 만들려고 몸부림치는 은희에게 봄 같은 소식이 왔으면 좋겠다. 『논어』 '술이' 편에 "不憤不啓 不悱不發"이란 말이 있다. "자기 스스로 알려고 애쓰지 않으면 가르쳐 지도하지 아니하고, 행동으로 나타내어 실천하려고 애쓰지 않으면 깨우쳐주지 않는다."라는 의미이다.

지난주까지 3회에 걸쳐 방학 글쓰기 특강을 했다. 스무 명쯤 된 학생이 참석하여 열정을 쏟고 있다. 허리 통증 때문에 3시간 동안 서서 강의하는 게 여간 힘들지 않다. 내 머릿속에 있는 얄팍한 글쓰기 지식을 여러 학생에게 어쭙잖게 주는 것보다, 열심히 살아야 할 이유를 몸으로 보여주고 싶었다. 글쓰기를 완성하는 것은 마지막 단락 끝 문장에 마침표를 찍는 것으로 끝나지 않는다. 글은 펜으로 쓰는 것이 아니라, 심신으로 써야 한다.

온몸을 뒤집어쓰고 밖으로 나섰다. 바람 꼬리가 매섭다. 혀 짧은 오후 해가 편백 숲에 각주를 몇 개 달고 건넛산 끝으로 날아갔다. 해는 뜰 때보다 질 때 더 아름답다. 한데 모인 나뭇잎도 그렇다. 낙엽은

진 것으로 생을 끝낼 줄 모르고, 한데 모여 나무뿌리를 포근하게 덮어준다. 질 때 비로소 더 아름답고 거룩한 것이 해와 낙엽뿐일까. 생에 대한 미련이나 집착을 버리고 한 줌 재로 의연하게 돌아가는 수도자의 모습 또한.

내 안에 있는 나에게 나직하게 물었다. 지금까지 내려놓지 못하고 애면글면 집착하고 있는 게 무엇인지? 하룻날도 빠트리지 않고 글을 쓰겠다는 생각. 날마다 산책하며 발과 머리를 움직이겠다는 다짐. 작업실 앞에 누군가 버린 담배꽁초를 그냥 지나치지 못하고 주워야 간이 맞은 음식을 먹은 기분. 이런 것 따위야 언제든지 게으름을 피우거나 내려놓으려고 작심할 수 있다. 문제는 가장이란 멍에 때문에 이러지도 저러지도 못하고 움푹 팬 곳에 비굴하게 몸을 숨기고 사는 또 다른 나 자신이다. 고상하게 변명하자면 중독과 절제 사이의 미로를 헤매고 있다.

작업실로 돌아와 사흘 전 학생이 준 김치에다 저녁을 맛있게 먹었다. 배가 죽을 듯이 고프지 않은데 끼니를 꼬박꼬박 챙겨 먹는 것도 집착인 것 같다. 최근 간헐적 단식이 유행하고 있다. 운동하지 않고 12 ~ 24시간 굶기만 해도 살이 빠진다고 한다. 이 분야 전문가는 간헐적 단식을 하면 배고픈 것이 어떤 것인지 절감할 수 있다고 했다. 간헐적 단식뿐이랴. 머릿속에 떠오른 오만 생각을 절제하는 간헐적 단상도 필요한 것 같다.

눈을 뜨니 하룻날이 바뀌었다. 밥을 먹고 잠시 누웠던 게 바로 잠이 되었던 모양이다. 은희가 자기소개 원고를 잘 받았다는 답신과 함께 면접 예상 질문과 답 원고를 메일로 보냈다. 정신이 맑아질 때 보려고 게으름을 피웠다. 2시간 간격으로 어제가 된 일을 눈을 비비며 떠올렸다.

갑자기 귀가 가렵다. 면봉으로 귓속을 후볐다. 언제 잠들지. 내 안에 있는 또 다른 내가 절박하지 않은 잠에 집착하고 있다.

(2019. 1. 26.)

치癡

코로나의 광기가 여전하다. 우리나라는 잠잠해지는 기세지만, 이른바 잘 먹고 잘 사는 나라에서는 마치 바람 부는 날 들불처럼 번지고 있다. 대면 강의가 자꾸 늘어지면서 학생들에게 강의할 자료를 녹음하고 편집해야 하는 데 익숙하지 않아 애를 먹고 있다. 배웠는데도 당최 뜻대로 잘 안 된다. 모 교수님 도움을 몇 차례 받으며 오늘 겨우 마무리했다.

나는 여러 개 치癡를 달고 산다. 먼저 손癡다. 손재주가 별로 없어 벽에 못 하나 제대로 박을 줄 모른다. 전원에 집을 짓고 산 지 열한 해를 맞는다. 전원주택에 살려면 웬만한 것은 직접 해야 한다. 사람 한 번 부르면 시간과 관계없이 출장비가 만만치 않다. 다행히 아버지께서 손재주가 많아 아직 집을 두루 관리하고 계신다. 정원수 손질부터 집 안팎 구석구석에 이르기까지 아버지 손이 닿지 않는 곳이 한 군데 없다.

나는 또 기계癡이다. 아버지는 잔디 깎는 기계나 분무기, 스프링클러, 변기, 전등이 고장 나면 손쉽게 그냥 고치신다. 지금까지 TV를 빼고 거의 다 고쳐 쓰신 것 같다. 이런 아버지와 달리 나는 손전화 기능을 제대로 알지 못해 헤매고, 컴퓨터를 잘 다루지 못해 터덕거리기 일쑤이다. 아직도 인터넷뱅킹이나 카카오 뱅크와 담을 쌓고 산다. 『논어』 '위정편'에서 공자는 제자 유에게 "아는 것을 안다고 하고 모르는 것을 모른다고 하는 것이 아는 것이다."라고 가르친다. 시대를 한참 뒤처진 채 살면서 이 말을 위안으로 삼고 부끄러움을 나름대로 지우고 있다.

여기에 더하여 나는 힘癡이다. 덩치만 보면 꽤 힘을 쓸 법도 하련만, 힘쓰는 일을 잘하지 못한다. 농촌에서 자랐지만 일을 별로 하지 않았다. 아니 부모님께서 나에게 일을 전혀 시키지 않으셨다. 아래 동생은 어렸을 때부터 지게를 지고 산에서 나무를 하고, 이런저런 집안일을 도맡아 하면서도 군소리 한 번 하지 않았다. 동생은 지금껏 감기 한 번 걸리지 않고 지낸다. 이와 달리 나는 워낙 힘癡라 힘을 좀 쓰고 나면 골골거린다.

나는 꽤 심각한 音癡이다. 노래는 매일 즐겨 듣지만 잘 부르지 못한다. 운전하면서도 거의 노래를 듣는다. 노래를 들으며 불쑥 솟구친 시상 때문에 행복한 날이 많았다. 노래는 겨우 몇 곡 흉내만 낼 정도이다. 사람들 앞에 나서서 노래 부를 용기를 여태 내지 못했다. 오죽했으면 나를 잘 아는 지인이 "선생님은 다른 것은 잘하는데, 노래는 정말 아니다."라고까지 했을까. '다른 것'이 무엇을 말하는지 잘 모르지만, 나는 또 다른 癡를 수두룩하게 갖고 있다.

당구癡에다 바둑癡, 골프癡이다. 얼마 전 지인이 운영하는 모 법인 이사 회의에 참석했다. 회의를 끝내고 식사를 기다릴 때 몇몇 이사가 골프 약속을 했다. 한 이사가 나에게 시간 내서 골프를 함께 치자고 했다. 다른 약속이 있다고 서둘러 둘러댔다. 주위에 생일 선물로 자녀에게 골프채를 받았다는 사람이 있다. 골프 치러 일본을 무시로 오가는 사람도 있다. 골프채를 싣고 다니려고 수입차를 타고 다니는 사람도 있다.

나는 믿음癡이다. 교회에 다니면서도 하나님 말씀을 잘 경청하지 않았다. 급한 일이 생기거나 아쉬울 때 비로소 기도했다. 감사할 줄 몰랐고 불평과 불만을 달고 살았다. 천천히 기다릴 줄 모르고 조급하게 서둘렀으며, 따뜻하게 품지 못하고 차디차게 거리를 두었다. '나'를 내려놓지 못하고 중심에 두려고 했다. 새벽에 깨어 하나님 말씀에 귀 기울이고, 여러 이름을 떠올리며 기도한 지 좀 되었다. 그래도 나는 여전히 믿음癡이다.

이뿐이랴. 나는 잡을 줄이 없는 줄癡이다. 애당초 기댈 줄이 한 가닥이라도 있었으면 미련하게 앞만 바라보고 달리지 않았을 것이다. 이것저것 가늠하느라 눈치 보고 손바닥 비비며 비겁했을지 모른다. 늦은 오후 산책길에서 만난 목련마다 낯빛이 당당하게 눈부시다. 길가 양지에 핀 것이든 잎을 틔우려면 한참 있어야 할 자귀나무 틈새에 핀 것이든. 그저 목련이라는 이름에 걸맞게 피어있는 것만으로 눈길을 오래 붙잡고 있으니, 목련에게 무슨 줄이 필요하랴.

날이 어둑해지면서 빈 숲으로 새들이 날아든다. 저물녘 돌아갈 곳이 있는 이는 허공에 있어도 길을 잃지 않는다. 사람이 모여 사는 근린 마을에 불빛 몇 가닥이 어울려 밤마실을 나선다. 불빛의 보행이 하도 느리고 고요하여 노곤하다. 나에게 다닥다닥 붙어있는 여러 癡의 중량이 무거워지다 홀연 가벼워진다. 어떤 癡는 묵정밭처럼 내버려두고 어떤 癡는 누명처럼 벗어 홀가분해지고 싶으련만. 우선 여전한 믿음癡를 훌훌 벗고 싶다.

그리고 내가 쓴 시를 곡으로 직접 만들어 "노래는 정말 아니다."라고 말한 사람 앞에서 보란 듯이 노래하고 싶다. 나의 시, 나의 노래를.

(2020. 3. 25.)

통증의 쪽

의자에 오래 앉아 있으면 허리가 늘 뻐근하다. 작년 겨울방학엔 허리가 심하게 아파 응급실을 몇 번 오갔다. 일주일 동안 방바닥을 기어 다니다시피 했다. 50여 일 동안 허리에 핀 통증 때문에 생고생했다. 얼마 전『글쓰기의 황홀』이란 책 원고를 정리할 때 허리가 묵직했다. 시장 본 것을 차에서 내리는 순간 허리에 전류가 흐르는 것 같았다.

글방에서 파스를 몇 장 붙이고 책상에 앉았다. 통증 때문에 도저히 앉아 있을 수 없어 침대로 그대로 누웠다. 누워 있으면 괜찮은데 일어서고 앉을 때마다 통증이 뭉텅뭉텅 일었다. 설날 연휴가 시작되어 병원에 가려면 응급실뿐이었다. 운전하는 것이 힘들어 지인을 부를까 하다 그만뒀다. 다른 날과 달리 설날 나름대로 다 바쁜 일정이 있을 테니.

아침에 파스를 붙인 자리가 가렵다. 파스를 떼어내자 가려움이 극성스럽다. 아버지께서 전화하셔서 병원에 다녀왔는지 물으셨다. 괜찮다고 말씀드렸지만, 온전하지 않은 것을 눈치채신 것 같다. 설날이 코앞이라 지인들에게 한 해 한 번 설날 안부를 띄워야겠다고 마음먹었다. 아픈 통에 「그리운 사연으로」라는 시를 마음먹고 썼다.

"아주 먼 뒷날 이날 옛 얘기되어/ 박물관 한쪽 잠들고 있을지 몰라/ 사람 손으로 운전한 요상한 차 타고/ 고향 땅 밟는데 1박 2일 걸렸다고/ 두 손 다소곳이 모으고 무릎 꿇어/ 윗사람들에게 세배란 것 했었다고/ 사람 그려진 종이 세뱃돈으로 받고/하얀 달처럼 생긴 떡국 먹었다고/ 떡국 먹은 뒤 먹은 나이래야 실해/ 나잇값으로 쳐 나이 마침내 먹었다고/ 우왕좌왕 사느라 잠시 잊혔던 사람/ 그대 삶의 뜰에 혹여 자라지 않는가/ 기억에서 말갛게 꺼내 한 해 몸 성히/ 잘 살라는 인사말쯤 둥둥 띄우자/ 1박 2일 운전대 잡고 가지 못할망정/ 세배 서로 나누지 못할 거리일망정/ 떡국 먹으며 나이 함께 못 들 망정/ 올 한 해 평안하란 인사말 한마디/ 먼 뒷산 석양 동백처럼 떨어지기 전/ 그리운 사연으로 따시게 데워 보내자."

부모님과 함께 살면서 명절에 고향 갈 일이 이제 없어졌다. 대설주의보 내린 날 하루 남짓 걸리면서 즐겁게 오갔던 길. 다녀오지 않으면 안 되는 것으로 여겼던 필연의 길. 건강히 지내시라고 잘되라고 주고받은 말이 힘이 되었던 길. 이제 그 길은 내 기억의 박물관에 깊이 잠들어 있다. 분주하게 사느라 따신 인사 한번 제대로 하지 못한 이름을 기억의 자리에 떠올렸다. 오늘이 까치설날이지만 서둘러 설날 안부를 두루 띄웠다. 이 안부가 간이역에 머물지 않고 누군가의 역에 닿아 저마다 의미가 되기를 바라며.

허리가 멀쩡했을 때 자유하고 아무렇지 않았던 동작 하나하나가 죄다 불편하고 힘들다. 맘대로 앉았다 서는 것이 얼마나 행복한 일이었는지. 아무 일 없이 화장실 오가는 것이 얼마나 큰 축복이었는지. 바닥에 떨어진 젓가락을 쉽게 주워 올리는 것이 얼마나 감사한 일이었는지 또렷하게 보였다. 아픈 허리는 발목까지 잡았다. 허리에 있는 통증이 다리까지 번져 시치미 뚝 떼고 걸으려 해도 걸음이 흔들렸다. 이 흔들림을 마음의 쪽문을 열고 온 기도의 손길이 내내 붙잡아주었다. 아늑하게.

꽃이 져야 열매를 맺는다. 나무는 잎을 다 내려놓아야 겨울 한 철을 무사히 보낼 수 있다. 허리 통증이 도져 앉고 서기는커녕 걸을 때마다 통증의 영역이 확장된다. 어쩌다 기침이 나올라치면 허리 마디마디가 콜록거리며 아프다. 더욱이 설 연휴에 오도 가지도 못한 채 누워있으려니 오만 생각이 안개처럼 핀다. 아픈 날은 생각도 아프기 마련인데, 알 수 없이 다가온 평화가 몸 구석구석에 온전히 자리했다.

앉고 서는 것, 마음대로 걸을 수 있던 것을 당연히 여긴 시절이 부끄럽다. 모로 누워 교만했던 시절을 생각하며 통증의 쪽을 넘긴다. 아무 일 없는 듯 심장이 뛰고 혈류 흐르는 소리가 산울림처럼 들린다. 누군가에게 바칠 말 한마디 곱게 다듬는다.

(2020. 1. 24.)

한 끗 차이

겨울방학이 있었을까 싶을 정도로 혹한을 느낄 겨를 없이 방학이 그냥 지나갔다. 게다가 개강하고 세 주가 훌쩍 흘렀다. 오늘 강의와 격주로 모이는 문학 동아리 모임이 없어 작업실로 나왔다. 날씨가 추울 것이라고 예보했다. 이른 봄날 기상예보는 한 문장으로 콕 집어쓰기 힘들다. 사람이든 계절이든 떠남의 배후에 미련의 그림자가 도사리고 있다. 예보보다 햇살은 나긋했고 바람은 가벼웠다.

오래 앓은 허리와 목덜미, 어깨가 묵직했다. 작업실 근처에 있는 목욕탕에 들렀다. 계산대에 있는 여자가 날 물끄러미 바라봤다. 그녀 시선을 외면하며 대인 6,000원. 소인 3,000원. 경로우대 5,000원이라고 써 붙인 요금표를 보았다.

"대인이세요?"
"그걸 왜 물으세요?"
"혹시 경로일지 몰라서요."

비 맞은 빨래처럼 기분이 눅눅해졌다. 그렇다고 대놓고 불쾌한 감정을 드러낼 수 없었다. 그녀가 질문한 것은 어쩌면 객관성을 담보한 것일지 모른다. 며칠 전 한 지인이 전화했다. 페이스북에 올린 글을 잘 읽고 있다고 했다. 날마다 글 쓰는 일이 얼마나 힘드냐며 따스한 말로 어루만져주었다. 예까지는 기 승 전에 속했다. 결론은 사진을 보니 내가 생각보다 많이 늙었다고 했다. 서둘러 지퍼를 닫듯 통화를 끝냈다.

함께 나이 먹어가는 친구들을 보면 모두 나이보다 많이 늙어 보인다. 나 자신이 늙어가는 것은 보이지 않고, 다른 사람 늙어가는 것만 보이니. 얼마나 삐딱한 이기성이 내 안에 충만한가. 욕조에 몸을 담갔다. 나이가 지긋하게 든 어르신이 대부분이다. 말하자면 경로우대에 해당하는 축에 속한 사람들이다.

때를 밀었다. 몸 가운데 우리 손이 닿지 않는 곳이 있다. 이것은 자기 의지나 능력과 상관없다. 손이 닿지 않는 곳에 있는 때를 밀지 못하면, 가렵거나 왠지 찜찜하다. 세월도 우리 능력이나 의지와 별개로 우리 손이 닿지 않는 곳에 있다. 돌아보면 세상살이하면서 때를 놓치고 난 뒤 가렵고 찜찜했던 일이 어찌 한둘이었으랴.

생애를 셈하니 어느새 이순이 되어버렸다. 참 세상에. 그 많은 나이를 어느 세월에 허겁지겁 먹었단 말인가. 하기야 아침밥 먹고 나서 설거지를 하면, 그릇 물기가 채 마르기도 전에 점심때가 바로 왔다. 점심을 먹고 설거지를 하면, 고무장갑 물기가 없어지기도 전에 저녁때가 서슴없이 왔다. 하루 세월이 이럴지니, 한 생애도 훌쩍 저무는 겨울 오후 같지 않겠나.

오후 햇살이 봄비처럼 쏟아진다. 혹독했던 겨울이 머물렀던 자리에 온기가 오순도순 모여 있다. 내 몸에 예순 번 왔던 겨울이 가고, 봄이 또 오고 있다. 그동안 눈보라를 몰고 온 겨울만 찾아온 게 아니라, 삶의 겨울이 냉혹하게 여러 번 왔다. 그때마다 시린 겨울은 시나 절대자를 나와 단단히 묶어주었다. 내 삶에 예기치 않게 혹한이 찾아왔을 때 춥고 두려웠다. 절대자를 원망하고 존재에 대해 부정했다. 시간이 흘러 겨울이 과거가 되었을 때, 혹한은 내 생애의 나뭇결에 옹이처럼 촘촘하게 박혔다.

오후가 훌쩍 저물고 있다. 대인이든 경로든 어차피 세월의 흔적 아니겠냐. 이 땅에 발 딛고 사는 우리 생애, 대인이나 경로나 한 끗 차이 아니겠냐. 시상이 길게 떠오른다.

허리가 부실하여 병원에 들렀다
아버님! 어디가 안 좋으셔요?
딸 삼았으면 좋겠다 싶은 어린 간호사의 극진한 호칭
강아지풀 하늘거리듯 간지러웠다
허리에 엑스레이 광선 쏘아 넣는 기사도 아버님이라 했다
시뻘겋다 못해 립스틱 시커멓게 칠한 물리치료사도

아버지는 날 찬용이라 부르신다
어머니는 큰 아가라 부르신다

십자가만 바라보고 사는 아내는 최 집사라 부른다
장난기 심한 큰아들은 어이 최 시인이라 부른다
스물네 해째 말문 빗장 걸고 사는 작은아들에게 정작
아빠란 소리 한 번 뼈 시리게 듣고 싶건만

어느 세월의 고샅 돌아보니 집집마다 문패가 없다
문패 대신 죄다 인생행로 몇 번지 주소뿐이다
내 몸의 집 지으며 상량식 한 지 예순 해
이 세월 어느 곳간에 다 쟁여놓았을까
사람들은 날 최 교수 아니면 최 시인이라 부른다
뻔뻔하게도 내가 그런 사람인 줄 알고 이름을 잃어버렸다

세월의 공법으로 지은 몸 올해도 나이테 하나 더 늘었다
사람들은 이제 내 이름을 잘 불러주지 않는다
두루마기처럼 똘똘 말아뒀던 내 이름을 꺼내 봄볕에 말린다
재선아! 미안해 이름에 걸맞게 살아주지 못해서
재선아! 고마워 울퉁불퉁한 길 잘 견디며 여기까지 와줘서
재선아! 사랑해 다행히 철들 줄 모르고 아직 詩 몸살 앓아서
「내 이름을 꺼내 봄볕에 말린다.」 전문

(2019. 9. 2.)

빨강 신호

주일 아침, 교회 가는 노선이 평평하지 않다. 작업실에서 집으로 들러 훈용이를 우선 채비해야 한다. 씻기고 면도하고 양치한 다음 옷을 챙겨 입혔다. 일주일 가운데 유일하게 바깥에 나가는 것을 눈치챈 녀석이 자꾸 신발을 신겨 달라고 보챘다. 대화로 문제를 해결할 수 없는 처지라 일단 데리고 나왔다.

"훈용아! 햇볕이 참 좋다. 느낌이 오니? 어머! 이것은 국화인데, 꽃이 떨어지고 줄기만 남았네. 화살나무가 참 예쁘다. 새가 앉아 있다가 너에게 '안녕'하고 날아가버렸다. 이제 잔디밭이 끝나고 자갈밭이야. 자갈이 '훈용아! 훈용아!' 하고 부르네. 조금만 더 가면 아빠 차가 있어. 하나둘 셋."

현관에서 주차장까지 나오는 길에 훈용이는 여러 번 걸음을 멈춘다. 제 마음속에 빨강 신호등이 여러 개 있기라도 한 듯. 시외에 있는 집에서 시내에 있는 교회까지 가는 길은 먼 거리만큼 신호등이 많다. 여유 있게 출발하지 않으면 빨강 신호등에 발목을 잡히는 횟수에 따라 지각의 경계를 넘나든다. 예배 시작하기 40~50분 전에 출발해야 지각을 겨우 면할 수 있다.

오늘은 다른 날보다 여유 있게 출발했다. 화심교회 앞에 있는 빨강 신호와 첫 대면 했다. 주위를 살피며 창밖 풍경을 눈으로 서서히 끌어당겼다. 24시 편의점에서 한 가족일 성싶은 사람이 나왔다. 등산복 차림을 한 젊은 부부와 아이들이었다. 그들의 향방을 탈고하지 않은 원고로 남겨뒀다. 퇴비를 가득 실은 작은 트럭이 굽잇길을 돌았다. 퇴비 냄새를 맡은 겨울 들판이 핼쑥한 표정을 지우고 몸을 자꾸 꿈틀거린다.

객사 풍년제과 사거리에서 빨강 신호등에 걸렸다. 차 두 대가 신호를 무시하고 화살처럼 내달렸다. 건너편에서 오던 차 클랙슨이 비명을 질렀다. 빨강 신호가 켜지면 사람이나 차는 가던 길을 멈춰 서야 한다. 이것은 약속이다. 이 약속을 깨면 큰 사고를 낼 수 있다. 누군가에게 물건이나 돈을 빌려 쓰고 돌려주거나 갚기로 한 날짜는 빨강 신호와 같다. 이 날짜를 어기면 신뢰감이 치명적으로 깨진다.

시간 약속도 마찬가지다. 만날 지각하거나 결석한 학생이 성적이 좋은 것을 보지 못했다. 어떤 모임이든 시간에 대한 개념이 없어 약속 시각을 지키지 않은 사람이 한둘 있다. “돈이 거짓말하지 사람이 거짓말하지 않는다.”라는 말이 있다. 돈 약속은 시간 약속보다 계획한 대로 잘 안 될 수 있다. 그렇다고 돈 약속을 소홀히 해도 된다는 말은 아니다. 돈 약속이나 시간 약속을 상습적으로 어기는 사람은 돈이든 시간이든 도긴개긴이지만.

다가교 앞에서 또 빨강 신호가 붙잡았다. 나뭇잎을 통째 내려놓은 다가공원 나무들이 뼈를 드러낸 채 숲의 형태를 근경으로 끌어당겼다. 총총 들어선 아파트는 멀찍한 곳에서 원경의 배경으로 서있다. 푸른 좌회전 신호에 따라 차들이 완산 다리 쪽으로 시내처럼 흘렀다. 수많은 비둘기가 전깃줄에 앉아 자기들만의 언어로 소통을 멎지 않았다. 비둘기의 하얀 군무를 보며 용머리고개 오르막길을 올랐다. 이곳에는 대장간이 네 군데 있다. 대장간은 이곳의 명물이다. 동학농민운동이 일어났을 때 저들의 조상 가운데 누군가는 곡괭이나 조선낫을 만드느라 날밤을 꼬박 새웠을 터.

용머리고개 오르막이 끝나고 가쁜 숨을 내몰아 쉬는 지점에 ㅇㅇ교회가 있다. 아마 전주에서 가장 큰 교회일 것이다. 교인이 많아 예배를 여러 번 나눠 드리다 보니, 이 일대가 사람과 차가 넘쳐 마치 닫히지 않은 서랍과 같다. 어렵게 좌회전 신호를 허락받아 안행지구로 향했다. 완산칠봉이 일정한 행간을 유지하며 인연을 끊을 수 없는 일가를 이루고 있다. 오래전 삼천동과 평화동에 살 때 바람처럼 하도 많이 들락거렸던 곳이다.

예배 시간 7분 전에 교회에 도착했다. 시간에 쫓겨 운전할 때는 빨강 신호가 발목을 잡는 심술쟁이쯤으로 여겼다. 마음의 여유를 가지고 운전하니 빨강 신호는 멈춤의 의미를 넘어 배려였다. 또 질주를 멈추고 적절한 곳에서 쉬게 하는 쉼이었다. 이 쉼을 통해 눈길을 주는 것마다 살갑게 다가와 풍경이 되었다. 낯익은 풍광은 낯설게 다가오고 낯선 풍광은 낯익은 표정을 짓는 역설의 경계를 넘나들며.

교회 앞에 간판을 단 지 오래된 작은 카페가 있다. 아직 한 번도 들르지 않았다. 교회에서 커피를 그냥 마실 수 있어 그랬지만, 눈길을 끌 만한 간판을 붙이지 않은 까닭도 있다. 눈길을 준 곳에 'CAFE 안행'이란 간판이 무늬처럼 붙어있다. 들꽃처럼 작은 간판이 하도 예뻐 예배드리는 것을 잊고 그만 카페로 들어갈 뻔했다. 크고 화려한 꽃만 향기를 퍼뜨리는 게 아니다. 오히려 눈에 보일 듯 말 듯 한 꽃이 향기를 싣고 먼 길을 걸을 수 있다. 빨강 신호를 쉼과 여유의 선물로 받았다.

(2019. 1. 27.)

명품

작년에 손목시계를 하나 마련했다. 기억하기로 몇만 원 정도 주고 샀다. 강의할 때 학생에게 시간을 매번 물어볼 수 없고 그렇다고 손전화를 꺼내 시간을 확인할 수 없었다. 싼 게 비지떡이라고 1년도 채 되지 않아 시곗줄이 나갔다. 모래내시장 귀퉁이에 있는 반 평 남짓 된 시계 수리소에 들러 시곗줄을 바꿨다. 주인은 꾸부정한 허리에 도수 높은 돋보기를 꼈다. 한자리에서 40년 동안 시계를 고치며 여덟 식솔을 건사했다며 자랑했다. 은근히 자신이 유능한 시계 수리공이라는 것을 드러내려는 기색이 완연했다.

웬걸! 그곳에서 바꾼 시곗줄이 반년도 되지 않아 결딴났다. 또 시곗줄을 바꿔 돌아오는 길에 보니 유리에 금이 가서 유리를 갈았다. 그곳에 이를 때까지만 해도 유리가 멀쩡했는데, 이러쿵저러쿵 해봤자 서로 속만 상할 것 같아 아무 말 하지 않고 유리를 갈아 끼웠다.

두 번에 걸쳐 시곗줄을 바꾸고 시계 유리를 바꾼 비용이 시계 값이 얼추 되었다.

오늘 아침 학교에 가려고 나가는 길에 시계를 찼다. 허리가 맞지 않은 옷을 입은 것처럼 시계가 손목에서 자꾸 흘러내렸다. 자세히 보니 시곗줄이 또 끝장난 상태였다. 시계를 두고 학교로 갔다. 학교에서 학생들이 낸 리포트를 종일 첨삭하고 나왔다. 자동차에 있는 시계가 제 몸에 4:52이라는 숫자를 붉게 새겼다. 시곗줄을 갈지 말고 그냥 다닐까 하는 생각이 한순간 줄기차게 일어섰다. 생각한 김에 시곗줄을 그냥 고치러 가야겠다고 맘먹었다. 이 무렵 모래내시장 근처는 차 반 사람 반이다.

모 은행 주차장에 차를 슬몃 주차하고 시계 수리소로 갔다. 들어서자마자 “어떻게 된 시곗줄이 이렇게 불량품이냐?”라고 쏘아붙이고 싶었다. 주인이 먼저 “시계를 너무 꽉 차지 말고 헐렁헐렁하게 차세요.”라고 차갑게 내 불만을 원천 봉쇄했다. 불쑥불쑥 솟아오르는 불만을 죄다 쏟고 싶었지만, 아침에 했던 기도문을 떠올렸다. “오늘 세상으로 나가 하루 생애를 살 때 이 입술과 혀를 잘 다스려주시옵소서.”

주인이 시곗줄을 교체하는 동안 시장을 구경했다. 반 평 남짓 된 공간에 있으면 속이 자꾸 끓어오를 것 같아 바람을 쐬며 마음의 온도를 떨어뜨려야 했다. 5월 초순인데도 땅은 지열이 피어올라 푹푹 쪘다. 좌판에 이런저런 야채와 과일을 늘어놓고 장사하는 사람들 표정이 일관되게 검게 그을렸다. 파프리카와 토마토를 좀 샀다. 유일하게 있는 꽃집이 온통 카네이션뿐이었다. 그렇지. 내일이 어버이날이지.

카네이션 분을 하나 샀다.

줄을 바꾼 시계를 찾았다. 이것은 방수가 되지 않아 물을 멀리해야 하고 명성 있는 이름표를 달지 않아 알아줄 사람이 없다. 며칠 차지 않으면 다른 세계에 도달하여 그곳 시간을 사는 것처럼 시간이 뻰뻰하게 오락가락하기까지 한다. 이른바 명품이라 여기는 것은 값이 비싸다. 어떤 물건 앞에 명품을 붙이면 그것은 명품이 된다. 명품 백, 명품 시계, 명품 구두, 명품 지갑, 명품 안경테, 명품 운동화, 명품 골프채 따위.

명품은 뛰어나거나 이름난 물건이나 작품 혹은 세계적으로 이름이 나서 값이 비싼 상품이다. 많은 사람이 대부분 명품에 대한 의미를 값이 비싼 상품으로 알고 있다. 명품을 갖고자 한 욕망을 노린 게 이른바 짝퉁이다. 짝퉁 명품은 진짜와 구별하기 어려울 만큼 정교하게 만든 가짜 명품이다. 이런 짝퉁에도 A, B, C 등급이 있다. A급은 전문가만이 구별할 수 있어 일반인에게 가격을 비싸게 받고 판다고 한다. 하도 짝퉁 명품이 판치고 있는 세상이다. 혹 명품 한둘 아니면 몇 개쯤 가지고 있는 사람은 이 글을 보면 맘이 뒤숭숭해질지 모르겠다.

명품은 물건이나 작품, 상품에만 국한한 것이 아니다. 우리 삶도 명품이 있다. 나는 숨이 끊어지는 순간까지 붓을 놓지 않으려고 한다. 아직도 어쭙잖은 글을 쓰고 있지만, 세상과 사물, 사람과 생명을 아름답게 보는 시력을 잃지 않으려고 한다. 아픔에 눈물만 흘리지 않고 긍정적인 힘을 불어넣어 좋은 방어기제로 승화하고 싶다. 사소한 것을 그저 그런 것으로 단정하지 않고 따스하게 눈여겨보며 의미를 발견하고 싶다. 가르치는 일뿐만 아니라, 배우는 일에도 무궁하게 힘쓰려고 한다. 학생과 만나면서 겪은 일 하나하나를 문학적 감정으로 빚으려고 한다.

사랑에도 명품이 있다. 이번에 발간한 시집 『그대 강같이 흘러 줄 이 있는가』를 읽은 어느 독자가 물었다. "혹 누군가를 사랑하시나요?" 시인이 누군가를 사랑한다고 콕 찌르면 더 시를 쓸 수 없다. 시는 삶의 한 장면일 뿐, 앞뒤 사정은 독자 스스로 살붙이며 살아야 한다. 명품 사랑은 맘속 깊이 있어 바람이나 파도를 만나도 출렁거리지 않는다. 아무리 두꺼운 어둠 속에서도 지그시 바라보는 눈빛이 변하지 않는다.

관계를 현명하게 하려면 진정으로 사랑해야 한다. 대상이 타인이든 자신이든, 늘 그리운 연인이든 미워한 축에 있는 사람이든. 하나님이든 사물이든 사랑하지 않으면 안 된다. 사랑은 돈을 따지지 않는다. 이런 사랑이 명품 사랑이다. 우리는 명품 백이나 명품 시계를 살 운명을 타고나지 않았지만, 누군가를 진정으로 사랑할 수 있는 잠재력을 가지고 있다. 시계 수리소 주인을 흉보지 않을 참이다. 비록 6~7만 원짜리 시계지만 귀하게 여기며 차고 다니련다. 심장 같은 시를 혈관 같은 글을 미치게 사랑하련다.

(2020. 5. 7.)

나만 힘든게 아니다

4월 머리 길로 봄이 발을 깊숙이 들여놓았다. 코로나 광기는 수그러들 줄 모르고 아직도 팽팽하다. 봄 가뭄이 길어지면서 텃밭 밭작물 목이 탁탁 탄다. 다른 때 같으면 취나물을 한두 번 무쳐 먹고도 남았을 것이라며 어머니께서 혀를 차신다. 대면 강의가 엿가락처럼 늘어지면서, 매주 강의 영상 만드느라 코가 석 자다. 풍문 밑에 학생들이 단 댓글을 보면 학생들도 힘들기는 마찬가지다. 영상강의만 들으려니 지루하고 집중이 안 된다는 것이다. 얼굴을 봐야 마음의 시계를 움직일 수 있다.

여기저기서 사는 게 팍팍하고 숨 쉬는 게 답답하다고 아우성친다. 사람이 오가는 것을 멈추니 제대로 되는 것이 없다. 장사가 안 되니 문 닫는 가게가 늘고 기업이 생산 활동을 줄이니 돈줄이 마른다. 하루 벌어 하루 사는 사람의 생애는 대낮인데도 캄캄하다. 여기저기서 꽃은 당분간이란 봄 한때를 놓치지 않고 철들고 있건만, 칼바람을 껴안고 사는 사람이 있다. 나뭇가지마다 연둣빛 사연을 글썽거리며 터뜨리건만, 혹한을 업고 사는 사람이 있다.

몸담은 학교는 대학 역량진단평가를 준비하느라, 당최 정신이 없다. 교양교육원 일을 맡았다. 평가뿐만 아니라, 곧 교양 컨설팅까지 받아야 한다. 교양교육원 역사가 짧고 함께 일할 전문 인력이 부족해 생각이 분주하다. 무엇보다 내 역량이 헐렁하고 물렁물렁한 게 문제다. 이번 주부터는 글쓰기 관련 교과목을 수강하는 학생이 리포트를 본격적으로 낸다. 일일이 첨삭하려면 한 주의 세월이 간당간당하다.

"이백 명쯤 되는 학생들/ 매주 리포트 삽질하다 보면/ 가르치는 게 맨땅에/ 삽질하는 것보다 힘든 날 많다/ 뒤틀리고 비뚤어진 문장/ 수선하여 흐르게 하고/ 비문 암호 풀 듯 해독하여/ 막힌 물길 제자리로 가게 하면/ 논점에서 벗어난 동문서문의 글/ 땅콩처럼 열려 대풍이다/ 모 학회 학술대회에 가서/ 글쓰기 첨삭은 중노동이지만/ 둥글고 널찍한 맘으로 해야 한다고/ 불쑥 내뱉은 말/ 입을 지키는 자/ 자기 생명을 보전한다는 잠언/ 이 말씀 주어로 삼고/ 리포트 삽질한다."
(「리포트 삽질하다」 전문)

오랫동안 안부 여쭙지 못한 은사님께 전화를 드렸다. 연구실에 들를 때마다 늘 책을 보고 계시던 모습이 내 삶의 거울이 되었다. 한평생 『임진록』과 여러 설화의 우물을 파시느라 세월을 높게 쌓으며 오셨다. 어제 전화를 받지 못한 제자에게 전화했다. 교회에서 피아노 연습을 하고 있었다. “힘내라.”, “파이팅!” 따위와 같은 말보다 더 힘이 될 것 같아 기도해주겠다고 했다. 마음이 유리그릇 같은 녀석이다. 망설이지 않고 “좋아요.”라는 말을 아기가 자는 방문처럼 열었다.

학과 조교 선생님이 몸살감기를 앓느라 2주 만에 학교에 나왔다. 다른 때와 달리 코로나가 목숨을 가차 없이 흔들고 있는 요때, 몸보다 마음고생이 심했으리라. 다른 사람이 앓는 암은 내가 앓은 몸살감기보다 아파 보이지 않는다. 아플 때만큼 외로울 때가 없다. 아프면 마음의 넓이가 좁아져 배운 적이 없는데도 사람에게 서운해진다. 역시 배운 일 없는데도 사람이 틀림없이 그리워진다. 몸살이야 어느 시절만큼 킁킁 앓고 나면, 산바람이 풍경을 흔들다 제자리에 놓듯 고요해진다. 맘살이 문제다. 마음의 상처는 옹이처럼 박혀 잘 지울 수 없다.

이 봄날, 피어나는 꽃은 저마다 각자 몫의 무늬가 있다. 아픔을 아픔 그대로 두면 상처가 된다. 아픔을 잘 다독이고 싸매면 꽃무늬가 된다. 요즘 기도할 때마다 간구하는 게 있다. 중증 복합장애를 앓는 훈용이를 우리 가정에 보낸 주신 하나님 뜻을 헤아리게 해 주시라고. 세상눈으로 보면 도저히 꽃일 수 없는 녀석을 통해 주님의 영광을 드러내게 해 주시라고. 이 기도를 할 때마다 남겨두고 싶은 눈물이 물꼬를 트며 멎을 줄 모른다.

훈용이만 아픈 게 아니다. 훈용으로 인해 온 식구가 아프다. 오래 전 자녀가 없는 어떤 지인이 훈용이 같은 아들이라도 있으니 얼마나 행복하냐고 했다. 그 말이 과녁에 욱여넣는 화살처럼 예리하게 박혔다. 지금 생각하니 내 아픔만 들여다보느라, 상대가 앓는 아픔에 잠시 잠깐도 머물지 못했다. 끙끙 앓아 본 사람만이 안다. 아픔은 어느 날 아무런 인기척 하나 없이 온단 것을. 홍시 떨어지듯이 툭 온단 것을. 불쑥 고개 내민 것을.

아픔은 느닷없이 찾아와서 주책없이 눌러앉은 손처럼 낯설게 다가온다. 이런 날, 수족관 금붕어처럼 수면에 입 맞대고 처절하게 숨 골라야 하는 것을. 해녀처럼 자맥질하다 숨비소리 길게 내뿜어야 하는 것을. 아파할 일 다시는 보지 않을 것처럼 외면하거나, 쓸데없다 여기고 묻을 필요 없다. 앓을 일 있으면 부디 뜨겁게 꺼내 앓아야 한다. 이 땅에 발 딛고 있는 모두가 힘들다. 아프고 힘든 것 감출 일 아니다.

이 봄날, 꽃이란 꽃도 모두 힘겹게 피어난다. 끙끙 앓으며 뒤죽박죽 엉킨 아픔을 각자 무늬로 풀어 새기며. 나만 힘든 게 아니다.

"내 삶만 간당간당 하다고 여겨/ 낭떠러지 끝에 있는 것 같을 때/ 담쟁이 무성한 담 벽 좀 보라/ 어느 한 줄긴들 평탄한 곳에서/ 거들먹거리며 자라는 게 있는지/ 게으름 부리며 대충 살고 있는지/ 허공 절망으로 체념하지 않고/ 외줄 고삐 쥐고 오르는 환한 집념/ 요리 살면서 퍼렇게 견디는 게다/ 아무 일 없는 것처럼 시치미 떼고/ 마른 한숨 움칫움칫 끊어낸 게다/ 내 삶만 담같이 막혔다고 여겨/ 슬픔 더듬으며 미리 절망하기 전/ 담쟁이 무성한 담 벽 좀 보라." (「미리 절망하기 전」 전문)

(2020. 4. 10.)

두루

먼지바람 일던 땅에 비가 두루 내린다. 숲은 초록을 한 겹 덧입어 색을 갱신하고 시무룩했던 풀잎 표정에 생기가 두루 돈다. 비가 이렇게 오려고 아버지 허리뼈가 그렇게 두루 놀라고, 어머니 무릎뼈에 틈틈이 두루 바람이 들락거렸나 보다. 박 씨 어르신이 삼례 모 병원에서 치료를 받고 허리에 있는 통증이 달아났다고 아버지께서 여러 번 말씀하셨다. 고향을 떠나오신 지 10년째, 이곳에서 아버지 유일한 말벗인 박 씨 어르신까지 모시고 삼례에 있는 병원에 들렀다.

"와! 저 집 깨 참 잘 됐다. 깨 덕 좀 보겠다.", "저 집 고추는 곧 따겠네. 고추농사를 어떻게 저리 잘 지었을까.", "비 그치고 나면 고추에 농약 해야 쓰겠네." 세 분은 주로 농작물에 두루 관심을 보이셨다. 텃밭 한쪽에 식구들 먹을 상추나 좀 심고 밭농사 그만하시라며 핏대까지 자주 세웠지만, 만날 허사로 끝났다. 사람 사는 집에 딸린 땅을 놀리면 땅을 죽이고, 다른 사람 눈에 보기 흉하다는 이유로.

의사 선생님이 어머니께 두루 물었다. "어르신은 허리와 무릎이 언제부터 아팠어요?" ㅅ 字로 꺾인 허리를 의사 선생님 앞에서 최대로 펴고 어머니께서 또박또박 말씀하셨다. "60대부터 아팠어요. 그런데 그때 한참 아이들 가르치고 농사짓느라, 내 몸 돌볼 새가 없었어요. 병원에 갔더니 수술하지 않으면 걷지 못한다고 합디다." 병원 모시고 갈 때마다 어머니는 이 문장을 의사 선생님 앞에서 꼬박꼬박 꺼내신다. 울컥 눈물이 두루 쏟아지는 걸 애써 참았다.

"어르신! 그때 그 시절에는 허리나 무릎이 아프면 무조건 수술해야 한다고 그랬어요. 그런데 지금은 수술하는 것이 전부가 아니에요. 오히려 수술하면 나이 들어 더 힘들어질 수 있어요." 가물었던 어머니 표정이 두루 축축해지며 맑게 해갈되었다. 나는 빌린 지 오래된 빚 이자쯤 갚은 것 같은 기분이 들어 잠시 마음이 두루 평온했다. 세 분 진료를 마치고 집으로 돌아올 때까지도 비가 멎지 않고 두루 내렸다.

집에 도착하자마자 학교로 내달렸다. 학교 식당 협동조합 교수 이사 모임이 있어 시간을 지체할 수 없었다. 자신에게 금전적으로 한 푼 이득이 되지 않는 일을 통 크게 시작한 모 교수님 열정과 헌신의 화덕에 한 개비 마른 장작이 되고 싶었다. 아니 이보다 더 간절했던 게 있다. 우리 학교 식당이 밥만 먹는 곳이 아니라, 새로운 문화를 창출하는 공간이 되었으면 하는 바람이 말씬거리게 자리하였다. 그저 한 끼 때우는 식으로 먹는 밥이 아니라, 집에서 먹는 집밥 냄새와 분위기가 두루 나는 밥. 밥때가 되면 함께 밥 먹는 사람들이 두루 정겨워지는 밥.

우리 학교 구성원이 이런 밥을 먹을 수 있게 협동조합을 만든다고 할 때, 이것저것 따지지 않고 끼어들었다. 이곳저곳에서 우려하는 말을 많이 들었다. 사업이나 장사에 문외한인 사람들이 협동조합을 만들어 식당을 운영한다고 하니, 염려가 이만저만 아닐 게 뻔하다. 아무것 하나 없이 오로지 우리 구성원이 밥다운 밥을 먹자는 생각 하나만 하고 시작했다. 나는 회의 때나 한 번씩 참석하지만, 일선에서 일 하고 계시는 몇몇 교수님은 여름방학을 두루 이 일에 쏟고 계신다. 곁에서 보고 있으면 힘이 되어주지 못해 두루 미안할 뿐이다.

밥 이전에 쌀이었다. 쌀 이전에 벼였다. 벼는 저 홀로 생존하려고 절대 힘쓰지 않는다. 서로에게 곁이 되고 이웃이 되어 결속된 힘으로 두루 살아간다. 그들은 어떤 상황에서도 분명히 두루 동고동락한다. 저 혼자 살려고 발버둥 치면 모진 비바람 앞에서 그만 쓰러지고 말 것이다. 벼는 단순히 나락이 아니라, 넘어지지 않는 불멸의 힘이다. 이 힘으로 협동하고 그 힘 조합하여 두루 함께 사는 끈끈한 관계이다.

점심을 먹고 연구실에 앉아 창밖 풍경을 눈으로 끌어들였다. 지난 학기 강의한 '마음을 다스리는 글쓰기'를 토대로 논문을 썼다. 「자기표현적 글쓰기가 대학생의 자아존중감과 심리적 안녕감에 미치는 영향」이란 글이다. 그리고 네 번째 수필집 『흔들림에 기대어』 교정 원고를 출판사에 보내고 마지막 교정을 기다리고 있다. 지난 3월에 『첫눈의 끝말』이란 시집을 출간하고 곧바로 수필집을 출간했으니, 나름대로 두루 잘 산 것 같다.

쉼 없이 걸어왔던 길을 두루 뒤돌아본다. 바람이 등을 떠밀며 웅크리고 있던 삶의 고요를 으깬 날 있었다. 땅 멀미를 하여 어찔어찔하게 구토에 시달린 때가 무진장 있었다. 시 쓸 소재를 찾아 나서면 그리움이 행장을 차리고 따라나서 느릿느릿 걸어야 했다. 숨쉬기조차 힘든 날 해녀처럼 자맥질하면서 처절하게 숨 고르게 한 세월도 있었다. 명료한 사실은 이 모든 게 두루 내 시가 되었다.

길을 걷다 몇 번쯤은 두루 뒤돌아봐야 한다. 발자국은 새지 않고 잘 따라오는지, 멀쩡하다고 믿는 구석 속에 솎아낼 것은 없는지. 애지중지 품고 있던 것 가운데 잡동사니 같은 것 없는지, 애틋하게 이름 부르며 함께 가자고 부르는 사람 없는지. 길을 걷다 몇 번쯤은 두루 뒤돌아봐야 한다. 비의 노래가 저음으로 바뀌며 고덕산 허리를 새가 두루 휘젓고 다닌다.

이 땅의 모든 생명이여! 부디 두루 평안하길.

(2019. 7. 22.)

특별한 축복

지난 금요일, 연구실 의자에 앉아 책을 볼 때 허리에 통증을 느꼈다. 통증이 잠시 잠깐 찾아왔으리라 여기고 신경 쓰지 않았다. 늦은 오후 모 교수님을 잠깐 뵙고 나서 차에 올랐다. 운전하는 도중 통증은 영역을 더 확대하여 넓고 묵직해졌다. 작업실에 이르러 그만 자리에 눕고 말았다.

일어설 수 없었을 뿐만 아니라, 몸을 꼼짝할 수 없었다. 밥을 하려고 했으나, 허리를 굽힐 수 없어 쌀을 씻지 못했다. 우유 한 잔으로 저녁을 때웠다. 밤새 끙끙 앓다 아침에 작업실 인근에 있는 신경외과로 갔다. 혼자 갈 수 없어 학생 도움을 받았다. 엑스레이를 촬영한 결과 뼈에 이상이 없었다. 진통제를 맞고 물리치료를 받았다. 밤이 되자 잠잠했던 통증이 되살아났다.

또 밤새 앓다 주일 아침을 맞았다. 교회에 가지 못했다. 도저히 견딜 수 없어 조카를 불러 인근에 있는 병원 응급실로 갔다. 수액과 진통제를 맞는 동안 요와 피검사를 했다. 이들 검사 결과는 깨끗했다. 진통제를 맞아서 그랬는지 통증이 시들해졌다. 이 와중에 글이 나왔다.「이랬다면 당신은 행복한 사람입니다」

"맘먹은 대로 허리의 각도 꺾입니까?/ 서너 발짝 떼는 것 일도 아닙니까?/ 의자에 오래 앉아 있어도 별 탈 없으십니까?/ 병원에 들러 물리치료 받은 일 없으십니까?/ 오늘 주일 예배드릴 수 있었습니까?/ 무릎 끓고 주님과 대화할 수 있었습니까?/ 응급실에 부랴부랴 들를 일 없었습니까?/ 쌀 씻을 수 있어 끼니 거르지 않았습니까?/ 사지 멀쩡하여 하늘 밑 어딘가 걸었습니까?/ 누군가에게 세밑 인사받았습니까?/ 누군가에게 새해 축사 받았습니까?// 이랬다면 당신은 행복한 사람입니다."(「이랬다면 당신은 행복한 사람입니다」 전문)

하룻밤을 그런대로 잘 보냈다. 평안은 그리 오래가지 않았다. 잠잠했던 통증이 오뉴월 잡초처럼 다시 무성하게 일어섰다. 발발한 허리 통증을 온기로 잠재우려고 전기장판 심지를 높이 올렸다. 나흘간 풀썩 엎드려 옴짝달싹 못 하는 동안 허기는 때를 맞춰 잘도 왔다. 몸의 근육을 맘대로 작동하던 땐 별생각 없던 것들이 막힌 시상처럼 퐁퐁 솟아올랐다. 빈한해지고 궁할 때 비로소 절실해지는 詩도 이런 거였다.

붕어빵이 불쑥 당겼다. 붕어빵의 어원은 풀빵이다. 풀빵은 허기가 느슨하게 풀어진 뱃속 구석구석을 찰진 기운으로 잇고 꿰매 준다. 그에게 허용된 자유라곤 틀에 박힌 붕어 형상이다. 가스 불에 낮게 엎어지고 바싹바싹 구워질 수밖에 없는. 동선 짧은 작업실, 전기장판에 아픈 허리를 바싹 붙이고 누워 있는 내 모습이 마치 풀빵 같았다. 밥을 할 수 없어 피자를 처음으로 시켜 먹었다.

오늘 시작하기로 한 방학 특강 글쓰기 강의를 취소했다. 허리를 킁킁 앓으며 섬처럼 떠 있는 며칠 동안 깨우친 게 참 많다. 허리에 뾰쪽뾰쪽하게 모여 있는 통증 때문에 앉고 일어나는 게 힘들었다. 이때마다 가파른 벽이 손잡이 노릇을 했고, 내다버리려고 맘먹은 헌 책상이 지팡이 역할을 요긴하게 했다. 주름이 쪼글쪼글하게 잡혀 버릴까 망설였던 사과 맛이 일품이었다. 사람 사는 마을에 쓸모없는 것은 별로 없었다.

살다 보면 몸이 아플 때 가장 고독하고 외롭다. 며칠 전 마음의 병을 깊게 앓고 있는 학생이 밤에 전화했다. 몇 마디 나눴을 뿐인데, 눈물을 거두며 속이 좀 뚫렸다고 그랬다. 그때 그 마음을 사실 잘 이해하지 못했다. 그런데 온몸을 방바닥에 붙이고 며칠간 누워있었더니 사람이 몹시 그리웠다. 배고픈 건 그럭저럭 때울 수 있었지만, 마음의 허기는 쉽게 채울 수 없었다.

무엇보다 앉을 수 없는 게 불편했다. 이렇다 보니 의자에 앉아 맘껏 글을 썼던 때가 추억처럼 그리웠다. 그간 허겁지겁 부산떨며 사느라 잊고 놓친 게 참 많았다. 앓기 전 소중하다고 여기지 않았던 게 참으로 귀중하였다. 당연하다고 생각했던 게 특별한 축복이었다. 평범하다고 여긴 게 감사할 조건이었다. 이제 1분 후면 제야의 종소리가 울리며 새해 새날이 밝을 것이다.

"선달 그믐밤 꽃처럼 하롱하롱 지고 있다/ 우리 화롯불 가운데 두고 동그랗게 앉은 일 얼마 만이냐/ 흐르고 잊힌 것 다만 세월뿐 아닐 터인데/ 선달 그믐밤 생애의 끝 결코 아닐 터인데/ 우리 서로의 곁 되어 두 눈 감싼 일 참으로 얼마 만이냐/ 한솥밥 먹다 보면 우후죽순처럼 정(情) 자라련만/ 섭섭한 구석 서운한 생각 어찌 거미줄 치지 않았겠느냐/ 제야의 종소리 이제 곧 눈발처럼 온누리에 날릴 터/ 막막하고 답답하고 어둑했던 일 망각의 강으로 흘려보내자/ 한기 든 아랫목 군불이라도 넣고 고요히 십자가 바라보자/ 버섯은 말라죽은 나무 밑에 포자를 터뜨리는 법/ 남향 온기 짧아지며 당 떨어지듯 수은주 낮아지는 겨울/ 고덕산 변방 처마 고드름 비장한 각으로 열리고/ 사랑한다는 말 한 끼 밥보다 가물가물 그립지 않겠느냐/ 이제 새날 오면 너 나 할 것 없이 한 무더기로 피어/ 사는 게 한숨 아니라 꽃 같아야 하지 않겠느냐/ 장사진 친 안개 햇볕 몇 줌에 기진맥진해지는 법/ 우리 생애 낀 안개도 눈 몇 번 깜박깜박 앓다 보면/ 가슴앓이의 꼬리지느러미 싹둑 잘려 나가지 않겠느냐/ 선달 그믐밤 꽃처럼 하롱하롱 지고 있다." (시 「제야」 전문)

(2018. 12. 31.)

3부

전원 살이

소낙비

꽃이 하염없이 피고 진다. 봄볕을 쐬러 나선 길, 하늘이 통째 우중충하다. 지나가는 말로 들은 일기예보는 곳에 따라 소나기가 내린다 했다. 하늘을 두어 번 올려보다 우산 챙길 마음을 지루하게 읽은 책처럼 그만 덮는다. 산책 길목에 있는 모 요양원 입구에 핀 영산홍이 붉어야 한다는 소명을 지피며 활활 불타고 있다. 담장을 타고 오른 담쟁이는 이제 막 산란한 연둣빛 잎을 머리맡마다 풀어놓는다. 봄은 이렇듯 근경으로 눈빛 아리게 반짝이며 온다.

밤마다 들렀던 아중천변의 낮 풍경, 먹구름에 갇혀 있는 꽃마다 웃음기를 띠고 있다. 꽃은 꽃이란 이름을 달고 태어나면 죽을 때까지 망설이지 않고 꽃으로 산다. 누가 눈길을 내고 바라보든, 눈길을 끊고 외면하든 미소를 달고 있다. 봄날인데도 환하게 웃을 일이 뜸한 계절, 두루뭉술한 꽃그늘을 따라 걸으며 꽃비를 맞는다. 꽃비는 몸으로 맞으면 젖어 들지 않는다. 맘으로 맞아야 뼛속 깊이 스며들어 축축하다. 흠뻑 젖는다는 건 그에게 다가가는 것이고, 그를 끝내 그리워하는 것이다. 이근화 시인이 쓴 「소울 메이트」라는 시 일부이다.

"우리는 이 세계가 좋아서/ 골목에 서서 비를 맞는다/ 젖을 줄 알면서/ 옷을 다 챙겨 입고."

젖을 줄 알면서도 옷을 다 챙겨 입고 맞는 비. 이 비를 혼자 맞는 게 아니라, '우리'가 함께 맞는다. 왜? "이 세계가 좋아서." 그렇다. 이 세계는 바로 '소울 메이트' 아니겠는가? 둘이 함께 있으면 우주의 한 중심에 있는 것처럼 평화스럽게 넉넉해지는. 이 땅 어떤 산이든 넘을 수 있고, 어느 강이든 건널 수 있다는 용기가 팔팔 일어서는. 빗속에서 서로의 온기가 사그라지지 않고, 고스란히 합일하여 사랑이 되고야 마는.

길을 걷다 보면 애당초 계획한 것을 나쁜 기억처럼 잊고 싶을 때가 있다. 돌아올 지점으로 점찍은 곳에 이르러 선택의 갈림길을 낸다. 반환로와 직진로. 돌아가면 다시 아중천변이고 바로 직진하면 아중호수에 이른다. 학교에 오가는 갓길에 누워있는데도 시간에 쫓겨 그냥 지나쳐버린 그곳도 지금 봄이 수북이 왔을 텐데. 아중호수의 봄날을 기억의 곳간에 쌓아두려고 직진로에 발을 집어넣는다.

숨을 욱여넣었다 오른 계단을 숨을 꺼내며 내려오자, 아중호수는 반이 꽃이고 반이 사람이다. 물 버드나무가 나뭇가지에 초록빛 언어를 한창 일필휘지하고 있다. 아중호수 물은 땅의 것을 수면에 받아쓰기하느라 여백이 없을 지경이다. 흐릿한 하늘을 옮겨 적은 쪽마다 벚꽃과 물 버드나무를 삽화처럼 그려 넣는다. 게다가 테두리 없이 있는 그대로 끌어다 그린 산경은 그림책처럼 한눈에 쏙 들어온다.

여기저기서 꽃 아닌 꽃이 피기 시작한다. 우산꽃이다. 빗방울이 바람을 타고 치렁치렁 듣기 시작한다. 하늘의 의중을 잘 캐물은 사람은 우산 꽃으로 여유작작하게 피고, 그렇지 못한 사람은 제 몸을 비의 처분에 우왕좌왕 맡긴다. 여유작작한 축과 우왕좌왕한 축 사이를 걷다 차양 밑으로 몸을 넣는다. 꽤 많은 수효의 빗방울을 뒤집어썼는데도, 먼 길을 걸어온 내력으로 몸의 기온이 온화하다. 우왕좌왕한 축들이 손전화를 꺼내 여기저기에 비 소식을 전한다.

"비가 와요."

이 짧은 소식을 물새를 우표 삼아 부치고 하늘을 본다. 우리 삶의 하늘이 늘 쾌청할 수 없다. 맑았던 하늘에 구름이 돌연 끼기도 하고 소낙비가 뜬금없이 쏟아지기도 한다. 날씨는 기상청이 예보하므로 어느 정도 대비할 수 있지만, 우리 삶의 기후는 미리 측량할 수 없다. 우산을 준비한 사람은 보행의 시제를 대부분 현재형으로 쓰고 있지만, 그렇지 않은 사람은 보행을 거의 유보하고 있다. 빗방울이 점차 굵어지고 풍성하다. 아중호수 수면에 물꽃망울이 팔랑팔랑 피었다 툭툭 진다. 몇 사람은 비 맞을 각오로 자리를 뜨고, 몇 사람은 자신이 있는 위치를 장황하게 설명하다 지친 기색이다.

그런 때가 있었나 싶게 비가 가늘어진 것은 그야말로 당분간이다. 소낙비가 한 차례 밟고 간 발자국에서 물 냄새가 차분하게 난다. 목교가 끝나는 즈음에 이르렀을 때, 직소폭포 서자쯤 되는 비가 내리꽂힌다. 쓸쓸할 겨를 없이 편의점으로 쏜살같이 달려가 우산을 샀다. 비가 오지 않았으면 그냥 줘도 갖고 싶지 않을 성싶게 허름한 녀석을. 줄기차게 따라붙던 비가 아중역 앞에 이르자 울다가 젖을 물린 아이처럼 뚝 그친다. 그야말로 당분간이다.

아중천변에 이르자 하늘이 말아 쥐고 있던 구름을 밀어낸다. 해가 물기를 잔뜩 머금은 것들을 빛나게 어루만진다. 살다 보면, 소나기가 나한테만 엎치고 덮치며 내리는 것 같을 때 있다. 우리 삶의 소낙비는 어느 땅, 누구에게나 내린다. 그러나 줄곧 내리지 않고 당분간이다.

(2020. 4. 13.)

전원살이

묵방산 그림자가 유별나게 기다랗다. 낮 길이가 일 년 가운데 가장 길다는 하지의 오후 햇살이 좀체 공제선을 타고 넘을 줄 모른다. 며칠째 바깥 마루를 공사하는 인부들이 연장과 공구를 챙기기 시작한다. 광주까지 오가는 길이 짧을 성싶지 않다. 집을 지은 지 십 년이 넘자 손볼 곳이 여러 군데 생기기 시작한다. 잘 썩지 않은 방부목으로 만든 바깥 마루가 시나브로 내려앉았다. 오일스텐을 칠하지 않아도 되는 합성목으로 다시 공사했다.

부모님께 집을 짓고 함께 살자고 했을 때 한사코 마다하셨다. 부모님 마음을 돌리는 데 3년이 걸렸다. 부모님과 아픈 훈용이를 위해 집터를 넓게 마련하고 집을 크게 지었다. 통창을 만들어 하늘과 산을 통째 끌어들였고 창문을 여러 곳으로 내 바람길을 만들었다. 훈용이를 위해 바깥 마루를 널찍하게 만들고 수영장도 마련했다. 많은 사람이 전원살이에 대한 꿈을 간절하게 꾼다.

풍광이 좋은 곳에 집을 짓기만 하면 전원살이를 낭만적으로 하는 줄 안다. 도시 인심보다 시골 인심이 아직 생존해 있긴 하지만, 기존 주민과 관계를 잘 맺어야 한다. 그렇지 않으면 田園 생활이 아니라, 田怨 생활이 되고 만다. 나는 집을 지을 땅을 마련하고 명절 때마다 이장에게 인사를 했다. 마을 애경사도 미리 챙겼다. 집을 지을 때 돌을 실은 큰 차량이 마을 안길을 여러 차례 오갔으나 한 사람도 시비하지 않았다.

이사하자마자 새벽마다 길에 있는 쓰레기와 담배꽁초를 날마다 주웠다. 처음에는 수군거리던 마을 사람들이 얼마쯤 지나 수고한다고 인사하는가 하면 동참하기도 했다. 부모님은 꽤 넓은 텃밭에서 기른 야채를 집집마다 나눠 드신다. 시골이긴 하지만 웬만하면 묘목 한 그루라도 심어 돈을 만들 요량이라 야채를 심지 않은 집이 많다. 아버지는 손재주가 뛰어나 십중팔구는 직접 손보신다. 우리 집은 물론 수도나 대문, 변기가 고장 난 집을 두루 다니시면서 하나하나 고쳐주신다.

아버지가 계시지 않았으면 넓고 큰집을 관리하는 데 애먹었을 것이다. 금잔디를 심은 넓은 잔디밭, 정원에 심은 수많은 나무에 이르기까지. 대부분 사람은 정원을 만들 때 자신이 보고 즐기려는 게 아니라, 다른 사람에게 보여주려는 의도가 다분하다. 잔디나 나무는 저절로 자라고 저절로 제 형상을 유지하는 게 아니다. 잔디밭은 시와 때를 맞춰 자르고 잡초를 없애야 한다. 시의적절하게 비료를 주고 농약을 쳐야 한다.

나무 역시 그렇다. 아름다운 수형을 유지하려면 때를 맞춰 전지하고 농약을 해줘야 한다. 경계목으로 심은 회양목은 손질을 어떻게 하느냐에 따라 수형을 다양하게 만들 수 있다. 경계를 구분 짓는 곳뿐만 아니라, 돌 사이에 심어 오만가지 모양을 맘껏 낼 수 있다. 그런데 벌레가 많이 끓어 일 년에 두어 번 농약을 뿌려야 한다. 섬잣나무는 전지하면 소나무 못지않게 송진이 많이 나온다. 소나무도 제때 전지하고 농약을 해야 독야청청의 자태를 잃지 않는다. 어떤 나무든 사람처럼 사랑을 많이 받고 자라야 아름답고 건강하다.

우리가 이사한 이후 여러 사람이 집을 지었다. 오가는 사람이 우리 집에 자주 들른다. 한결같이 넓은 잔디밭과 수많은 나무를 일목요연하게 관리하는 것을 보고 감탄한다. 나는 이런저런 일에 쫓겨 풀 한 포기 뽑을 겨를이 없다. 아버지께서 일상처럼 이런 일을 하시므로 가능하다. 전원살이는 환상이 아니라 엄연한 현실이다. 어떤 옷이든 자기체형이나 분위기에 맞아야 어울리듯 전원살이 역시 자신과 맞아야 한다.

기존 주민과 교류하지 않고 섬처럼 살 수는 없다. 마을 일에 관심을 보이고 참여해야 마을 사람과 잘 지낼 수 있다. 나는 마을회의에 꼬박꼬박 참여하고 마을 가꾸기 사업을 주도하였다. 마을 사람이 서로 잘 소통하게 하려고 '마을 소식지'를 만들어 돌렸다. 집만 덩그러니 지어놓고 마을 사람과 담을 쌓고 사는 사람이 종종 있다. 이런 사람은 마을 사람과 서로 소통하지 않다 보니 사소한 일로 크게 다투기도 한다.

전원주택은 너무 크게 짓지 않는 게 좋다. 대지가 120평쯤 되면 텃밭까지 넉넉히 이용할 수 있다. 대지나 집이 넓은 만큼 관리하는 시간과 비용이 많이 든다. 집 구조는 단순해야 공간을 편리하게 쓸 수 있고 관리하기 수월하다. 잔디밭이나 데크는 가능하면 너무 넓게 하지 않는 게 관리하기 편하다. 나무도 적당히 심어야지 너무 많이 심으면 관리하는 데 애를 먹는다. 나무를 심을 때 집 근처에는 침엽수 종류를 심고 활엽수는 집에서 멀리 심는 게 좋다.

며칠 전 2층 다락방에 지네가 출몰하여 아내가 자지러지게 놀랐다. 때로는 잔디밭에서 뱀이 유유히 돌아다니기도 한다. 얼마 전에는 멧돼지가 텃밭 울타리를 뚫고 들어와 뿌리가 들지도 않은 고구마밭을 뭉개버렸다. 날을 꼬박 새운 훈용이가 아침이 되어 잠이 막 들려는 순간 마을 확성기를 타고 흐르는 이장 목소리에 잠을 놓치기도 한다. 이런 일만 있는 게 아니다.

아침에 일어나면 현관에 누군가 양파를 한 포대 갖다 놓기도 하고, 감자를 한 박스 놓고 가기도 한다. 호박이 열릴 무렵이 되면 주차장, 현관, 바깥 수돗가에 호박이 떨어질 날이 없다. 막 담은 김치를 갖다 놓기도 하고, 딴 지 얼마 되지 않았을 아카시 꿀을 놓고 가기도 한다. 누구라고 표시하지 않았지만, 부모님은 두고 간 사람이 누구인지 빠삭하게 꿰고 계신다.

아내가 커피를 서둘러 타는 걸 보니 아랫마을 박 씨 어르신이 오신 모양이다. 우리 집 인근에 밭이 있는데 밭보다 우리 집부터 먼저 들르신다. 아버지와 매일 나누시는 대화가 마치 녹음기를 켠 것 같다. 바로 지척에서 우는 산새 울음소리도 매한가지다.

(2020. 6. 23.)

퍼렇게 버티다

정원 한쪽에 나이깨나 먹은 감나무가 한 그루 있다. 그곳에 바람 공법으로 지은 새집 한 채가 오랜 세월 용케 버티고 있다. 새집이나 사람이 사는 집이나 누군가 살지 않으면 폐가가 되기 마련이련만. 버팀목같이 서 있는 나무도 바람에 외롭게 흔들리는 날이 있다. 이런 날새는 바람에 기대어 버텨야 한다.

10년 전 순천에 사시던 부모님께서 이곳으로 이사하셨다. 이때 순천 집에서 갖다 심은 나무가 한 그루도 버티지 못하고 영면했다. 50년 넘게 자라 거목이 된 동백나무는 겨울 한 철을 지내고 곧바로 꽃상여를 탔다. 100년쯤 되었을 향나무는 겨울을 두 번 보내고 나서 황달기를 보이며 시름시름 앓다 자빠졌다. 봄날이면 온 마을에 향수를 뿌렸던 60년생 금목서도 비슷하게 길을 떠났다. 30평은 족히 될 만한 잔디밭 금잔디는 옮겨 심을 때마다 누렇게 잠들었다. 세 번 만에야 겨우 뿌리를 실하게 내리고 푸르게 자리를 잡았다. 모두 바람을 맞고 풍이 들어 버티지 못한 것이다.

작년에 솔밭에서 정원으로 옮겨 심은 12년생 반송은 아직 버팀목을 이름표처럼 붙이고 산다. 새 뿌리를 완전히 내릴 때까지 버팀목에 기대어 무수하게 부는 바람을 견뎌야 한다. 텃밭에 들깨 냄새가 바람결 따라 층층이 날린다. 고추나 콩보다 들깨는 농약을 덜 해도 되므로, 부모님께서 들깨를 많이 심으셨다. 들깨가 좀 더 자라면 바람 앞에서 잘 버티라고 아버지께서 버팀목을 세우고 줄을 치실 것이다.

우리 삶도 어쩌면 감나무에 집을 짓고 사는 새와 같다. 지붕과 대문이 없는 새집은 비바람이 머리를 맞대고 덤벼든다. 이때 잘 버티지 못하고 중심을 잃으면 죽음에 충분히 가까워진다. 버틴다는 것은 어려움을 참고 견디거나, 굽히지 않고 끝까지 맞선다는 의미이다. 든든히 자리를 잡거나 쓰러지거나 무너지지 않는다는 의미이기도 하다. 이런 사전적 의미를 한마디로 정리하면 중심을 잃지 않고 자리하다 정도 될 성싶다.

건축물이나 구조물이 지진이나 바람에 허물어지는 것은 중심을 잃었기 때문이다. 중심을 잘 잡게 하려고 내진耐震 공법이나 내풍耐風 공법으로 집을 짓거나 다리를 놓는다. 지난 학기 방학을 하자마자 허리가 아파 50여 일 동안 옴짝달싹하지 못했다. 몸의 중심인 허리가 무너지자 아무것도 할 수 없었다. 앉고 서고 눕고 일어서는 것조차 제대로 할 수 없어 정형외과, 통증 마취학과, 한의원을 전전하였다. 축구 경기에서도 허리 격인 미드필더 역할이 중요하다. 우리 사회가 경제적으로 안정되려면 허리에 해당하는 중산층이 늘어나야 한다.

우리 마음은 하루에도 셀 수 없을 만큼 이랬다저랬다 한다. 이렇게 하겠다고 계획을 세우자마자 저렇게 하고 싶은 마음이 발동한다. 마음이 중심을 잡지 못하고 자주 흔들린다. 심리학에서 '마음의 중심'을 '호메오스타시스(Homeostasis)'라고 한다. 호메오스타시스는 'Homeo(Same)'와 'Stasis(to stay)'를 합성한 말로 우리말로는 '항상성恒常性'이라고 부른다. 항상성恒常性은 마음이 흐트러질 때 그렇게 되지 않도록 조정하고, 가급적 빨리 원상으로 복귀하려는 현상이다.

항상성은 평정심을 갖게 한다. 즉 감정에 대한 기복 없이 마음이 고요하고 평안한 상태에 이르게 한다. 우리는 하루 생애 가운데서도 불안을 느끼거나 울분을 품을 때가 많다. 누군가와 관계가 비뚤어져 마음 상하기도 하고, 어떤 문제와 맞닥뜨려 무기력하게 무너지기도 한다. 뜻하지 않게 어떤 일에 빨려들어 이상한 사람 취급을 받거나, 이유 없이 무시당해 울컥한 마음에 불이 붙기도 한다. 이럴 때 대부분 사람은 장맛날 토담처럼 마음이 허망하게 허물어져 내린다.

우리 마음의 중심은 자신뿐만 아니라, 다른 사람, 사회나 세계를 어떻게 바라보고 인식하느냐에 따라 가깝고도 먼 곳에 있다. 자신이나 상대가 처한 감정을 제대로 느끼고 깨달아야 마음의 중심에 당도한다. 감정은 글쓰기를 통해 효과적으로 잘 들여다볼 수 있다. 심리학에서는 글쓰기나 말하기를 통해 감정을 객관화한 것을 '감정의 지식화'라 한다. 글이 마음의 거울인 셈이다.

나는 날마다 산책을 하고 글을 쓰면서 마음의 여행을 한다. 산책하면서 바람 꼬리, 풀잎의 이마, 길고양이의 슬픈 눈빛, 코스모스의 부드러운 흔들림, 얼마 전까지 길바닥에서 잠을 잤던 사람의 이후 안부, 연인의 새콤달콤한 입맞춤, 우연히 올려다 본 하늘에 활짝 핀 별꽃, 아흔아홉 개의 물음표를 달고 불쑥불쑥 튀어나오는 어휘를 만난다. 또 그리운 사람을 마음속에서 만나 시간 가는 줄 모르고 얘기를 하고, 불편한 관계에 있는 사람을 만나 관계를 수선하기도 한다.

이런 것을 글로 정리하다 보면 어느새 내 마음의 한가운데에 있다. 우리 삶은 흔들리는 것과 화목하게 손잡고 버티는 것이다. 버티고 기다리다 보면 우리 마음이 중심을 잡고 아침 강물처럼 고요하고 잔잔해진다.

갑자기 쏟아진 빗방울이 차창에 달라붙어 버티고 있다. 윈도 브러시를 작동하지 않고 그냥 뒀다. 만발한 물꽃마다 옆구리가 통통하여 오지게 눈부시다. 오늘 하루 생애, 퍼렇게 버티며 뜨겁게 사랑했다.

(2019. 7. 28.)

임대문의

작업실이 있는 안골사거리에서 아중천변 가는 길목엔 노점 과일 가게, 여성 옷 가게, 주유소, 미술학원, 한의원, 요양원, 모 문중에서 세운 여자고등학교, 미장원이 한 곳 있다. 여기에 공인중개사무소와 말이 슈퍼마켓이지 구멍가게, 화원이 둘 정도 있다. 이 틈에 대여섯 곳은 '점포정리 임대문의'란 말 아래 손전화 번호와 주인 백이란 말이 이마를 맞대며 이웃처럼 산다.

어린 시절 백 씨는 다 잘 사는 사람인 줄 알았다. 쓰레기를 버리지 말라고 한 주인이나 허가 없이 작물을 심지 말라고 한 주인은 모두 백 씨였다. 감시카메라가 없던 때 으리으리한 집에는 보통 '개 조심'이라고 쓴 말끝에도 역시 주인 백이란 말이 꼭 따라다녔다. 한자 白이 '희다'라는 말뿐만 아니라, '알리다'라는 뜻이 있다는 것을 알기 이전엔.

'점포 정리, 임대문의'를 붙인 곳은 이렇다. 여자고등학교 교문 입구에 있는 미술학원은 한때 1층 한 칸과 2층 전체를 썼다. 주로 대학 입시를 준비하는 학생이 다닌다. 작년부터 1층을 비우고 지금은 2층만 쓰고 있다. 아마 학원생이 줄어들어 살림 규모를 줄인 것 같다. 학원 바로 옆에 있는 곳은 한때 국숫집이었다. 오가면서 보면 사람이 별로 없어 문을 일찍 닫는 날이 많았다. 얼마 되지 않아 문을 오랫동안 닫더니, 국수 옆에 가맥이란 말을 집어넣고 술을 팔았다. 이마저도 오래가지 못하고 '점포 정리, 임대문의'란 말을 붙였다.

한 곳은 한때 여성 옷을 팔았다. 쇼윈도에 있는 마네킹은 옷 한 벌로 사계절을 보냈다. 이 집은 문을 여는 날보다 닫는 날이 더 많았다. 입구에 이런저런 광고지가 수북이 쌓이더니 어느 날 '점포 정리, 1 + 1'이란 말을 내걸었다. 얼마 후 이 말 대신 '임대문의, 전화번호, 주인백'이란 말이 '점포 정리, 1+1'이란 자리를 차지했다.

오래전 사그라든 경기가 좀체 힘을 쓰지 못하고 기진맥진하고 있다. 게다가 최근 외세가 제국주의 DNA를 버리지 못하고 우리 목을 죄는 바람에, 우리나라 경제가 한 치 앞을 전망하기 어렵다. 이럴 때 본디 많이 가지고 있고 힘깨나 있는 사람은 출렁거릴 일이 별로 없다. 사는 게 무거운 비중인 빈한하고 힘없는 대다수 사람은 뿌리째 흔들리거나 뽑혀 삶이 헐렁헐렁하건만.

식구를 먹여 살릴 요량으로 시작한 장사가 잘 안되면, 하루하루 생애가 절벽일 것이다. 생업의 터라고 여긴 점포를 끝내 정리할 때 심정은 아마 모든 통로가 막혀 내린 결단일 테고. 이런 상황에 부닥친 사람은 단순히 점포만 정리하고 싶은 것이 아니라, 이 사람 저 사람에게 말하지 못할 아픔까지도 정리하고 싶을 것이다. 장사가 잘 안된 점포를 계약하려는 사람은 거의 없다. 이런 점포는 대부분 상권이 노쇠한 상태다. 소자본을 투자한 사람이 묶인 희망이 풀어질 날을 막연히 기대하며 들어오는 수밖에.

'점포 정리, 임대문의'란 글을 보며 부질없는 생각에 빠졌다. 우리가 앓는 아픔을 정리하고 누군가에게 임대한다고 내붙이며 살 수 없을까. 살다 보면 너무 아프고 힘에 겨워 누군가에게 내 아픔을 내보이고 싶다. 아니 내 아픔을 누군가에게 임대하고 싶을 때가 있다. 하늘을 만들 수 없듯, 아프면 아프다고 다 말할 수 있는 사람이 있다 할지라도, 내가 앓는 아픔을 그 사람에게 임대할 수 없다. 어떤 아픔이든 꺼내 보여줄 수 있는 사람이 설령 있어도, 내 아픔을 정리할 수 없다. 얼마 전에 쓴 「다」라는 시다.

이 세상 살면서 어느 누구에게도/ 다 보여줄 수 없는 것 있습니다/ 나 이런 일 때문에 너무 아프다고/ 다 말할 수 없는 것도 있습니다/ 차라리 다 보여주고 꺼내고 싶어도/ 보석처럼 감춰야 할 것 있습니다/ 차마 다 꺼내 펼칠 수 없는 통증/ 십자가 바라보니 십자가 바라보니/ 정녕 주님께서 주신 선물입니까?/ 세상에서 가질 사람 저밖에 없어/ 저 혼자 다 가져야만 합니까?/ 그래야 한다면 그래야 한다면/ 도망치지 않고 차마 받겠사오니/ 주님께는 다 꺼내 보이게 하옵소서.

오늘 밤 달빛은 다른 날과 달리 유별스럽다. 속살이 하마터면 드러날 것 같다. '임대문의'라고 쓴 점포 창마다 달빛이 건성으로 지나치지 않고 넉넉하게 비친다. 달의 눈이 마치 점포를 구경하러 온 사람처럼 안을 자세히 들여다본다. 빈 점포가 모처럼 환하게 웃는다. 잠깐 드러났다 지워진 징후가 아니라, 날이 밝으면 임대계약서를 쓰려는 사람들 발길이 끊이지 않고 이엄이엄 이어졌으면 좋으련만. 뒤축이 경련을 일으키고 문턱이 반질반질하게 닳아지도록. 그리하여 누군가가 점포를 임대하여 장사를 잘해 무너진 가세를 보란 듯이 일으켜 세웠으면.

(2019. 7. 31.)

받아들이기

한 가지에서 피는 꽃이 출생신고를 하기도 하고 부음을 보내기도 한다. 피고 지는 꽃의 일생이 부대 상황이다. 며칠 전 총선이 끝났다. 결과가 나오기 전까지 많은 후보가 수많은 말을 쏟아냈다. 그야말로 말言의 홍수였다. 이런저런 상황을 아전인수 격의 말발로 해석하며 어떤 식으로든 상대 기를 꺾으려고 했다. 선거 결과는 야당이 참혹하게 패배했다. 말을 싹수없이 한 후보는 거의 살아 돌아오지 못했다. 세월호와 관련하여 막말해 자기 집구석에서 쫓겨난 후보도 있다. 이 사람이 요즘 사전투표에 문제가 있었다며 전의를 불태우고 있다.

어떤 현실을 받아들이려면 마음을 낮춰야 한다. 불꽃처럼 타오르는 분노를 진화하고 현실을 있는 그대로 인정해야 한다. 긍정의 힘은 부정적인 것을 무조건 좋게 여기는 게 아니다. 좋은 상황이나 악한 상황을 왜곡하지 않고 있는 그대로 받아들이는 것이다. 가진 게 없는

데 부자처럼 여기면 현실을 왜곡하고 망상에 빠지기 쉽다. 가진 게 별로 없는 상황을 받아들이고, 이 상황을 어떻게 견디며 살 것인지 몸부림쳐야 한다.

TV와 담을 쌓고 산 지 오래다. 어쩌다 사람 사는 냄새를 맡고 싶을 때 컴퓨터로 다시 보기를 한다. 사람 냄새를 내 안으로 끌어들이면 가물가물한 글 불火이 되살아난다. 어젯밤 모 방송국에서 방영한 '사노라면'이란 방송을 다시 보기로 봤다. 세 자녀를 둔 젊은 부부가 귀촌하여 흑염소를 기르는 이야기이다. 문중 산을 빌리고 대출을 받아 부부는 허리 펼 사이 없이 열심히 일한다. 그러나 축사에 불이나 하루아침에 모든 것을 잃는다.

출하를 앞둔 염소가 몇 마리만 남고 모두 죽는다. 절망에 빠진 부부를 다시 일으켜 세운 것은 어린 세 자녀다. 솜털 같은 자녀는 이들에게 축사가 불에 타 빚이 늘어난 현실을 그대로 받아들이게 한 힘이 되었다. 젊은 부부는 불탄 축사를 보수하며 쉬는 날 하루 없이 재기를 꿈꾼다. 이 과정에서 이런저런 일로 사소하게 다투기도 한다. 그러나 눈물을 서로 닦아주며 살길을 궁리하고, 등을 서로 다독이며 다시 시작하자고 응원한다. 사노라면, 우리는 살길을 찾지 않고 도망갈 길을 찾을 때가 있다. 사노라면, 현실을 받아들이기보다 거부할 때가 더 많다.

요즘 글방에 책이나 먼지보다 머리카락이 수북하게 쌓인다. 며칠 전에는 아래 어금니가 한쪽 달아났다. 밥을 먹다 딱딱한 게 씹혀 음식물 속에 있는 이물질로 여겼는데, 그게 어금니의 분신일 줄이야. 눈은 줄곧 침침하여 돋보기를 껴도 글씨의 정체가 요원하다. 책상에 좀 앉아 있을라치면 오래지 않아 통증이 허리께로 몰려든다. 비타민이라도 한 알 챙겨 먹어야 힘이 날 것 같다. 혈압과 당뇨 수치를 잘 조절해주시라는 문장을 기도문에 꼬박꼬박 넣는다.

우리가 망각하며 사는 것 가운데 하나가 나이 듦이다. 세상에 시간만큼 공평한 게 없다. 이 시간 앞에서 우리는 똑같이 나이를 먹고 하늘길이란 종착역을 향해 삶의 여행을 한다. 이 여행길에서 쓴맛을 보기도 하고 단 것을 맛보기도 한다. 뒤척이며 날밤을 새우기도 하고 꿀잠에 취해 밤을 잊기도 한다. 어느 민족 역사이든 수난 시대가 있다. 한 개인의 삶도 저마다 수난의 생이 있기 마련이다. 이 수난을 어떻게 받아들이느냐에 따라, 한 민족의 역사나 한 개인의 삶이 흥망성쇠 하였다. 현실을 잘 받아들이지 못하면 비판의 화살을 자신에게 자칫 겨눌 수 있다. 현실은 우리 의지로 아무리 굴러도 둥글어지지 않고 모날 때가 있다.

최근 주역과 정신의학을 접목한 명리 심리학이 뜨고 있다. 우리 운명과 기질을 잘 받아들이면 꼬인 삶의 매듭을 풀고, 울퉁불퉁한 생을 둥글게 살 수 있다는 것이다. 사노라면, 사는 게 우리 마음 같지 않다. 빌빌 꼬이거나 울퉁불퉁 각이 지기도 한다. 이럴 때 어디로 가야 할지 방향을 잡아야 한다. 산에서 길을 잃으면 어느 곳에 있는 것이 문제가 아니라, 어느 곳으로 가야 하느냐가 문제이다. 허둥지둥하거나 우왕좌왕하면 길을 찾기 전 제풀에 지치고 말 것이다.

봄날, 담장 너머마다 꽃이란 꽃이 이름표를 달고 있다. 울타리 너머에도 꽃이 화려체와 만연체를 번갈아 쓰고 있다. 어떤 담이나 울타리도 꽃 피는 것을 막지 못한다. 이것을 보고 받아들이는 사람만이 봄날을 향유할 수 있다. 자기소개서를 쓸 때 대부분 자신이 가진 장단점을 묻는다. 많은 사람이 장점은 명료하게 드러내고 단점은 두루뭉술하게 넘어가려고 한다. 그러나 자신이 가진 단점을 분명하게 인정하고 이를 극복하려고 얼마나 힘썼는지 밝혀야 한다. 여러 기관이 이것을 보고자 한다.

어느 무엇보다 자신을 받아들이는 일만큼 어려운 게 없다. 자신을 주관적인 틀에 가두고 우물쭈물하기 때문이다. 기도를 품앗이하는 지인 가운데 한 사람이 욱하는 성질을 위해 기도해달라고 했다. 이런 기도를 하다 보면 내 안에 있는 욱함도 시나브로 닳는다. 자신이 처한 상황을 잘 받아들이면 누구든 소중한 사람이 된다. 내가 그때 그 자리에 있을 수밖에 없는 소명을 느낀다. 나여야만 하는 이유를 만나 웃을 수 있다.

한숨 자고 일어나니 빗소리가 작작하다. 비가 저렇게 오려고 뼈들이 그렇게 수군거렸구나. 온몸이 그렇게 소란스러웠구나. 그래, 그리움이 꿈에서도 그렇게 무성했구나.

(2020. 4. 19.)

비설거지

태풍이 온다고 야단법석이다. 나무가 뿌리째 뽑히고 바닷가에 묶어둔 배가 뒤집히는 영상을 TV에서 연달아 보여준다. 아침을 드시자마자 아버지께서 수돗가와 개집에 쳐놓은 가림막을 걷으셨다. 태풍은 늘 그랬듯이 외로움을 타는지 홀로 오지 않고 많은 비를 데려온다. 어머니는 장독대에 있는 장독 뚜껑 위에 돌을 올려놓으셨다. 몇 년 전 태풍에 장독 뚜껑이 여러 개 가을 나뭇잎처럼 떨어져 깨졌다.

장독대는 수돗가와 이마를 맞대고 있다. 수도 옆에는 밖에서 쓰는 간이 주방이 있다. 한겨울을 빼고 어머니는 텃밭 다음으로 바깥 주방이나 수돗가, 장독대에서 주로 보내신다. 손빨래하시거나 텃밭에서 거둔 남새를 씻고 삶을 때 수도나 간이 주방을 쓰신다. 장독대는 간을 맞출 재료가 두둑하므로 이 세 공간은 어머니의 일관된 동선이다. 우리 집 수돗가는 사랑방 역할을 한다.

뒷집에 은퇴한 신부님이 사신다. 신부님 밥을 해드리는 마리아 여사가 수돗가에 부모님 드실 간식거리를 종종 놓고 가신다. 아랫마을에 사시는 박 어르신은 당신 밭에 가는 길에 꼭 들르시어 아버지와 커피를 함께 드신다. 아버지와 동년배에다 마음마저 맞아 친구처럼 잘 지내신다. 어르신은 당신 고추밭에 농약을 하고 나서 우리 고추밭에도 농약을 해주신다. 아버지나 어머니도 마찬가지다. 어르신이 밭에서 일하고 계시면, 특별한 일이 없을 때 부모님께서 손을 보태신다.

시골 인심은 자기 집 비설거지만 하지 않는다. 이웃집에 사람이 없으면 자기 일처럼 비설거지를 알아서 해준다. 태풍이나 호우는 예보를 정확하게 하는 편이다. 지나가는 비는 전국적으로 곳에 따라 식으로 두루뭉술하게 얼버무린다. 볕을 믿고 농작물을 말리려고 내놓고 소낙비를 맞춰 낭패를 당한 일이 수두룩하다. 우리 삶도 태풍이 찾아오고 호우가 내린다. 지나가는 비도 퍼붓는다. 태풍이나 호우, 지나가는 비는 기상청에서 예보라도 하여 미리 비설거지를 할 수 있다.

우리 삶에 부는 태풍이나 쏟아지는 비는 예보가 없다. 일상에서 늘 비설거지를 하며 살아야 한다. 며칠 전 의료 실비보험을 들었다. 30대 후반부터 혈압강하제를 먹어 그동안, 이 보험에 들 수 없었다. 얼마 전 유 병력자도 이 보험을 들 수 있어 이제야 넣었다. 지난 교수 연수회 때 교수협의회에서 교수님들께 만보기를 나눠주었다. 열심히 걷기를 하여 건강을 잘 챙기라는 뜻으로 한 것이다. 나는 날마다 걷는다. 만보기를 차고 걸으며 여러 가지를 측량하니, 걷는 게 꿀맛이다.

강의실에서 학생들에게 성실해야 한다고 힘깨나 준다. 대부분 사람은 타고난 능력이 부족하거나 별것 없는 집안에서 태어난다. 태어날 때부터 천재이거나 부자인 사람은 몇 안 된다. 돈의 우산이나 권력의 비옷, 든든한 배경의 처마가 없는 사람은 시간이 재산이다. 시간을 성실하게 잘 써야 한다. 나는 강의실에서 학생들에게 잔소리를 많이 하는 편이다. 떠들든 말든, 손 전화를 보든 말든, 잠을 자든 말든 결코 그냥 넘기지 않는다.

왜 강의실에 있는지? 왜 전공을 공부하는지? 졸업하고 나서 어떤 일을 하려고 하는지? 사는 이유나 삶의 좌표가 없는 학생이 꽤 많다. 아무 표시가 없는 백지도인 암사지도를 보는 것 같다. 우리 삶은 한마디로 '관계 맺기'이다. 나와 자신, 나와 다른 사람, 나와 사회, 나와 신, 나와 세계가 관계를 맺는 것이다. 자신에게 당당하고 떳떳하지 못하면, 다른 사람이나 세계와 관계가 비뚤어진다. 흔히 불법과 편법이 춤을 추고 정의가 죽은 사회라고 한다. 그러나 아직 노력하고 성실하게 사는 사람을 알아주는 세상이다.

청년이 살기 어려운 시대인 건 분명하다. 현실이 이러할수록 너나 할 것 없이 희망의 불씨마저 끄면 안 된다. 좌표 없이 사는 삶은 희망이 없다. 바람 한 점 얼씬할 수 없는 보도블록 틈으로 풀잎이 돋는 걸 보면 경이롭다. 풀은 틈을 불가능한 것으로 여기지 않고 뚫고 일어서야 할 희망으로 여긴다. 햇볕이 들지 않아 어둡고 캄캄한 땅, 메마르고 척박한 환경을 탓하지 않고 딛고 일어선 것이다.

비가 갑자기 거침없이 내린다. 뒤돌아보면 내 삶에도 폭우가 몇 차례 쏟아져 내렸다. 아니 지금도 내 생은 비가 멎지 않은 우기이다. 비를 하도 많이 맞아 뼈까지 눅눅하게 젖어 온몸이 통점이다. 나를 키운 것은 9할이 시도 때도 없이 내리는 빗방울이다. 다른 사람이 앓는 모습을 보면 아픔의 둑이 무너져 눈물을 호우처럼 쏟는다. 특별히 내가 가르치는 학생이 앓는 것을 보면, 가슴이 아리다. 이때 해줄 말이 내 세포 속에 살고 있어 다행이다.

힘들었고 힘들고 분명 힘들겠지만, 힘듦이 날 앓게만 한 것이 아니다. 힘듦이 힘든 것을 견디게 하는 힘이 되어 일어날 수 있었다. 주저앉고 싶을 때, 힘듦이 날 세워주는 힘이 되어 숨 쉴 수 있었다. 힘듦이 시어의 날개를 달고 청명하게 비상했고, 희망의 문장으로 찬연하게 불 밝혔다. 오늘도 나는 쓴다. 글이 내 생애 내리는 아픔의 비를 받쳐주는 우산이므로, 뼈까지 스며들지 않게 하는 비옷이므로, 아픔 가운데서도 당당하게 서 있게 하는 처마이므로. 글을 쓰면서 비설거지를 한다.

(2018. 8. 20.)

비 올 바람

비는 응큼하게 오지 않는다. 바람의 전령을 먼저 보내고 온다. 비가 보낸 바람의 전령을 이른바 '비 올 바람'이라 일컫는다. 비 올 바람은 고요한 수평의 각을 흩트려 뭉텅뭉텅 분다. 빨랫줄에 수직으로 널려 있는 빨래가 격렬하게 춤을 춘다. 여기저기 꼬불쳐 둔 검정 비닐이 날개를 달고 솟구친다. 소풍 나왔을 성싶은 때까치들이 큰 걸음으로 서둘러 산으로 돌아간다.

옆 산이 술렁거리며 새들 몸짓이 부산스럽다. 새집은 하늘 낯빛이 좋은 날은 하늘이 지붕이지만, 비가 올라치면 몸이나 날개를 지붕으로 삼는다. 비바람의 어지러운 각을 견디며 집과 어린 새끼를 지킨다. 텃밭에서 호미질하시는 어머니 손길이 속력이 붙어 잡초 목이 격렬하게 꺾인다. 비 몸살 앓은 아버지께서 오뚝 일어나시어 볕에 내둔 마늘을 들이신다.

후드득후드득

비 올 바람이 분 뒤 비는 속달로 오기도 하고 일반 우편으로 당도하기도 한다. 이번 비는 일반 우편쯤 된다. 비설거지를 제때 하지 않으면 잘 말린 곡식을 비 맞혀 농사를 공칠 수 있다. 잘 말린 빨래를 통째 젖혀 다시 빨아야 한다. 지붕 새는 곳을 단속하지 않아 집안으로 비를 고스란히 끌어들여야 한다. 논밭 물길을 다시 잡아줘야 수해를 입지 않는다. 비 올 바람이 불면 땅속에 있는 개미가 땅으로 북새통을 이루며 시커멓게 올라온다. 비설거지를 하는 집합행동이리라.

비 올 바람은 내가 비를 부르는 바람이라고 내색하지 않는다. 숲에서 들로 들에서 숲으로, 하늘에서 땅으로 땅에서 하늘로 방향을 거칠게 바꾼다. 바람의 체온은 후텁지근하고 건조하다. 거칠고 메마른 소식을 불쑥 건네고 시원한 발길로 비가 온다. 장맛비는 아무리 길어도 사나흘 내리고 지쳐 그친다. 숨을 고르고 나서야 다시 내릴지라도.

비 올 바람이 어찌 산과 텃밭, 마당에만 발 디디고 말랴. 우리 생애 가운데 시도 때도 없이 불어 닥치건만. 우리가 눈여겨보고 귀여겨듣지 않아 무심코 넘겨버리거나 느끼지 못할 뿐. 우리 생애 부는 비 올 바람을 알아차리면 삶의 비설거지를 미리 할 수 있다. 세상살이하면서 우리는 사람을 너무 의지하고 믿는다. 이 과정에서 사람에게 실망하고 상처를 받아 좌절하기도 한다. 때로는 사람이 비 올 바람이다. 아니 숨 돌릴 틈 없이 내리는 폭우다.

얄팍한 신앙이지만 이른 아침마다 성경을 읽고 기도하면서 하루 생애를 시작한다. 신앙적인 것을 떠나 이 시간에 나 자신을 객관화할 수 있다. 뒤돌아보고 살펴보고, 부끄러워하고 힘 다지고. 내 삶에 비 올 바람이 그간 얼마나 거칠고 모질게 불었던가. 이 바람에 휘청거리며 벼랑 끝에 매달려 있었던가. 이후 비는 내게 얼마나 혹독하고 잔인하게 내렸던가. 건강하게 살아있는 아들은 목회의 길을 걷고 있고 아직 앓고 있는 아들은 감히 감사의 조건이 되고 있다.

서재 창으로 비 올 바람이 다시 분다. 녀석은 때로 하는 짓이 개구쟁이 같아 나뭇잎을 뒤집어 배꼽을 적나라하게 드러낸다. 풀잎 허리춤을 반쯤 끌어내려 허벅지에 있는 반점을 끄집어낸다. 나뭇잎 배꼽과 풀잎 허리춤뿐이랴. 어쩌면 우리가 앓는 아픔까지 들춰낼지도 모른다. 속으로 끙끙 앓으며 감추고 숨길 게 아니라, 적어도 자신에게 당당히 드러내라면서.

세상이 벽일 때 있다. 사람이 담일 때 있다. 심지어 나 자신이 나에게 벽이나 담일 때가 있다. 이 경계를 허물지 않으면 뾰쪽하게 외롭다. 다른 사람에게 따돌림당하는 게 아니라, 나 자신에게 따돌림당한다. 아프면 아프다고 말해야 한다. 속 깊이 쟁여두면 습하게 곰팡이가 피어 결국 썩는다. 밖으로 꺼내 바람을 쐬게 하고 볕으로 말려야 한다. 때로는 비를 맞혀 씻겨야 한다.

철들 나이가 되었는데도 난 아직 여전히 철들지 못한 삶을 살고 있다. 이런 통에도 비 올 바람에 뒤집히고 뼈까지 비에 젖으면서 용케 잘 견뎌내고 있다. 뒤집힘과 견뎌냄을 시심에 젖어 글로 풀어쓰면서. 아프면 아프다 하고 그리우면 그립다고 하면서. 이럴 때 아픔이 상처로 남지 않고 시가 되었다. 그리움이 외로움으로 남지 않고 시가 되었다.

곧 비 다시 오겠지요?

(2020. 7. 11.)

난리

"툭툭"

일기예보는 전국에 곳에 따라 비가 내린다고 소문을 퍼뜨렸다. 나라가 코로나 19 전염병으로 온통 난리다. 잠결에 빗방울 떨어지는 소리를 엿들었다. 아! 그랬구나. 비가 오려고 다리가 쑤시고 발바닥으로 온몸에 있는 통점이 모여들었구나. 게다가 아직도 온전하지 않은 허리가 끊어질 듯 아팠구나. 비가 올라치면 내 몸을 마치 제 집처럼 익숙하게 찾아오는 비 몸살이라고 여겼다. 빗소리를 베고 잠이 들었다.

이른 아침, 쌀을 씻으려고 개수대로 나갔다. 글방은 서너 평 남짓된다. 개수대는 한 걸음도 채 안 된 곳에 가스레인지와 나란히 달라붙어 있다. 비를 끌고 오는 발소리라고 여겼던 게 엉뚱하게 천장에서 떨어지는 물소리였다. 천장에 ㄴ 字로 달린 배수관 밑에서 떨어진 물이 밤사이 좁은 베란다를 물바다로 만들었다. 가스레인지 숨구멍까지 물에 차 헐떡거렸다.

날이 밝기를 기다렸다가 주인에게 전화했다. 위층에서 보일러가 터져 공사를 마치면 물이 멎을 것이라고 했다. 위층 상황을 이미 알고 있었는지 목소리가 차분하다 못해 자신만만했다. 아침 일찍 학교에 볼일이 있어 무언가 요기를 해야 했다. 가스레인지가 불씨를 터뜨리지 않아 사과를 하나 깎아 먹었다. 밥 대신 먹은 사과가 입안에서 향내를 오래도록 지우지 않았다. 이 향기 안에는 여름날 폭염의 붉은 파편과 가을 끝물에 다녀간 태풍의 회초리가 담겨 있을 터. 살다 보면 자신이 처한 환경만큼 뜨겁고 간간한 스승이 없다. 이런 스승의 문하에서 자란 사람이나 생명이라야 실하고 새콤달콤하기 마련이다.

학교에서 일을 마치자마자 글방에 당도했다. 시들해졌으리라고 생각한 물의 기세가 낙차 횟수를 더 늘려 울울창창해졌다. 배수관에 터를 잡고 떨어진 물이 금이 간 천장 곳곳에 세를 늘려 오래 살 듯 기세등등했다. 한마디로 물난리가 났다. 밑바닥만 남은 쌀 포대와 바나나, 양파가 물에 잠겨 주눅이 잔뜩 들었다. 재활용품 가운데 물과 친밀한 것은 직립의 각을 허물고 의리 없이 물과 한통속이 되었다.

집주인에게 전화하여 상황이 심각하다고 말했다. 위층에 공사한 사람을 곧바로 보내겠다고 했다. 사람이 올 동안 바닥에 고인 물을 걸레로 닦았다. 아니 닦은 게 아니라 걸레로 물을 퍼냈다. 불쑥 폭우로 물난리를 겪은 수재민이 떠올랐다. 지금껏 생을 지탱해준 모든 걸 물속에 잃고 소처럼 울던 울음까지. 힘들겠구나. 참 안됐다. 잠시 잠깐 이렇게 생각하고 이내 기억을 갈아엎고 오래 잊고 살았다. 우리는 내 고통은 위대하게 여기지만, 다른 사람 슬픔은 사소하게 간 보기 마련이다.

한참 있다 누군가 문을 두드렸다. 일흔 세월 이쪽 아니면 저쪽을 살았을 법한 얼굴이 물의 행방을 문안했다. 물의 종말이 오래 궁금하여 상기된 내 표정과 달리 그의 낯빛은 무덤덤했다. 더욱이 물의 미로에 대해 환히 알고 있다는 확신이 얼굴에 깊이 박혀 있었다. "위층에서 보일러가 터져 그렇습니다. 방수가 안 된 틈으로 물이 새서 그럽니다. 불편하시더라도 좀 기다리면 괜찮을 것입니다."

커피 한 잔 마시고 가라고 했다. 무덤덤한 표정으로 그가 거절했다. 괜히 부아가 끓었다. 아니! 미안하다는 말 한마디 하지 않은 주제에 호의까지 본체만체하고 외면하다니. 화를 물에 풀었다. 걸레질을 몰강스럽게 하고 연신 억세게 걸레를 짰다. 이마에 송골송골 맺힌 땀방울이 밑도 끝도 없이 얼굴을 타고 내렸다. 고무장갑 낀 손에서 난 땀이 손금을 물길 삼아 내川처럼 흘렀다. 등과 목도 땀이 흐르는 지류였다. 몸도 덩달아 물난리가 났다.

통사정해도 꼬리를 늘리지 않을 겨울 해가 뒷산 공제선을 넘은 지 오래다. 덩달아 물 떨어지는 속력이 줄고 횟수가 뜸해졌다. "불편하시더라도 좀 기다리면 괜찮을 것입니다."라는 문장 속 '좀'이 꼬박 15시간 걸렸다. 이 시간 내내 물난리를 당하면서도 보일러를 수리하는 사람 처분만 바라야 했다. 15시간 동안 물로 인해 잦아들지 않았던 고통은 허리 통증보다 더 뻔뻔스러웠다.

일가를 이룬 가스레인지 숨구멍을 마른 종이와 걸레로 여러 번 닦았다. 막히지 않으려고 힘을 주고 있었는지 몇 번 스위치를 돌리자 구멍마다 불씨가 살아났다. 뜨거운 국물이 생각나서 라면을 삶으려고 물을 올렸다. 물에 젖어 축축한 것을 죄다 내다 버렸다. 인정머리 없는 밤바람이 골목마다 삐뚤삐뚤 불었다. 화살 같은 한기가 단걸음에 몸으로 박혔다. 환청일까. 라면 물 끓는 소리를 물이 떨어지는 소리로 들었다.

천장을 다시 올려다보았으나 고요 적막했다. 불신의 종점은 고통이다. 사람이든 신과의 관계이든. 끓는 물에 면을 사르르 넣었다. 일관성 있게 엉켜있던 면발이 일맥상통하게 매듭을 풀며 유영했다. 물난리 끝에 늦은 저녁으로 먹은 라면이 온기를 몸 곳곳으로 으름 넝쿨처럼 뻗었다. 우리 지역도 오늘까지 코로나 19 확진 판정을 세 사람 받았다. 뉴스뿐만 아니라, SNS를 통해 이 사람들 동선을 일목요연하게 밝히고 있다.

이 사람들이 다녀간 곳은 문을 싹 닫았다. 백화점, 병원, 음식점, 카페에 이르기까지. 게다가 도서관이나 수영장, 다중 문화시설도 빗장을 걸었다. 학교 개강도 이미 두 주나 미룬 터. 내일 예배를 드리려 굳이 교회로 오지 말고 인터넷 영상을 보라는 문자를 받았다. 다음 주에 부모님 백내장 수술을 하려고 했는데 기약 없이 미뤄야 할 것 같다. 야단법석이다. 이 난리도 물난리처럼 언젠가 멎을 터. 조신하게 기다리다 보면 젖을 문 아이처럼 울음을 뚝 그칠 터.

화요일마다 하는 방학 글쓰기 특강을 수강하는 학생들에게 문자를 띄웠다. "코로나 19가 기승을 부리고 있습니다. 다음 주 화요일 예정한 대로 강의합니다. 반드시 마스크를 쓰고 나오시기 바랍니다." 난리 통에 아무도 소리하지 않았다. 이 침묵이 평온으로 불쑥 적멸하게 다가왔다.

(2020. 2. 22.)

처마

비의 씨알이 참 굵다. 지면에 닿을 때마다 빗소리 크기가 굵직하다. 머리끝부터 발끝까지 젖은 나무가 한결 초록스럽다. 나무뿐이랴. 지상에 발 딛고 있는 것 가운데 처마 바깥에 있는 것이 죄다 비에 젖고 있다. 처마는 집 창문이나 출입구에 만든 작은 지붕이다. 넓이가 그리 넓지 않다.

이런 처마는 뭇 생명이 사는 삶의 터전이다. 거미는 처마 밑에 집을 주로 짓는다. 허공 공법으로 집을 한 번 지어놓으면 다른 곳에 지은 것보다 안전하고 꽤 오래간다. 집을 자주 수선하는 수고를 덜 수 있고 집을 번거롭게 새로 지을 일이 적다. 집주인은 질색할 일이지만, 말벌도 처마 밑에 집을 많아 짓는다. 말벌뿐이랴. 제비집도 그렇다. 지금은 구경하기 힘든 새가 되고 말았지만, 제비집은 처마 밑에 지어야 제격이다.

옛집은 초가나 기와집 할 것 없이 처마가 있다. 누구든 길을 가다 느닷없이 쏟아지는 비를 맞닥뜨릴 때가 있다. 이때 처마는 잠시나마 비를 받쳐주는 우산이 된다. 내 삶의 유년은 우산이 귀하던 시절이었다. 오늘같이 씨알 굵은 비가 내리면 비에 축축이 젖었던 유년이 죽순처럼 솟아난다. 이런 날 친구들과 일렬횡대로 일목요연하게 서서 추녀 끝으로 떨어지는 빗방울을 바라봤다. 비가 멎기를 고대하면서. 수직의 선형으로 떨어지는 빗줄기 틈으로 앞산에 피어나는 비안개의 속살을 쳐다봤다. 까닭 없이 낯을 붉히면서.

처마는 여름날 땡볕을 막아주는 양산이자 놀이터이다. 요즘처럼 냉방기나 선풍기가 없던 시절, 처마는 더위를 넉넉하게 식혀주는 그늘이었다. 땀을 빗줄기처럼 쏟다가도 처마 밑 그늘에 몸을 담그면 몸이 이내 짭조름하게 말랐다. 내 유년 유일하게 가지고 놀던 장난감은 흙이었다. 마을 당산나무 그늘은 어른이 주로 독차지했다. 아이들은 불볕을 피해 처마 밑에서 소꿉장난이나 술래잡기를 했다.

그때 처마 밑에서 어깨 맞대며 비를 피했던 친구 가운데 몇은 이미 귀천했다. 소꿉장난이나 술래잡기를 했던 친구 대부분은 할아버지, 할머니라고 부르는 손주가 있다. 나같이 혼기가 늦은 사람 몇을 빼곤. 거창하지 않고 몇 평 되지 않지만, 누군가에게 삶의 터전이 되는 게 있다. 살다 보면 우리 생의 하늘이 흐릴 때 있다. 씨알 굵은 빗방울이 아무 예고 한마디 없이 주룩주룩 내리곤 한다.

이럴 때 질척질척 내리는 비를 덮어줄 처마 같은 존재가 있다면. 우리 삶이 축축이 젖어 무겁지 않으리라. 우리 얇은 삶을 비 맞지 않게 감싸줄 처마 같은 이가 있다면. 우리 삶이 무젖어 찢기지 않으리라.

"소나기 된장독 먼지/ 두서없이 씻기는 날/ 그대 몸 어느 한 곳/ 비로 얼룩지지 않게/ 그대 맘 어느 한쪽/ 비로 흘러들지 않게/ 공터 같은 발목까지/ 빗물 차오를지라도/ 그대 눅눅하지 않게/ 처마로 서 있으려네." (「처마로 서 있으려네」 전문)

風磬은 처마 끝에 매달려 운다. 風磬은 바람과 연을 맺고 소리를 내는 바람종이다. 추 끝에 있는 쇠 물고기는 바람을 만나면 지느러미를 맘껏 펼친다. 바람이 물인 셈이다. 이 소리는 물을 닮아 모나지 않고 둥글다. 사납지 않고 온순하다. 울퉁불퉁하지 않고 고르며 청명하다. 화려하게 반짝이지 않고 있는 듯 없는 듯 은은하다. 한숨을 지을 줄 모르고 노래만 부른다. 바람을 귀에 거슬리지 않는 소리로 빚어내는 배후는 처마이다. 風磬이 달린 처마의 동선을 따라 눈빛 여행을 하다 보면 눈 맑은 風景과 마주친다.

우리는 지금 처마가 없는 시대를 살고 있다. 대부분 아파트에서 산다. 아파트는 처마가 없다. 이웃에 누가 사는지 상관하지 않아도 된다. 누군가 비를 맞든 말든, 누군가 이마에 땀을 흘리든 말든 눈여겨볼 필요가 없다. 초가나 기와 같은 옛집은 처마를 누군가를 위해 기꺼이 내어놓는다. 이곳에 산 사람은 적어도 자기 집 처마 밑을 찾은 사람을 외면하지 않았다. 걸인이 오면 먹을 것을 내어주고 목마른 손에게 냉수 한 사발을 건넸다. 처마에 집을 짓는 제비를 내쫓지 않았고 처마에 빗자루질하는 것을 삼갔다.

이런 처마뿐이랴. 삶의 비중이 굵은 비에 젖어 무거워지는 시절, 마음의 처마가 그립다. 사는 게 늘 먼 길인 사람에게 마루나 안방을 내어주지 못할지언정, 자물쇠 잠그지 않은 처마를 넉넉히 주는. 삶이 불볕인 사람에게 잠시 머물다 힘 얻고 다시 갈 수 있게. 주위를 돌볼 겨를 없이 앞만 보고 달려가는 사람에게 풍경소리를 들려주며 잠시 숨 고를 수 있게.

이 비 멎고 나면 마을 안쪽에 있는 원각사에 들를 요량이다. 풍경이 부르는 노래 몇 곡 내 맘 어딘가에 걸고 오리다. 일상의 나태를 "땡그랑 땡 땡그랑 땡" 깨우고 돌아오리라.

(2020. 7. 24.)

하! 크리스마스

교회 가는 게 유일한 바깥출입인 아내와 훈용이를 데리고 성탄 예배드리러 가는 길, 차 시동을 켜자 배터리를 점검하라는 경고등이 빨갛게 들어왔다. 날씨가 추워 계기판이 잠시 정신을 잃은 것이라고 여기고 외면했다. 시내로 접어들자 ABS를 비롯한 여러 장치가 한꺼번에 경고를 보냈다. 역시 오작동을 일으킨 것이란 믿음을 갖고 시동을 끄고 다시 켰다. 어설픈 경험을 통해 얻은 풋 믿음은 낭패를 보기 십상이다.

귀에 거슬린 소음 몇 마디를 내뱉고 차가 그 자리에 누워버렸다. 그것도 하필 3차선 차로 가운데 2차선에. 아내와 훈용이를 내리게 하고 보험사에 전화했다. 10여 분 만에 견인차가 왔다. 평소 다니던 서비스센터가 문을 열지 않아 견인차 운전자가 안내해준 카센터로 갔다. 아내와 훈용이는 택시를 태워 교회로 보냈다. 부부가 차를 수리하는 모습이 여간 살가워 보이지 않았다.

10여 년 전, 12년째 된 차를 운전하다 차에서 연기가 나 소방차가 출동했다. 이후 부모님께서 시골 집터를 팔아 차를 사주셨다. 세월이 같은 길이로 흘러 이즈음에 이르렀으니, 차도 나이를 먹을 만큼 먹었다. 부부가 이런저런 부품을 갈고 3시간 남짓 알콩달콩 작업한 끝에 차가 살아났다. 문제는 차 수리비였다. 수리비가 너무 뜨악하게 나왔다. 전혀 예상하지 못한 액수의 돈이 손우물의 물처럼 빠져나갔다. 점심까지 거른 데다 지갑을 도둑맞은 기분이라서 한기가 더했다.

예배를 마치고 처형 집에 있는 아내와 훈용이를 데리러 갔다. 어찌나 허기지던지 하늘이 노랗고 눈앞이 막막했다. 피자를 부랴부랴 시켜 몇 입 먹고 나자, 어젯밤 끊긴 잠의 줄이 스르르 이어졌다. 한숨 자고 나자 아내가 지진 일어난 줄 알았다고 했다. 잠결에 자신이 요동치며 내는 소리조차 감지하지 못하는 것은 얼마나 축복받은 일인가.

귀갓길, 하품이 시도 때도 없이 나왔다. 날밤을 꼬박 보낸 아내와 훈용이보다 내가 더 잠의 덫에서 빠져나오지 못했다. 아내와 훈용이를 집에 내려주고 글방에 이르렀다. 이번 방학 때 발간할 요량인 시집 『그대 있는가』 원고를 선별하다 그만 잠이 들었다. 저녁, 바람, 뒷산, 햇볕, 저녁노을이란 명사와 참, 너무, 차게, 따습게란 부사와 지다, 불다, 난다는 동사와 춥다, 멀다, 휑하다는 형용사가 쉴 새 없는 세월을 사느라 해 유독 짧은 시절. 잠에서 깨자 어느새 어둑했다.

점심으로 먹은 피자의 여운은 저녁까지 더부룩하게 꼬리를 물었다. 김치 한둘을 곁들여 저녁을 먹고서야 묵직한 불편함을 어느 정도 덜어냈다. 단단히 채비하고 나선 산책길, 낯익은 천변은 사람보다 찬

바람이 더 풍성했다. 마를 대로 메마른 억새는 오랜 세월을 진득이 산 어른처럼 백발을 바람 앞에 낱낱이 풀었다. 아중천을 지나 소양천에 이르면 불빛이 아득해진다. 사람 사는 마을이 차츰 멀어지면서 어둠의 터널을 뚫어야 한다.

가도 가도 물러서지 않은 어둠. 이 어둠 속에서 간혹 물새가 자지러지게 놀라 허겁지겁 날고, 먼 하늘에 별이 잠꼬대하듯 피어있다. 고속으로 달리는 열차 소리가 바로 귓문에 중얼중얼 매달렸다. 전국적으로 곳에 따라 눈비 오리란 기상예보가 한참 빗나간 건 아닌 성싶다. 이 적막 한가운데 어둠과 아무 연고 없는 그리움이 모닥불처럼 피어올랐다. 한갓진 곳에 있는 교회 첨탑에서 점멸하는 크리스마스트리 불빛이 빗살무늬로 죽었다 다시 살아났다.

되돌아오는 길은 사람 사는 마을과 가까워진다. 어둠 속에서 말갛게 된 마음이 세상과 근린이 되면서 이런저런 생각으로 얽힌다. 차 수리 견적서를 자세하게 써달라고 했는데도, 상세하게 써주지 않은 내외가 자꾸 떠올랐다. 불신은 유효기간이 없다. 우리 식구 아무 일 없었고 차를 잘 고쳤으니 감사해야지 하는 마음으로 불신의 싹을 여러 차례 잘라냈다. 그래 점심까지 거르고 부부가 열심히 고쳐줬으니, 비싼 점심 한 끼 사줬다고 치자.

글방에 이르러 몸을 씻고 책상에 앉았다. 집에서 야심한 시간에 거의 전화할 일 이 없는데, 전화가 울렸다. 자정을 한 시간 앞둔 시절이었다. 아내 목소리가 다급했다. 우리 집만 정전이 되어 전깃불이 끊겼다고 했다. 심야 전기로 난방을 하고 전기 매트를 쓰는데, 전기가 들어오지 않으면 이만저만 낭패가 아니었다. 우리는 절박한 상황이 되면 자칫 이성을 첩첩산중에 묻기 일쑤다. 전기를 잘 아는 마을 지인에게 전화했다.

그의 아내가 전화를 받았다. 술을 먹고 이제 들어와 씻는다고 했다. 자초지종을 얘기하고 도움을 청했다. 난감해하는 목소리를 무시하고 내 사정만 일방적으로 이야기한 내가 마치 술주정하고 있는 것 같았다. 취기가 긴가민가하게 남아있는 지인을 데리고 집에 이르렀다. 인입선 이곳저곳을 기기로 점검하더니 전봇대 퓨즈가 나갔다고 했다. 세월은 자정 턱밑까지 이르렀고 산에서 내려온 칼바람 날이 새파랬다. 온 식구가 한 데와 같은 냉방에서 하룻밤 보낼 것을 생각하니 오금이 저렸다.

글방에 이르러 한전에 고장 신고를 접수했다. 내일 아침에라도 일찍 와달라고 할 요량으로. 그런데 휴일에다 자정이 거의 다 된 시각인데도 고장을 접수했다. 신고한 지 30여 분 후에 전기를 고쳐주었다. 크리스마스 날 차가 길에 멈춰 수리비가 많이 들었으나, 큰 사고 나지 않고 무사했으니. 하! 크리스마스. 크리스마스 날 야심한 시각에 집이 정전되었으나, 짧은 시간에 수리하여 온 식구가 떨지 않았으니. 하! 크리스마스.

하! 크리스마스.
하! 크리스마스.

(2019. 12. 25.)

4부

귀여겨 듣다

마주

장마에도 비다운 비가 내리지 않았다. 어린양 부리는 아이가 찔끔 울고 금방 그친 것처럼 비가 오는 둥 마는 둥 몇 차례 스친 게 전부다. 적어도 내가 살고 있는 땅에는 인색했다. 예고 없이 소낙비가 사납게 내리다 멈추자, 마주보고 있던 앞산과 뒷산이 거리를 축축하게 풀어 더 가직하다. 나무와 나무 사이 거리도 마주 보며 훨씬 각별해졌다.

오늘 하루 생애 가운데 마주한 게 많다. 먼저 성경을 필사하면서 예수님 말씀을 마주했다. "그러므로 너희는 무엇을 먹을까, 무엇을 마실까 하고 찾지 말고 염려하지 말라."(누가 12:29) 이 땅에 뿌리박고 살면서 이런 염려 참 많이 하며 살았다. 먹고 마시는 일뿐만 아니라, 하루하루 생애가 숨 돌릴 겨를 없이 치열하다. 식구가 모두 환자다.

작업실에서 씻고 학교 나갈 채비를 할 때 아내가 다급하게 전화했다. 훈용이가 설사를 심하게 하여 급히 병원에 가야 할 것 같다고. 학교에서 11시에 중요한 심사가 있어 시간이 참 모호했다. 평화동 모소아청소년과에 급히 들러 진료를 마치고 인근에 사는 선생님께 아내와 훈용이 귀가를 부탁했다. 어디가 어떻게 아프다고 말 한마디 하지 못하니 진료나 처방을 아내 말에 의지할 수밖에 없다. 아내 몸은 이미 무너졌지만, 모성애로 겨우 버티고 있다. 팔순 중반에 이른 부모님은 매일 끙끙 앓는 소리를 삼키신다. 이렇듯 식구마다 아픔의 지분을 각자 갖고 산다. 나는 이런 일상을 마주하면서 날마다 아픔을 경영한다.

학교로 향하는 길이 왜 이렇게 꾸불꾸불하고 울퉁불퉁한지 어지럽다. 마음의 여유를 가졌을 때 상상의 가지마다 시어가 매달렸는데, 지금은 머릿속이 온통 새하얗다. 다른 교수님들과 마주하여 심사를 마치고 혼자 정리할 게 있어 연구실에 남았다. 무시할 수 없는 허기가 홀로 오지 않고 졸음을 업고 왔다. 살다 보면 다시는 뒤집히지 않겠다고 비장하게 다짐한 것이 종이배처럼 맥없이 뒤집힐 때가 있다. 잠깐 출현했다 금방 사라질 것이라고 믿었던 것이 집을 짓고 살 때가 있다.

날마다 바람이 분다. 바람은 아무런 내색을 하지 않고 분다. 그 바람 앞에서 바람결대로 자꾸 펄럭펄럭 날린다. 바람이 밖에서 불 때가 있고 안에서 불 때가 있다. 빗장을 아무리 걸어도 피할 수 없이 마주해야 하는 바람이 있다. 이 바람이 내 생애 아픈 발자국을 수없이 남겼다. 또 나를 기르기도 했다. 이 바람이 나를 뭉텅뭉텅 잘랐다. 또 풀풀 일어서게 만들기도 했다.

때로는 사람이 바람이다. 잔잔하게 부는 미풍과 같은 사람이 있다. 어떤 사람을 마주하면 설레고 단맛이 난다. 가진 게 별로 없는데도 무엇인가 주고 싶어 하는 사람. 마주 보고 있으면 맑은 서정 시집을 넘기는 것처럼 마음이 깨끗해지는 사람. 내 눈물의 제방이 무너졌을 때 말없이 기도해준 사람. 힘 앞에서 굴복하지 않고 당당하고 떳떳한 사람. 내 생애 이런 사람은 날 붙잡아 준 삶의 근육이었다.

우리 생애 이런 바람만 불고 이런 사람만 있으랴. 살기 힘들다고 만날 징징대는 사람. 세상을 삐딱하게 보는 사람. 자기 것 챙길 때는 목숨을 걸고 다른 사람은 눈 속에도 아예 없는 사람. 행동에는 자물쇠를 걸어 잠그고 말의 엔진만 소란하게 켠 사람. 자기보다 못한 사람을 짓밟고 목을 죄는 사람. 나 또한 이 축에서 크게 벗어나지 못한 이물스러운 존재니 어쩌겠는가.

우리 생애 날마다 바람이 분다. 우리는 매일 이 바람을 마주하며 산다. 원하든 원하지 않든 사람도 마주해야 한다. 오늘만 해도 여러 사람과 마주했다. 인격적이고 신앙적인 만남이 있었는가 하면, 필연적이고 우연한 만남이 있었다. 마음이 상쾌해지는 만남이 있었는가 하면, 마음이 답답해지는 만남도 있었다. 하늘까지 내어준 사람이 있었는가 하면, 꽃 한 송이 피워 낼 땅마저 없는 사람이 있었다.

살다 보면 사는 이유를 묻는 것이 의미 없을 때가 있다. 봄이 오면 꽃이 순서를 정해 피었다. 복수초, 영춘화, 개나리, 벚꽃, 철쭉. 어머니는 시퍼렇게 곰팡이가 슨 메주를 씻어 장독에서 장을 담그셨다. 홍매화가 피를 흘리고 살을 찢으면 이장은 벌통을 양지쪽에 내놓기 시작했다. 봄은 식욕보다 강렬한 희망의 씨앗을 사람 사는 마을에 뿌리고, 새벽에 꾼 꿈처럼 허망하게 가버렸다.

우리가 사는 하루하루가 봄이자 바람일지 모른다. 이유 없이 마주하고 이유를 따지지 않고 견디며 살아야 하는. 스물네 살 먹은 아들을 소아청소년과에 데리고 가서 진료를 받아야 하는 내 삶도. 어떤 날 봄처럼 일찍 지나가고 바람처럼 휙 가리라는 희망만 붙들고, 싱싱하게 살아 내리라. 그냥 마주하리라.

(2019. 7. 26.)

귀여겨듣다

“하나님, 아버지! 아버지께서 주신 성전, 세상으로 나갑니다. 머리는 총명하고 지혜롭게 해 주시고, 눈을 밝혀 세상을 아름답게 보게 하소서. 귀는 잘 듣게 하시고 코는 그리스도의 향기를 잘 맡게 하옵소서. 입술과 혀를 잘 다스려주시고 혈관에 피가 깨끗이 흐르게 하옵소서. 오장육부와 뼈, 관절을 튼튼하게 해 주시옵소서. 장기를 기증하겠다고 서약했습니다. 부디 건강하게 잘 관리하여 훗날 필요로 하는 사람에게 주게 하옵소서. 우리 주 예수 그리스도 이름으로 기도합니다.” 이른 아침, 기도할 때마다 기도의 끝을 이렇게 갈무리한다.

‘귀여겨듣다’라는 말은 정신을 집중하여 주의 깊게 들어 느끼다를 일컫는다. 다른 사람이 하는 말을 귀여겨들으려면 인내와 공감이 따라야 한다. 며칠 전 신학과 모 학생이 문자를 보냈다. 작년에 출석하던 교회 목사님에게 실망하여 교회를 옮기고 휴학까지 했다. 신학대

학교 교수가 되는 것이 꿈이라며, 상담하고 싶다고 했다. 우선 언어 활동 능력을 기르라고 했다. 특히 책을 많이 읽고 날마다 글을 쓰라고 했다. 이 분야는 내가 힘껏 도와줄 테니 나머지는 신학과 교수님을 찾아뵙고 상담하라고 했다.

어젯밤 산책을 늦게 마치고 글방에 이르자마자 부산에 사는 지 목사님께서 전화하셨다. 페북에 올린 글을 보시고 이런저런 말씀을 다분히 하셨다. 이야기를 깊숙이 하다 보니, 연로하신 부모님의 맏이라는 것. 오지랖이 넓은 것. 문학과 예술을 심장처럼 여기는 것. 동년배 따위가 동일한 이력이었다. 목사님께서 여러 번 밤늦은 시간에 미안하다고 하셨다. 이제야 초저녁이라며 한사코 괜찮다고 말씀드렸다.

오늘 모 목사님이 전화하셨다. 학교 다닐 때 공부뿐만 아니라, 글쓰기를 퍽 열심히 하신 분이다. 모 교회 부목사님으로 사역하고 계신다. 설교 도입부를 읽어주시며 제목과 어그러진 곳이 없는지 잠깐 들어달라고 하셨다. 적절하게 부리지 않은 어휘와 내용과 견주었을 때 맹맹한 제목에 대해 내 생각을 이야기했다. 우듬지에 새가 소리 없이 내려앉듯, 내 생각을 둥글고 넓게 받아들이셨다.

연로하신 부모님과 한 지붕 밑에서 사는 동안 홍매화가 열한 번째 피었다. 식탁에 앉아 부모님과 함께 밥을 먹을라치면, 두 분이 이야기 보따리를 푸신다. 그런데 새로운 이야기는 별로 없다. 며칠 전에 하셨던 이야기를 조사 하나 바꾸지 않으시고 그대로 하신다. 처음에는 멋모르고 지겨운 내색을 하거나 자리에서 서둘러 일어났다. 철이 좀 든 탓일까. 지금은 처음 들은 이야기처럼 낯빛을 축축이 하여 귀여겨듣는다. 아니 고수처럼 나름대로 추임새를 넣는다. "아! 그러셨어요.", "잘하셨네요.", " 알아서 하십시오."

학교에서 강의하는 교과목 가운데 〈자기 표현적 글쓰기〉, 〈마음을 다스리는 글쓰기〉, 〈독서 치료와 문학〉이 있다. 이 교과목은 주로 나 안에 있는 또 다른 나를 발견하고, 그와 관계를 올바르게 맺는 것을 학습한다. 누구든 자신과 관계를 바로 맺지 못하면, 다른 사람은 물론 세계나 사회와 관계가 평탄하지 않다. 다른 사람이 하는 말을 귀여겨듣지 않은 사람은 내면의 자신이 하는 이야기도 역시 잘 듣지 못한다. 내 이야기를 들어줄 이 없는 사람은 외롭다. 다른 사람이 하는 말을 귀여겨듣지 않는 사람 역시 외롭기는 매한가지.

길바닥에 있는 돌멩이도 이목구비가 있다. 관절이 있고 복숭아뼈도 있다. 사람에게 밟히면 아프다고 소리 지른다. 우리가 이 소리를 귀담아듣지 않고 무시했을 뿐. 바람도 마디마디 언어를 가지고 있다. 마른 풀이 사는 마을에 이르렀을 때 꺼내는 말과 숲에 닿았을 때 쓰는 말이 다르다. 이 봄날 불꽃처럼 피는 꽃도 각자 자음과 모음으로 된 말이 있다. 꽃도 질투할 줄 안다. 눈여겨봐 주지 않으면 시무룩해지고, 그의 말을 귀담아듣지 않으면 외로워할 줄 안다.

계절에 따라 강물의 어휘도 색다르다. 들꽃이 피는 봄날 강은 그 꽃을 제 가슴에 넣고 설레게 흐른다. 물오른 수양버들이 그루마다 무성해지면 낯이 생기가 돈다. 가즉한 산이 단풍으로 물들면 사랑에 깊이 빠진다. 그 산이 눈을 뒤집어쓰면 산을 품고 고요히 흐른다. 나무는 온몸이 모두 귀다. 시도 때도 없이 찾아와 수다를 떠는 새소리뿐만 아니라, 혼잣말로 지나가는 바람 소리까지 다 들어준다. 사람이 사는 마을에서 톱 소리가 들리면 몸살을 끙끙 앓는다.

누군가를 사랑하면 온몸이 귀가 된다. 그 사람을 눈여겨볼 뿐만 아니라, 그 사람이 하는 말을 귀여겨듣기 때문이다. 이른 아침마다 하나님 말씀을 귀여겨듣는다. 귀도 맛을 안다. 말씀이 얼마나 새콤달콤한지 날마다 그립다. 아울러 내 詩가 하는 말도 귓속에 속닥속닥 담으며 귀여겨듣는다. 이 힘으로 하루를 산다. 어린잎을 틔우기 시작한 나무마다 귀에 달빛을 그득 담고 있다.

(2020. 4. 7.)

감사

내일 학교 졸업식이다. 신종 코로나로 인해 때가 때인지라 보직자와 학과 대표, 수상자만 모여 졸업식을 조촐하게 치르기로 했다. 며칠 전 종강한 것 같은데, 개강이 벌써 눈썹의 처마에 걸렸다. “세월을 아끼라”란 말씀이 피어오른다. 어느 해 방학과 별반 다름없이 화요일마다 글쓰기 특강을 하고 있다. 다섯 번째 시집『그대 강같이 흘러줄 이 있는가』도 출산을 눈앞에 두고 있다. 글쓰기 교육 현장에서 얻은 생각을 모아『글쓰기의 황홀』이란 책도 마무리 단계에 이르렀다.

아직 허리에 있는 통증이 떠날 줄 모른다. 1년 전 겨울방학 때도 그랬다. 좀 나아지나 싶다가도 책상에 앉으면 통증이 되살아난다. 한의원에 가서 침을 맞고 통증 완화 클리닉에 가서 주사를 맞으며 열심히 치료하고 있다. 오래전부터 방학 때 성경을 일독하려고 맘먹었다. 이 계획은 해마다 장맛비를 오래 맞은 토담처럼 힘없이 내려앉곤 했다.

이번에 다시 독하게 맘먹었다. 성경을 아예 머리맡에 두었다. 책상 옆에 전지로 하루 일과표를 붙였다. 기도, 성경, 글쓰기, 걷기, 스트레칭, 독서, 감사 항목을 만들었다. 초등학교 다닐 때 방학 숙제로 일일계획표에 한 일을 동그라미로 표시했던 기억을 떠올리며. 그동안 기도를 내 멋대로 했다. 하고 싶을 때 하다 기억하기 싫은 일처럼 통째 잊어먹다가. 성경도 마찬가지이다. 거창하게 필사를 시작했다가 여러 핑계를 붙여 그만두기 일쑤였다.

허리가 막상 무너지고 꺾이자 아무것도 할 수 없었다. 사흘은 글방에서 꼼짝하지 못하고 말뚝처럼 박혀있다 나흘 만에 혼자 응급실로 갔다. 이런 와중에 아버지를 모시고 안과에 들러 아버지 눈 수술을 하고 실밥도 풀었다. 어머니를 모시고 병원에 다녀왔다. 내가 앓아누워 있을 때는 정작 병원에 데려다줄 사람이 없어 외롭고 자꾸 서운한 생각이 들었다. 세상에 나 혼자뿐인 것 같았다.

맘먹고 성경을 읽고 기도하면서 이런 생각이 눈 녹듯 사라졌다. 늘 함께 하시는 하나님을 망각했다. 중보 기도하는 사람을 잊었다. 허리 아픈 시간을 통해 하나님과 긴밀하게 대화하고 하나님 말씀을 경청했다. 감사드리지 못하고 불평과 불만으로 가득했던 삶, 쉽게 분을 품고 정죄했던 것, 겸손하지 못하고 교만으로 가득 찼던 시절, 관대하지 못하고 인색했던 것이 부끄럽다.

화목하지 못했던 것, 염려와 근심에 빠져 밤을 그냥 보낸 것, 소망을 갖기보다 낙심에 자주 빠진 것, 담대하지 못하고 우유부단했던 것,

혀를 잘 다스리지 못한 것, 사랑하지 못하고 미워한 것, 오래 참지 못하고 성급해 한 것, 열심히 씨 뿌리지 않고 불성실했던 것에 이르기까지. 어느 것 하나, 하나님께 당당하고 떳떳한 게 없다.

오늘 아침 묵상한 말씀 가운데 하나를 마음에 심는다. "그런즉 누구든지 그리스도 안에 있으면 새로운 피조물이라. 이전 것은 지나갔으니 보라 새것이 되었도다."(고후 5:17) 강의실에서 학생들에게 글쓰기는 삶이라는 말을 얼마나 많이 해왔던가. 지난 시간 부끄럽게 행동했던 일 하나하나를 회개의 강물에 실어 보낸다. 이렇게 회심하지만, 어느 시절 어느 때 내 결단이 질그릇처럼 깨질지 모른다. 이렇게 연약한 존재인 나는 감히 내일을 장담할 수 없으므로 하나님께 간구한다. 말씀으로 붙잡아주시고 성령으로 인도해주시라고.

육십 생애를 살아오며 다른 사람이 겪지 않은 아픔과 고통을 당했거나 겪고 있다. "사람이 감당할 시험밖에는 너희에게 당한 것이 없나니, 오직 하나님은 미쁘사 너희가 감당치 못할 시험당함을 허락지 아니하시고, 시험당할 즈음에 또한 피할 길을 내사 너희로 능히 감당하게 하시느니라."(고전 10:13)

지금껏 살아오면서 이 말씀을 가장 받아들이기 힘들었다. 나는 사소한 시험에도 흔들리고 무너지는 존재에 불과한데, 하나님께서는 왜 나를 그토록 과하게 평가하실까? 시험을 과거형으로 끝내지 않으시고 왜 지루하고 힘겹게 현재 진행형으로 잇고 계실까? 피할 길을 주신다고 하신 약속을 왜 이토록 지키지 않고 질질 끌고 계실까?

허리를 앓으며 참 힘들고 고독하다. 왜 하필 나여야 하느냐고 불평을 늘어놓았다. 왜 하필 또 허리냐고 불만을 높이 쌓았다. 이런 가운데 성경을 깊숙이 읽고 기도를 간절히 하면서 감히 하나님을 살갑게 뵈었다. 이전에는 잘 몰랐는데 말씀 하나하나가 달콤하다. 말씀마다 찰지게 가슴에 와 붙는다. 아픈 곳에 손을 대고 하나님을 애절하게 부르면 하나님께서 곧바로 골고루 어루만져 주신다.

오늘 감사해야 할 일에 허리 통증이라고 서슴지 않고 썼다. 허리 통증으로 인해 하나님과 관계를 회복했다. 그동안 얼마나 마음 아프시고 속상하셨을까. 새벽에 눈을 뜨면 머리맡에 있는 성경을 먼저 읽는다. 이어서 진솔하게 기도한다. 지금껏 기도하면서 이렇게 수많은 이름을 떠올린 적이 없다. 내 생애 이토록 하나님을 그리워해 본 적이 없다. 내 몸은 단순히 내 소유가 아니라, 하나님의 성전이라는 것을 깨달으며 밤 산책을 나선다.

커질 대로 커진 달이 머리맡에 걸렸다. 외진 교회 첨탑 십자가가 달빛보다 청명하다.

(2020. 2. 9.)

입주

비바람이 매섭다. 오늘 조그만 작업실에 입주했다. 보증금 천만 원에 월세 십만 원짜리다. 그래도 냉장고, 에어컨, 세탁기, 가스레인지가 있다. 글을 쓰다 목마르면 냉장고에서 냉수 한 사발 꺼내 실컷 마실 수 있다. 허기지면 가스레인지에 물을 올려 라면을 팔팔 끓여 먹을 수 있다. 세탁기는 필요 없겠고 에어컨은 전기요금 때문에 맘껏 쓸 수 없을 것 같다. 피곤하면 잠시 누워 사지를 뻗을 수 있을 공간도 넉넉하다.

훈용이 때문에 집에 있는 서재에서 글 쓰는 데 집중할 수 없다. 학교 연구실은 서재보다 덜 하지만 역시 마찬가지다. 너무 늦은 시간까지 연구실에 죽치고 있는 것이 왠지 눈치 보여서 그렇다. 밤 9시가 다 되었는데도 산중처럼 적막하다. 흔하디 흔한 텔레비전 소리 한 줌 들리지 않고, 인기척 하나 느낄 수 없다. 조금 전 옆방 현관문 여는 소리가 났다. 여음 하나 없이 그것이 지금까지 들은 소음의 전부다.

작업실을 마련하면서 주위가 소란하면 어떻게 할까 고민했다. 오늘 같은 분위기라면 고민을 말끔히 삭제해도 될 것 같다. 큰아들이 전화하여 작업실이 마음에 드느냐고 했다. 조용해서 좋다고 했더니, 사진을 찍어 보내 달라고 했다. 찍을 수 없는 고요는 남겨두고 볼품없는 세간 몇 점만 담아 보냈다. "ㅋㅋㅋ" 때로는 거센소리로 모여 있는 자음이 완전한 문장보다 정곡일 때가 있다. 녀석 눈에도 살림이 허접했던 모양이다.

얼마 전까지만 해도 녀석은 돈벌이 되지 않는 글을 쓰는 아비를 달갑게 여기지 않았다. 집안 이야기를 시시콜콜하게 글로 드러낸 것을 못마땅하게 여겼다. 특히 훈용이나 자신과 관련한 이야기에 대해 송곳처럼 예민하게 반응했다. 이랬던 녀석이 언제부턴가 의외로 아비가 아닌 작가로 품어주었다. 작업실을 구하려고 용깨나 쓰고 다닐 때 가족 가운데 어느 한 사람도 토를 달지 않았다.

작업실이 어디에 있는지 아무도 묻지 않았다. 무관심한 것이 아니라, 가족이 나에게 베푼 배려이다. 아내는 이불을 챙겨 주었고, 어머니는 주방용품과 김치를 싸주셨다. 아버지는 청소라도 해주시겠다고 하셨다. 이제 집안일을 글쓰기 소재로 삼아도 시비 거는 가족이 한 사람 없다. 책을 발간하면 아버지와 어머니 돋보기가 초롱초롱해진다. 아내는 책 내용 가지고 의문형 문장을 일절 가공하지 않는다.

작업실 위치는 무릎을 '탁' 칠 정도로 적재적소이다. 10분 거리에 편백 숲이 있고, 20여 분 거리에 아중천이 있다. 야간 산책을 하기에 안성맞춤이다. 아파트 반 주택 반인 틈에 어정쩡하게 끼어 있는 원룸이지만, 주차하기에 무난하다. 라면 먹는 것이 질리면 코앞에 있는 식당에서 설렁탕 한 그릇 설렁설렁 때울 수 있다. 멀지 않은 곳에 대형할인점 있어 시장 보는 것도 수월하다. 집이나 학교 가는 길도 가까워 동선이 확 트였다.

보증금 일부는 처제에게 빌렸다. 월세도 일부 깎았다. 수도요금은 면제받았다. 살림하려는 것이 아니라. 하루에 몇 시간 머물며 글 쓸 사람이 물을 쓰면 얼마나 쓰겠느냐는 논리가 통했다. 이 말에 책임을 지려고 물을 지독히 아껴 쓰려고 한다. 전기요금과 가스요금만 부담하면 된다. 이 정도 투자하여 내 시심詩心이 파릇파릇 약동하고, 시상詩想이 주눅 들지 않으면 가성비가 괜찮은 편이다. 거창하게 집필실이라고 부르기에 남우세스럽지만, 글 쓰는 공간으로 쓰기에 적합하다.

창작은 즐겁기도 하지만, 피를 말리는 고통이 따르기도 한다. 이수광이 쓴 『지봉유설』에 창작의 고통에 대한 사례가 나온다. 한유는 「정요선생묘지명」(貞曜先生墓誌銘)에서 맹교가 쓴 시를 "시를 쓸 때 눈에 상처를 입히고 가슴을 찌르는 듯이 하였다."라고 평했다. 사령운이란 사람은 반나절 만에 시 100편을 쓰고 이가 갑자기 12개나 빠졌다. 맹호연은 눈썹이 다 빠졌고, 위상은 『초사』 76권을 쓰고 심혈이 닳아 죽었다.

이런 사람들이 겪은 창작의 고통을 아직 경험하지 못했지만, 창작은 갈증과 갈망을 즐기는 작업이다. 글을 쓰려고 작가는 고생을 일부러 사서 한다. 현실이 넉넉하지 못해도 작가는 적어도 부귀영화에 돌을 던지며 산다. 명색이 글 쓸 공간을 다시 마련했으니, 내 안에 시마詩魔가 끼었으면 좋겠다. 시를 생각하면 저절로 배가 부르고 행복해진다. 끙끙 앓다가도 시를 쓰고 나면 깃털처럼 가뿐해진다. 시집 한 권 내고 나면 갑부가 된 것 같다.

작업실 창에 부딪힌 빗방울의 관절이 툭툭 꺾어지고 있다. 감쪽같이 비가 멎고 나면 유리창에 수많은 시어가 무성할 것이다. 아프지 않은 것은 詩로 자랄 수 없다. 허기지지 않으면 시의 싹이 돋아나지 않는다. 허접스러운 살림 몇 점 있는 이 작업실에서 자주 앓으며 배곯으려고 한다. 숨을 쉬지 않으면 생명이 멎듯, 날마다 시를 생각하며 날숨과 들숨을 쉬려고 한다.

(2018. 3. 1.)

시인의 연봉

응급실에서 통증 완화 주사를 맞고 와 책상에 앉았다. 젊디젊은 의사가 척추 3번과 4번 디스크가 의심스럽다며, 연휴 지나 MRI를 찍어 보자고 했다. 뉴스를 검색하다 눈에 띈 기사를 보았다. 1년에 1,000만 원, 우리나라에서 연봉이 가장 낮은 직업이 시인이라고 한다. 한국고용정보원이 최근 발표한 '2017년 한국의 직업 정보'자료를 보면 시인 연봉이 가장 낮다. 연봉이 1,000만 원을 넘은 시인도 있겠지만, 이에 미치지 못한 시인은 더 많을 것이다.

지난주 겨울방학 특강 강의를 듣는 학생 가운데 작곡을 전공한 학생이 내 시집을 한 권 달라고 했다. 내 딴엔 예술가로서 지녀야 할 교육을 한답시고 최소 비용을 지불하라고 했다. 시인 다음으로 작곡가가 연봉이 낮다는 것을 보고 괜한 말을 했나 싶어 맘이 불편하다. 책값을 주면 일단 받는 시늉을 하고 다시 돌려줘야겠다.

학교에서 작은 보직을 맡고 있다. 어떤 일을 논의하거나 문제를 해결하는 과정에서 종종 교수마다 개성이 극명하게 드러난다. 이럴 때마다 세상에서 시 쓰는 일이 가장 쉽다고 여긴다. 하룻날도 시적 상상력에 빠져들지 않으면 질고의 밧줄이 목을 죄어 질식할 것 같다. 시는 내 삶이다. 내 삶은 아픔과 그리움의 장으로 되어 있다. 내 생에 덕지덕지 붙은 아픔과 날마다 길을 내고 가는 그리운 여행은 내 시적 자산이다.

시에 깊이 빠져들지 않으면 아픈 현실이 커다랗게 보인다. 팔순 중반 고개를 넘으면서 온몸이 병동인 부모님, 스물네 해 동안 갓 돌 지난 아이로 멈춰 앞 캄캄하게 지내는 훈용이, 기도하는 힘만 남고 골병든 아내. 우리 집은 먹고 자는 것이 평범한 일상이 아니라, 해발 구천구백 미터를 넘듯 늘 위태위태하다. 우리 집 시계는 거실에 있는 벽시계가 아니라, 중증 복합장애를 앓는 훈용이다. 훈용이가 일어난 시간이 우리 집 아침이고 훈용이가 잠든 시간이 우리 집 밤이다.

첫 시집에서는 훈용이 이야기를 많이 했지만, 지금은 잘하지 않는다. 내 아픔이 누군가에게 불편한 것이 될 수 있다. 내가 이렇게 아프다고 아우성치면 누군가 한두 번은 눈길을 주지만, 대부분 소음 정도로 여긴다. 그렇다고 맘 상하거나 서운하지 않다. 내 아픔은 어차피 내가 감당해야 할 짐이다. 이 무거운 짐을 조금이나마 내려놓을 요량으로 오늘도 시를 쓴다. 시의 바다에 깊이 빠져 허우적거리다 보면 내 등에 있는 아픔의 짐이 하나씩 사라진다.

날마다 그리움의 길을 낸다. 하룻날도 이 길을 내지 않으면 심장이 맺을 것 같다. 곧 출산할 『그대 강같이 흘러줄 이 있는가』라는 시집은 이 길을 무수히 걷고 빚은 것이다. 시는 결핍의 소산물이다. 내 삶은 빈한하고 그리움에 허기져 있다. 그리움은 늘 진솔하다. 언제나 한결같은 체온으로 감싸 안아준다. 늘 좋은 언어로 용기를 불어넣고 선한 꿈을 꾸게 한다. 그리워할 때마다 세상이 오래 두고 보고 싶은 풍경화가 된다.

오늘도 그리움에게 다가간다. 그리움은 단 한 번도 귀찮아하거나 불편해하지 않는다. 두 팔을 널찍하게 벌리고 안아줄 채비를 하고 있다. 어쩌다 사는 게 힘들다고 투정하면 하나님 말씀을 꺼내 토닥거린다. 말에 가시를 붙이기라도 하면 부드럽게 잘라내며 예쁘게 말하라고 다독인다. 잠시 잠깐 그리움을 놓은 적 없다. 잠시 잠깐이란 시간은 영원히 그리워한 시간이다.

그리움에게 가는 길이 평탄한 것만은 아니다. 그리움과 늘 마주치는 것도 아니다. 그리움에게 가는 거리가 아득하여 아프고 마주하지 못해 외로울 때가 있다. 이 아픔과 외로움이 내 빈궁의 자산이 되어 시로 이끈다.

"날마다 당신에게로 떠나는 길/ 때로는 건널 수 없는 강이었지요/ 그 길 한 번쯤 절망일 수 있지만/ 당신께로 가는 길 늘 희망입니다/ 새벽녘 떠난 길 자정의 언덕 넘고/ 다시 새벽 언저리에 이를 때까지/ 뼈 불타고 목 쩍쩍 갈라져 받으며/ 우리 그리움의 돌다리 놓았지요/ 날마다 당신에게로 떠나는 길/ 때로는 넘을 수 없는 산이었습니다/ 그

산 어쩌다 절벽일 수 있지만/ 당신께로 가는 길 늘 설렘입니다/ 당신 지금 내게 있고 나 당신께 있어/ 흔들리지 않고 출렁거릴 일 없이/ 당신 생각 하나 단지 말갛게 품고/ 지금 다시 당신 향해 길 나섭니다."
(「그리움에게 떠나는 여행」 전문)

앓지 않으려고 그리워하려고 오늘도 시를 쓴다. 연봉 1,000만 원 되지 않은 시인이지만, 연봉보다 더 값진 게 있다. 내 아픔과 그리움이 어느 것보다 눈부시므로 시와 이별할 수 없다.

사랑해요, 내 아픔!
사랑해요, 내 그리움!

(2020. 1. 25.)

시통詩痛

해외로 여행 갈 날을 코앞에 두고 앓아누웠다. 시집 원고를 출판사에 보낸 직후 곧바로. 이런 상황을 쓴 글 「은혜의 강」을 읽고 함께 여행하기로 한 친구가 문자를 보냈다.

"친구야! 「은혜의 강」 감명 깊게 아니 은혜롭게 읽었다. 안타깝기도 하고. 새벽에 달을 보며 여러 생각이 겹치며 명상을 잠시 했지. 글 한 편 한 편이 이렇게 생각을 많이 하게 할 줄 예전엔 느끼지 못했어. (중략) 하루라도 글을 쓰지 않으면 안 된다는 법이 어디 있나? 때로는 무상무념으로 넋 놓으며 쉬어라. 내 말이 잔소리가 아니라, 쓴소리가 되어 건강을 회복하길 바라는 마음으로 몇 자 적는다."

몸이 아프면서 산책도 앓은 날만큼 하지 못했다. 글방에 누워 몸을 공처럼 이리저리 굴리며 자다 깨기를 반복했다. 볕 한 발 들여놓지 않은 글방에 누워있으면 당최 시간을 가늠하기 어렵다. 햇살은 어느

쪽에 모여 살고 있는지. 해 그림자가 얼마나 고개를 내밀고 부끄러워하는지. 멀찍이 있는 뒷산 편백 숲은 고요를 얼마만큼 품었는지. 궁금증이 시루 콩나물처럼 자란다.

급기야 주일예배마저 드리지 못했다. 모 교인이 무슨 일 있느냐며 전화했다. 기침이 잦은 목소리를 들으며 내 몸 상태를 금방 알아챘다. 기도하겠다는 말을 남겼다. 이어서 목사님께서도. 평소 존경하는 포항 모 교회 목사님 설교「우리의 싸움이 선한 싸움이 되려면」을 인터넷을 통해 들었다. 모든 인생에는 싸움이 있다. 우리 인생은 무엇과 끊임없이 전쟁을 치러야 한다. 우리는 죽음 앞에 겸손하고 삶의 현실 앞에 솔직해야 한다는 말씀 밑에 줄을 굵게 그었다.

이번에 앓으면서 솔직히 외롭고 고독했다. 아픈 사람 마음을 절실하게 들여다봤다. 그동안 나 자신이 너무 잘못 살았다는 것을 뼈저리게 느꼈다. 앓아야 겨우 열리는 마음의 문과 귓문. 앓고 나서야 겨우 겸손한 시늉을 하는 한때나마 시절. 바람처럼 찾아온 지인이 기도를 뜨겁게 해주지 않았더라면, 남은 하루 생애가 아늑하지 못 할 뻔했다. 아픔을 달래는 언어는 기도였다. 어느 지인과 문자를 주고받았다.

"교수님! 수필집『흔들림에 기대어』를 10권쯤 구할 수 있나요? 인터넷에서 사려다가 교수님께 먼저 여쭙니다."

"네, 가능합니다. 책을 주고 싶은 사람 이름을 보내주시면 서명해드리겠습니다."

"감사합니다. 교수님 책을 읽고 좋아서 같은 모임 회원들에게 주고 싶어서요. 문자로 넣어드릴게요."

"알겠습니다."

"책값은 넉넉하게 넣겠습니다. 부담 갖지 마시고 제 마음이니까 그냥 잘 받아주십시오."

이 말이 닦지 않은 길을 포근하게 지운 새벽 눈처럼 내게 내렸다. 치열하게 산 사람이 치열하게 산 사람의 생애를 눈여겨볼 줄 안다. 아파본 사람이 누군가의 아픔에 대해 수긍할 수 있다. 누군가에게 기울어질 줄 아는 사람이 그 사람 말을 끊고 돌아서지 않는다. 절대 고독에 외롭게 빠져 본 사람이 한적한 산 아랫마을 등불을 가슴에 깊숙이 품을 줄 안다.

세월은 하루의 고샅을 돌아 어느덧 밤이 되었다. 미처 뜯지 않았던 우편물을 하나하나 열었다. 내게 온 우편물은 시집이나 수필집, 문예지가 대부분이다. 한국문인협회 정기 간행물 『월간문학』 611호 한쪽에 작년에 내가 쓴 시집 『첫눈의 끝말』과 수필집 『흔들림에 기대어』를 소개하고 있다. 이 순간까지 작가로서 글 쓰는 일을 게을리하지 않으리란 노래깨나 부르며 살아왔다.

학교에서 학생들에게 글쓰기를 가르치면서 숨 쉬는 것처럼 날마다 글을 쓰라고 몰아친다. 가장 좋은 글쓰기 교육은 말로 공허하게 하는 것이 아니라, 몸으로 보여주는 이른바 몸 글쓰기이다. 나이를 먹으면서 새록새록 느끼는 건 글이 내 친구라는 사실이다. 글을 쓰면서 앓는 통증은 글을 쓰지 않고 받는 상처에 비하면 별것 아니다. 내가 글쓰기에 몰입하지 않았던 시절이나 지금이나 내 현실은 특별히 변한 게 없다.

내 생은 여전히 버겁고 무겁다. 비중이 더했으면 더했지 덜할 기미가 뵈지 않는다. 이 통에도 글은 내 호흡의 숨통이다. 절망을 딛고 오르는 사다리며 벽을 걷는 담쟁이다. 아픔을 기쁨으로 승화하는 방어기제이기도 하다. 요 며칠 동안 앓으며 외로웠다. 이 외로움의 거울로 나 자신을 절실하게 들여다볼 수 있었다. 저만치 고독했으므로 사람이 잇대어 떠올랐고 그리움이 이만치 안개비처럼 내렸다.

내 삶 곳곳에는 아직 아물지 않은 아픔과 상처가 자라고 있다. 이러할지라도 이것을 거추장스럽게 여기지 않고 당당하게 맞으련다. 이를 외면하지 않고 다복다복 챙기련다. 이들에게 내 글의 옷을 입혀 소망과 희망으로 빚어내련다. 나지막이 글의 심장에 귀를 대고 우주와 자연과 모든 생명체를 끙끙 앓으며 사랑하련다. 지금 앓고 있는 아픔을 詩痛이라 치고 잘 견뎌내련다. 두어 달 뒤, 되게 앓으며 보낸 원고『그대 강 같이 흘러줄 이 있는가』라는 시집이 세상에 눈을 뜨고 나온다. 시집으로 치면 다섯째이고 수필집까지 치면 아홉째 태어날 새끼이다.

여기에 머물지 않고 곧 열째를 출산할 산통을 앓으려고 한다. 사는 날이 힘들고 온밤을 앓을지라도. 천년을 두고두고 떨칠 수 없는 이 환희의 통증을 심장처럼 묻고 살련다. 지금쯤 하늘엔 달이 여전하고 골목마다 바람이 풍성할 터. 이마저도 각별하게 앓으며 달콤하게 사모할 터. 아득한 잠결에 빗소리가 생생하다.

(2020. 01. 05.)

글쓰기 증후군

머뭇거리지 않고 하늘이 온종일 비를 풀어놓는다. 마른 땅이 덜컹거리는 문을 열고 비를 맞이하고 있다. 온몸을 송곳처럼 찌르는 통증의 배후가 바로 비였다. 어젯밤 작업실에 오자마자 잠에 깊이 빠진 것은 비 몸살의 전조현상에 불과했다. 학교에서 하는 사경회를 마쳤다. 김병년 목사님 설교는 인간적인 진실과 종교적인 거룩함을 버물어 은혜와 감동 그 자체였다.

은혜와 감동 끝에 피곤이 잔물결처럼 일었다. 학과 학생들과 시내 식당에서 늦은 점심을 먹었다. 핑계를 대고 다른 행사는 눈치껏 빠졌다. 비 몸살이 몸 구석구석에 퍼져 맥을 쓸 수 없었다. 작업실에 들러 보일러를 맘먹고 켰다. 누워서 천정을 바라봤다. 열십자 전등이 사근사근하게 빛을 뿌렸다. 누움은 피곤을 완전히 지우는 처방이 아니다. 하마터면 그대로 잠들 뻔했다. 자리를 박차고 벌떡 일어났다.

지난주 같은 교회에 출석하는 지인이 조심스럽게 봉투를 내밀었다. 작업실에 화장지라도 사다 쓰라며. 글 쓰는 것이 정신적으로 고된 노동이라는 것을 깨달았다는 고백도 동봉해줬다. 10년 동안 화장지 걱정은 하지 않아도 되겠다. 그는 날마다 시를 쓴다. 어렵고 힘들지만, 시 100편 쓰는 것을 목표로 삼고 창작에 매진하고 있다.

어제는 모 교수님께서 연구실에 들르셨다. 작업실 위치를 물으시며 봉투를 주셨다. 글을 쓰면서 아픈 삶이 기쁨이 되길 바란다고 하셨다. 이번뿐이 아니다. 아들 녀석이 서울과 집을 오가며 전도사 사역을 할 때도 그러셨다. 아들 등록금을 낼 때도 봉투를 두툼하게 주셨다. 이렇게 받은 사랑의 빚을 눈곱만이라도 갚으려고 베풂을 생각하며 산다.

이번에 시집과 수필집을 발간할 때 많은 사람이 도움을 줬다. 책값보다 훨씬 웃도는 돈을 준 사람이 여럿이다. 책을 발간할 때 빚을 냈지만, 누군가에게 일정 부분을 꼭 돌려주려고 한다. 세상살이하면서 자주 경험했다. 비울 때 비로소 채워졌고, 누군가에게 줄 때 그보다 많은 것을 받았다. 한두 번이라면 우연이라고 덮고 말았으련만. 필연적으로 그랬다.

오래전 안성에 사는 독자라며 전화했다. 유방암에 걸린 사람들이 모이는 자조 모임에서 내 글을 읽고 힘을 얻었다고 했다. 회원 몇 사람과 한옥마을을 구경하려고 전주에 오는데, 차를 함께 마실 수 있느냐고 물었다. 어렵게 시간을 내서 찻집에서 만났다. 세 사람이었다. 아픔을 꼭꼭 안에 담아두면 슬픔이 된다. 슬픔을 퍼내지 않으면 병이 생기거나 커진다. 세 사람에게 글쓰기를 통해서 아픔을 당당하게 꺼내고 슬픔을 떳떳하게 펴내라고 했다. 감사하는 일을 찾아 일기를 잘 쓰고 있을 것이다.

조금 전 부산에 사는 독자가 친필로 서명한 책을 구하고 싶다고 문자를 보냈다. 짧지만 민망할 정도로 예의를 갖춘 문장이었다. 생면부지인 사람과 날 연결해준 것은 글이다. 태생적으로 시인은 가난하고 고독하다. 전세 1,000만 원에 월세 10만 원인 작업실 세간은 그야말로 볼품 하나 없다. 깊은 산중처럼 적막하다. 글을 쓰는 책상에서 서너 걸음 떼면 화장실이다. 바로 뒤엔 냉장고가 있고 대여섯 걸음을 떼면 달력 한 장만한 싱크대가 있다.

깨끗하고 동선이 짧아 시간을 허투루 쓰지 않아 좋다. 방 한쪽에 찻상도 있다. 가끔 차를 끓여 마시며 나 자신과 말을 주고받는다. 때로는 마음 한구석에 서운한 감정을 품은 사람을 불러내 그 감정의 원류를 찾는다. 채널을 에프엠 음악방송에 고정해놓은 라디오가 유일하게 적막을 허문다. 모차르트 피아노 협주곡 23번 2악장 선율이 빗물처럼 흐른다. 낮고 잔잔한 피아노 소리와 관악기 소리가 한데 어우러져 적막을 걷어낸다.

학교에서 방송을 함께하는 교수님께서 지나가는 말로 작업실들이 하자고 하셨다. 아직은 뜯지 않은 연서처럼 이 공간을 꼭꼭 봉해두고 싶다. 이곳에서 허리띠를 외롭고 고독하게 질근 졸라매고 시심의 아궁이에 불을 활활 지피겠다. 길을 가면서도 글 생각, 밥을 먹으면서도 글 생각, 꿈속에서도 글을 생각하는 이른바 '글쓰기 증후군'을 푹푹

앓겠다. 이 공간을 내 글의 감옥으로 삼고 스스로 무기징역을 살겠다.

춤추는 사람은 고독하다. 누구 입에서 나온 말일까. 스탠드만 켜고 음악에 맞춰 한참 몸을 푼다. 얼마 만에 자유롭게 춘 춤인가. 눅신했던 몸에 생기가 돈다. 밖은 어느새 밤이 어둠 공법으로 거대하게 집을 짓는다. 이 집의 처마에 빗방울이 멈추지 않고 줄줄 흐른다. 이 빗소리 아래서 누군가를 향해 날려 보낼 글을 골몰하게 그린다.

(2018. 3. 16.)

전화할 사람이 있다는 것

손전화가 울린다. 받을까 말까 망설였다. 주말 늦은 저녁 맘 놓고 쉬고 있는 판인데. 4학년 2학기 때 모 기관에 취업하여 윗사람과 부딪칠 때마다 전화했던 녀석. 다른 날은 몰라도 스승의 날 하루쯤은 흔하디흔한 이모티콘 하나라도 보내 주리란 믿음을 오래전 깨버린 녀석이 전화했다. 남자 친구가 생겨 결혼한다고 연락한 것일까. 아니면 직장에서 무슨 문제가 생긴 것일까. 이런 게 아니라면 누군가 하늘길에 오른 소식을 전해주려는 것일까.

통화 단추를 눌렀다. "교수님! 교수님! 우리 아빠가, 우리 아빠가." 웡웡거리는 전화 소리가 울부짖는 것인지 웃는 것인지 분별하기 어려웠다. "그래, ○○야! 차분하게 이야기해봐. 운전하고 있으면 차를 갓길에 세우고 천천히. 네 아빠에게 무슨 일 있는 거니?" ○○가 울었다. 차를 세웠는지 전화 속 목소리가 명료했다.

아빠가 평소 스트레스를 많이 받아 담배로 스트레스를 푸는 골초다. 얼마 전부터 가슴에 통증을 심하게 느껴 오늘 병원에서 코로나 검사를 받았다. 결과가 사흘 뒤에 나온다. 병원에서 처방한 약으로 아빠 통증을 잠재울 수 없단다. 견디다 못한 아빠가 큰 병원으로 데려다 달라고 하여 지금 집에 가는 길이라고 했다. 전주에서 ○○까지 한두 걸음 길이 아닌데.

"교수님! 우리 아빠에게 무슨 일 없겠지요?" 녀석은 요즘 코로나 확진자가 늘고 있는 곳에 있는 대학병원으로 아빠를 모실 요량이었다. 일순간, 코로나 검사 결과가 나오지 않은 사람을 받아줄 병원이 있을지 나도 갈팡질팡했다. 녀석에게 아빠가 사는 지역 보건소에 문의하여 움직이라고 했다. 무슨 일이 있으면 아무 때나 내게 전화하라는 말을 두어 번 반복했다.

"교수님! 죄송해요. 너무 경황이 없어서 교수님께 전화드렸어요. 우리 아빠에게 아무 일 생기지 않게 기도 부탁해요." 통화를 마치고 나서 너그럽지 못하고 좀스러운 내 자화상이 부끄러웠다. 이 부끄러운 뒷골목에 아직 지우지 못한 상처가 있다. 몇 해 전 느닷없이 모 학과 학과장이 되었다. 대학구조조정과 관련하여 폐과를 결정한 학과였다. 이 학과 전공과 아무 연관 없는 사람이 학과장을 맡는다는 것이 불편했다. 여러 차례 사양했지만, 상황이 어쩔 수 없었다.

학과장을 맡은 지 사흘 만에 폐과 결정을 번복해달라며 학생들이 농성을 벌였다. 이때 나는 홀로 떠 있는 섬이었다. 전공 교수와 학생, 학교와 학생, 학생과 학생 사이를 오가며 문제를 해결하려고 발버둥

쳤다. 여러 교수가 학생을 절대 믿지 말라하거나 대충하라며 충고를 많이 해줬다. 심지어 나와 나눈 대화를 녹음하여 악용하는 학생이 있을 수 있으니 조심하라는 말까지 했다. 얼마나 힘들었는지 연구실에서 쓰러져 링거를 맞고 일어날 정도였다. 총장과 보직교수, 학생 대표가 만나 일을 수습한 자리에서 쏟아지는 눈물을 주체하지 못했다.

곰곰이 생각하니 녀석이 고맙다. 아픈 아빠를 만나러 가는 절박한 상황에서 나를 떠올렸다니. 짧은 거리도 아니고 고속도로와 국도, 지방도를 번갈아 타며 운전하는 길. 게다가 그 길목마다 장맛비가 오락가락 내리고 어둠마저 두꺼워지고 있었으니. 녀석이 무섭다고 했던 말이 오롯이 떠올랐다.

"나이 한 살 더 먹으면/ 철도 따라 들려나 했는데/ 산바람 건던 길 밟고/ 타박타박 오르는 산길/ 나무는 적당한 거리에서/ 숲이란 이름으로 촉근 되고/ 산새는 짧은 자음과/ 뭉툭한 모음으로 목 뺀다." (「시의 자리」 일부)

가다듬던 시상을 잠시 접어두고 녀석에게 전화했다. 내일 아침 일찍 분당 ○○○병원으로 가려고 한다고 했다. 운전 조심히 하라는 말밖에 해줄 게 없었다. 전화를 끊고 두 손을 모았다. 내 손 전화 연락처에 전화번호가 이천여 개쯤 있다. 오래전 허리가 아파 꼼짝달싹하지 못했을 때 전화할 만한 사람이 막상 몇 되지 않았다. 염치 불고하고 한 지인에게 전화하여 병원을 다녀오긴 했지만.

아침에 일어나 손 전화를 보니 녀석이 전화한 흔적이 부재중으로 남았다. 녀석에게 전화했더니 분당 ○○○병원으로 출발했단다. 먼 길, 젖은 길목마다 바싹 마르게 하소서. 졸음 도둑처럼 오지 않게 하소서. 흐린 하늘 청명하게 하소서. 아빠가 앓는 통증의 무게가 가벼워지게 하소서. 코로나 검사 결과뿐만 아니라, 다른 결과도 이상 없게 하소서.

우리 삶이 울퉁불퉁한 순간, 전화할 사람이 있다는 것. 전화해주는 사람이 있다는 것. 김완 시인이 쓴 시 "그리운 풍경에는 원근법이 없다"라는 시구가 환하게 떠오른다.

(2020. 7. 5.)

존재의 이유

특별한 일이 없으면 매일 밤 아중천으로 산책하러 나선다. 갖가지 운동기구가 있고 글방에서 멀지 않아 산책하기에 더할 나위 없이 좋다. 시내 쪽은 주택가와 가깝고 불빛이 많아 사람이 붐빈다. 이와 달리 아중천과 소양천이 합수하는 곳은 시내와 멀리 떨어져 있어 어둡고 인적이 드물다.

아중천이 끝나는 곳부터 자전거 전용 길이다. 널찍한 소양천을 따라 억새가 숲을 이루고 온갖 들꽃이 철 따라 형형색색 만발한다. 큰맘 먹고 일찍 길을 나서지 않으면 캄캄하고 외진 밤길을 혼자 걷는 게 여간 부담스럽지 않다. 어둠 속에서도 온갖 사물이나 생명이 저마다 존재에 관한 이유를 달고 있다.

겨울 풀이 이곳저곳에 꼿꼿하다. 모진 삭풍에 꺾이지 않고 저리 당당한 건 빼빼 메마르고 가벼워져 바람 앞에 부디 낮아졌기 때문이리

라. 세상살이하다 보면 순간순간 이런저런 욕망의 집을 여러 채 짓고 허물기 마련이다. 이 욕망을 꾹꾹 누르거나 비워내지 못해 내 안에 있는 또 다른 나와 불평의 날을 세우며 살 때가 많다.

고요를 허문 발소리에 한 무리 새 떼가 솟아오른다. 그리운 곳은 시간이나 공간이 문제 될 리 없다. 그리운 사람 마음은 알다가도 모를 마음이 아니다. 눈빛으로 금방 읽어낼 수 있는 사전적 의미로 쓴 짧고 쉬운 문장이다. 새들의 비행은 그토록 그리운 곳이나 그리운 이에게 꼭 닿으리란 믿음이다. 그래서 캄캄한 허공에 길을 환히 트고 난다. 저들처럼 내가 존재하는 이유가 되는 이 창으로 날아갈 수 있다면.

멀찍이 가로등이 하나 있다. 널찍한 평수의 어둠 속에 유일하게 깨어있는 어휘이다. 수많은 어휘가 어둠 속에서 이부자리를 깔고 있는 시간, 한 단어쯤 깨어 꽃으로 피어 있어야 드디어 봄밤 아니랴. 해가 지면 잎을 여미는 생화와 달리 가로등은 해가 져야 비로소 잎을 툭툭 터뜨리며 활짝 열린다. 결코 있어야 할 게 제자리에 있음으로써 처신이 눈부실 수밖에 없는.

언덕과 맞닿은 밤하늘이 달빛 한 가닥 없는데도 환하다. 아마 시내 쪽에 있는 불빛이 허공을 기대고 깜박 졸다 이곳으로 쏠려 왔으리라. 비빌 구석이라곤 아무것도 없는 이에게 마음의 언덕은 그나마 믿을 수 있는 구석이다. 코로나의 광기로 인해 개학이 한참 늦춰졌다. 몸담은 대학이 대학 역량진단평가를 준비하면서 해야 할 일이 폭발적으로 늘고 있다. 요즘 같으면 하루가 어떻게 와서 어디로 가는지 광막하다.

아중천에는 징검다리가 몇 개 있다. 아중천 몸집이 크지 않아 징검다리가 짧지만, 징검다리를 밟아야 물을 건널 수 있다. 어느 날 징검다리에게 존재하는 이유에 관해 물었다.

"나 없으면 누군가/ 이 물 건너지 못하므로// 누군가는 꼭 해야 하므로/ 그게 내 일이라 믿으므로// 짓밟혀 쓰리고 아려도/ 누굴 밟은 것보다 나으므로// 물살 끊임없이 다가와/ 쓰다듬고 어루만져주므로." (「존재의 이유 -징검다리-」 전문)

오전에 모 회의에 참석하여 학교 식당 만족도가 높다는 말을 들었다. 학교 구성원에게 집밥 같은 밥을 해주겠다는 뜻을 품은 몇몇 교수가 작년에 협동조합을 만들었다. 이 일을 주도한 모 교수님은 궂은 일을 마다하지 않으시고 눈물겹게 헌신했다. 이 교회 저 교회를 돌아다니시며 후원금을 모으고, 식당 주방 하수구를 청소하느라 작년 여름방학을 꼬박 잡부로 뛰었다. 이런 일을 도맡아 하면서도 불평 한마디 하지 않으셨다.

사람이 모여 사는 곳은 생각이 각자 다르므로 뒷말이 있기 마련이다. 식당도 그랬다. 잘 돌아가는 식당을 왜 교수들이 나서서 하느냐. 무모한 일 아니냐 따위 같은. 밥장사해 본 일이 없는 사람들이 식당을 하다 보니, 밥이 설익거나 사람 수효를 맞추지 못할 때도 있었다. 식권 관리를 느슨하게 하다 보니 상습적으로 도둑 밥을 먹은 학생도 많았다. 그러나 밥장사를 하지 않고 집밥을 하겠다는 신념으로 존재의 이유를 찾고 있다.

눈길 돌리는 곳마다 십자가가 눈에 띈다. 십자가를 향해 몇 가지 여쭙는다. 하나님! 세상보다 시끄러운 곳이 혹 교회 아니지요? 세상보다 화해하지 못하고 화목하지 않은 곳이 설령 교회 아니지요? 세상보다 용서하지 못하고 미움을 털어내지 못한 곳이 정녕 교회 아니지요? 하나님의 뜻이라고 교회가 내세운 것이 혹 사람을 죽이고 사회를 어둡게 하는 그림자 결코 아니지요?

침묵으로 일관하시던 하나님께서 나직이 말씀하신다. "너는 왜 매일 성경을 읽고 기도하느냐? 왜 그러느냐?"

(2020. 3. 18.)

지금 뭐 해요?

꽃집에 들러 아이비와 행운목을 한 쌍 샀다. 며칠 전 글방에 들여놓은 중고 식탁에 올려놓을 요량으로. 볕 한 발 어슬렁거리지 않은 글방에 이들을 두기엔 염치가 별로 없다. 아무리 살갑게 보살핀다고 하지만 목마르지 않게 물을 주거나 몇 마디 말을 고작 건네는 것밖에 해줄 수 없으므로. 아이비는 작은 도자기 화분에 옮겨 심고 행운목은 잘 어울리는 그릇에 자리를 잡아주었다. 좁은 글방이 한껏 환하다.

손을 씻자마자 전화가 울렸다. 모 교수님이 서너 번 통화하기 괜찮으냐고 물었다. 몹시 궁금한 것이 있어 전화했는데, 나 역시 궁금해하던 것이었다. 잠시 후 꽉 쥐고 있던 손을 풀어 손금을 내보이듯 속 이야기를 풀었다. 사람과 맺은 관계의 매듭이 얽히고설켜 마음고생 한 내력을 주르르 쏟았다. 그동안 얼마나 힘들었을지 가슴 아렸다.

학교에 몸담고 있다 보면 학생을 가르치는 일이 가장 즐겁다. 글을 한 줄 쓰면서도 학생을 생각한다. 글쓰기는 삶이고 삶은 곧 글쓰기라는 말을 몸으로 보여주려고 몸부림친다. 학기마다 학생이 쓴 리포트를 첨삭하느라 주말을 잊은 지 오래되었다. 방학 글쓰기 특강을 열여덟 해 동안 한 번도 거르지 않았다. 작년 겨울 방학 특강은 두 달 가까이 허리에 통증이 피어 주사를 맞아가며 진행했다.

순전히 나 자신도 거스를 수 없는 열정과 알 수 없는 사명감 때문이었다. 요즘 내 안에 끓던 열정이 식어가고 사명의 불꽃이 잦아드는 것을 본다. 이런 나 자신이 두렵고 무섭다. 세상에는 만나면 힘이 나고 행복해지는 사람이 있다. 말 한마디 걸어도 가슴이 따스해지며 한없이 붙잡아두고 싶은 사람이 있다. 이런 사람을 만나면 결말을 맺지 않은 연애소설처럼 내내 설렌다. 그러나 몇 줄 읽다 질려 그냥 덮어버리고 싶은 책과 같은 사람이 있다.

우리 주위에 다른 사람이 한 말은 잘 듣지 않고 자기 말만 하는 사람이 있다. 상대가 하는 말은 가위질하고 자신이 듣고자 하는 말만 들으려고 한다. 이런 사람은 대부분 대화를 주도하지만, 문제를 해결하기보다 분쟁을 일으킨다. 어떤 기준이나 원칙을 근거로 내세워 문제를 해결하지 않고 감정을 앞세워 일을 그르친다. 상대를 무례하게 대하면서 자신은 존중받기를 바라니 자가당착에 빠질 수밖에 없다.

자기 것 찾아 먹는데 핏대를 세우면서 공적인 일은 나 몰라라 하는 사람이 있다. 모 문학회에서 홍보 일을 맡고 있다. 원고료와 관련된 일은 알리자마자 답을 속달로 보내지만, 다른 알림에 대해서는 동면에 든 개구리와 같이 반응을 보이지 않는다. 이 사람은 우리 문학회에서뿐만 아니라, 다른 문학회에서도 이렇게 행동하는 것으로 소문이 흉흉하게 나 있다.

말은 때로 참고 묻어둬야 더 빛난다. 상황에 따라 해야 할 말과 하지 말아야 할 말이 있다. 진심으로 충고하는 말일지라도 상대를 배려하면서 해야 한다. 이 文友가 한 말에 개인적으로 상처깨나 받았다. 이때마다 꾹 참았다. 사람이 뜸한 산책길에서 혼자 구시렁거리며 분을 풀었다. 이렇게 해도 분이 삭지 않으면 큰소리로 육두문자를 날렸다. "원수를 사랑하라"라는 말씀까지 떠올렸으나 기도까지 할 용기를 지금껏 내지 못했다.

문학회 모임이 있는 날이면 작품을 발표할 생각으로 들뜬다. 모임에 참석해 그 文友를 만나면 슬슬 기분이 구겨진다. 거의 모든 회원이 그 문우를 꺼리고 멀리한다. 글은 그럴싸하게 쓰지만, 언행은 밑바닥이라며 욕하고 흉을 본다. 이런 이야기를 그 文友에게 해주는 것이 좋을지 그냥 놔둬야 할지 마음을 아직 잡지 못했다. 늘 기도해주는 지인이 "지금 뭐 해요?"라며 안부를 톡 엽서로 물었다.

"사랑한단 말보다/ 더 달콤한 말 있다/ 그립단 말보다/ 더 간절한 말 있다// 지금 뭐 해요?// 어제가 무슨 상관이랴/ 지금 보고 싶은데/ 내일이 무슨 상관이랴/ 지금 그리운데// 지금 뭐 해요?// 이렇게 물은 뒤/ 사랑한다 말해도/ 그립다 말해도/ 늦을 일 없다." (「말 – 지금 뭐 해요? –」) 전문 그 文友에게 "지금 뭐 해요?"라고 뜬금없이 말을 건네고 싶다. 곳곳이 첩첩산중이다. 이 말이 걸어갈 길마다 막히고 끊겨 있다. 징검다리는 강물에 잠겼고 그 文友가 사는 마을은 안개가 자욱하다. 지인이 "지금 뭐 해요?" 바로 밑에 "저녁 맛있게 드세요."라는 말을 놋그릇에 담은 고봉밥처럼 보냈다. 말 한마디가 이렇게 따스한 밥이 되다니. 상처를 어루만져주는 치유의 손길이 되다니.

내 마음이 첩첩산중이었다. 끊기고 막힌 것은 길이 아니라 내 마음이었다. 강물에 잠기고 안개 자욱하게 낀 것 역시. 들여놓은 지 얼마 되지 않은 아이비와 행운목이 사이를 매만지며 훌쩍 가직하다.

(2020. 1. 19.)

5부

아들의 꿈

자리

"집에 들를 때 쌀 좀 사 오세요."

내 허리에 통증이 머물고 있을 땐 홈쇼핑에서 쌀을 샀던 아내가 오늘은 쌀을 사 오란다. 부모님과 함께 살므로 끼니 대부분 밥을 해야 한다. 찬이 있든 없든 부모님은 팔십 중반에 이른 파란만장한 삶을 밥심으로 버텨 오셨다. 밥을 마련하려고 오랜 세월 땅을 팠고 밥심으로 우리 식구를 건사하셨다. 부랴부랴 글방 가까이에 있는 마트에 들렀다. 20kg 쌀 두 포대와 해동 오징어, 찌갯거리를 샀다. 계산대에서 꽤 늦은 나이에 공부를 시작한 여 제자와 마주쳤다. 마스크로 입을 각자 가렸지만, 한눈에 서로 알아봤다.

"교수님! 쌀을 왜 그렇게 많이 사세요. 그때그때 사다 먹어야 밥이 맛있죠."

귀갓길, 봄이 그려낸 꽃 그림이 즐비하다. 다른 때 같으면 봄의 갤러리를 찾는 사람으로 차가 꽉 막힐 텐데. 코로나는 꽃과의 거리 두기로 꽃길을 막은 대신 찻길은 환히 텄다. 꽃은 코로나의 광기를 아는지 모르는지 저마다 눈부시다. 꽃이란 이름을 붙인 것치고 우리 눈길을 끌지 않는 게 거의 없다. 이름보다 찬란한 것은 꽃의 처신이다. 꽃은 제 몸을 어디에 둬야 할지 알고 피어난다.

"꽃은 필 자리 알고 핀다// 누군가의 주어로/ 누군가의 목적어로/ 누군가의 서술어로/ 누군가의 보어로// 아무 데나 몸 풀지 않는다." (「꽃의 처신」 전문)

네 번째 시집 『첫눈의 끝말』에 실었던 시 가운데 하나이다. 문장을 이루는 주요 성분이 주어, 목적어, 보어, 서술어이다. 이 성분을 잘 갖춰 문장을 부려야 비문이 되지 않는다. 우리는 이 땅 어느 곳이든 있어야 할 자리가 각자 있다. 그 자리가 주어이든, 목적어이든, 보어든, 서술어이든. 산꽃은 산에 피어야 제격이고 들꽃은 들에 피어야 제격이다. 이 자리가 어긋나면 산꽃은 산꽃답지 못하고 들꽃은 들꽃답지 못하다.

내가 피어야 할 자리는 산이나 들처럼 한 곳이 아니다. 때로는 누군가의 주어나, 목적어로. 누군가의 서술어나 보어로 피어있어야 한다. 내 이름 字 앞에는 삶의 수식어가 여럿 매달려 있다. 여섯 식구의 가장, 팔순 중반에 이른 부모님의 맏아들, 중증 복합 장애를 스물네 해째 앓는 아들의 아비, 글을 쓰지 않으면 글 몸살을 앓는 시인, 얕은 지식을 학생들에게 풀어쓰는 선생에 이르기까지. 여기에다 반 주부 일해야 하므로 내 생은 늘 분주하고, 널찍하지 않은 동선은 안쪽까지 반질반질 닳아 미끄럽다.

그동안 넘어온 삶의 고갯길을 잠시 뒤돌아본다. 발자국은 잘 따라오는지. 멀쩡하다고 믿는 것 속에 솎아내 버릴 것은 없는지. 속 깊숙이 간직할 것을 잡동사니로 여기고 버리진 않았는지. 애절하게 이름 부르며 함께 가자고 하는 이 없는지. 귀 막히고 마음의 문까지 닫혀, 아름다운 침묵 그저 건성으로 빠뜨리진 않았는지. 몇 번쯤 눈 맑게 밝히고 귀퉁이나 낮은 곳 바라봤는지.

빨강 신호에 묶였다. 누구든 삶의 행로를 가다 보면 빨강 신호에 걸려 머물러야 한다. 오랜 세월 아니라만, 신호에 걸린 생애만큼 바깥 풍경에 눈길 좀 주고, 햇볕이 주는 방언에 귀도 좀 기울어야 한다. 바쁘고 분주한 기억 열중쉬어 자세로 하얗게 내려놓아야 한다. 팔팔 끓은 아픔 등 뒤에 숨기고 들숨 날숨 맘 놓고 몇 번 해야 한다. 빨강 신호 앞에 멈춰 서서 걸어온 길 돌아본 것도 보행과 같은 족속이다. 우리 삶은 때로 쌓으면 쌓을수록 무너져 내리고 허망하게 흐물흐물 허물어진다.

꽃이란 꽃이 화심*으로 다 모인 것 같다. 꽃으로 피고 싶은 날 있거든, 잠포록한 날 잡아 화심에 들러보라. 온기 야들야들한 생두부

한 모, 칸칸이 네 모 반듯하게 잘라 눈물 글썽이며 먹어보라. 같이 있던 사람 머리에 화심천에서 잔뼈 굵은 개 복숭아꽃 한 잎 머리핀처럼 꽂아주라. 잘박잘박하게 물길 따라 단둘이서 순례길을 느릿느릿 밟아보라. 생각 깊은 산 그림 다가와 그대 꽃처럼 여기고 품어줄 게다.

정원 곳곳도 꽃이 저마다 자리를 지키며 가문을 이루고 있다. 수선화, 명자꽃, 꽃잔디, 홍매화, 패랭이꽃, 자목련. 밥풀떼기 꽃. 나무를 손질하시는 아버지 등에 봄볕이 풍성하다. 유모차를 끌고 나오시는 어머니 허리에 있는 볕이 소리 없이 연달아 굴러 내린다. 이날까지 부모의 자리를 지키시는 두 분이 이 봄날 어떤 꽃보다 눈부시다.

*화심: 완주군 소양면 화심리

(2020. 4. 5.)

하나님께서 언짢아하실까?

진료가 늦어지자 몇몇 사람이 간호사에게 물었다. 핸드폰을 만지작거리던 간호사가 원장이 내시경 검사를 하고 있다고 했다. 방마다 검사실, 주사실, 원장실, 처치실이란 푯말만 붙이지 말고, 원장 동정을 미리 안내해줬으면 하는 생각이 들었다. 우리는 사소한 것 때문에 상처받고 사소한 것으로 인해 감동한다. 사소한 것 같지만, 진료를 기다리는 환자는 시간을 천진난만하게 밀고 당길 수 없다.

원장실 옆 벽에 시편 18편 1장 말씀이 걸려 있었다. "나의 힘이 되신 여호와여! 내가 주를 사랑하나이다." 이 말씀은 다윗이 하나님이 자신을 사랑하신 것과 동일한 사랑으로 하나님을 사랑한다는 것을 나타내는 말이다. 일평생 하나님 사랑 속에 잠겨 있는 다윗이 그 사랑에 감복하고 동화된 상태에서 고백한 것이다.

다윗과 달리 이기적인 신앙에 빠져있는 나는 그 말씀을 순간 이렇게 바꿨다. "내가 네 복통을 어루만지고 설사를 싹둑 잘라버리리니 천국이 바로 여기쯤이니라." 그분 눈치를 봤다. 아무 말씀을 하지 않으셨다. 속으로 따지듯이 다시 여쭸다. "세 사람이 똑같이 점심을 먹었는데, 왜 저만 이렇게 아파야 합니까? 나의 힘이 되신 여호와여! 제발 말씀 좀 해주소서."

고백하건대, 세상살이하면서 하나님께 감사하기보다 불평과 불만을 쏟아낸 때가 훨씬 많았다. 그분을 절실하게 뵙기를 갈망하기보다 그저 교회 다니는 척, 하나님 믿는 시늉만 했다. 작곡을 전공한 모 교수님이 찬양 가사를 몇 번 부탁했지만, 지금까지 한 편도 드리지 못했다. 다시 뒤돌아보면, 내 힘과 능력으로 이룬 것은 하나도 없다.

참척의 고통 속에서 쓰러지지 않게 붙잡아주신 하나님. 세끼 주리지 않게 챙겨주신 하나님. 좋은 곳에서 일하게 하시고 그곳에서 좋은 사람들 만나게 해 주신 하나님. 날마다 글 쓰는 힘을 주셔서 창작의 불꽃이 꺼지지 않게 하신 하나님. 물질과 명예보다 시인의 길 걷는 것을 영광스럽게 여기게 해 주신 하나님. 이분이 내 곁에 계셔서 내가 살아있음을 감히 고백한다.

이런 하나님께 죄를 참 많이 지었다. 일이 뜻대로 되지 않으면, 그분을 원망하고 무시했다. 사회 구조가 잘못된 것도 그분 탓이라고 덤터기를 씌웠다. 내가 처한 환경도 그분이 날 외면했기 때문이라고 매도했다. 철들지 않은 아이처럼 만날 징징대며 우는소리만 했다. 이제 그분 앞에 철든 모습을 좀 보여드려야겠다.

아버지는 대상포진 후 통증이란 진단이 나왔고, 난 사흘 정도 약을 먹으면 나을 것이라고 했다. 차에 오르시던 아버지께서 "주여! 감사합니다."라고 혼잣말을 하셨다. 모든 아픔과 고통을 포옹해야 감사할 줄 안다. 아픔이나 고통에 집착하여 깊이 빠져 있으면, 우울과 분노가 무성하게 자란다. 세 사람이 회를 먹었는데 특별히 날 선택하게 앓게 하신 하나님 뜻을 기쁘게 받아들이기로 했다.

깨우침을 통해 쓴 글은 독자에게 당당하게 다가갈 수 있다. 살다 보면 그야말로 어쩔 수 없는 것이 있다. 이미 엎질러진 물이나 뱉어버린 말처럼 돌이킬 수 없는 실수, 나에게 닥쳐와 버린 아픔이나 고통 같은 불행, 강물에 휩쓸려 떠내려간 꽃잎처럼 되가질 수 없는 것, 바람따라 멀리 날아가 버려 이제 누릴 수 없는 좋았던 한때를 누구든 가지고 있다. 이런 것은 쓸데없는 것이 결코 아니다. 우리 삶의 자양분으로 삼으면 우리 삶의 뿌리가 굵어지고 깊어질 것이다.

일관성 없이 이랬다저랬다 하는 날 하나님께서 언짢아하실까?

(2018. 1. 21.)

이번이 마지막이다

"아이! 인사할 데 있으면 빼놓지 말고 해라."

추석이 코앞으로 바로 다가왔다. 어머니께서 텃밭에서 기른 참깨와 들깨로 기름을 짜셨다. 개학한 터라 바쁠 게 뻔한 내게 티 내지 않으시고 택시를 타고 방앗간을 오가셨다. ㄱ자인 어머니 허리가 ㅅ자로 꺾인 것은 그야말로 눈 깜짝할 사이였다. 걷는 게 쉽지 않은 몸으로 혼자서 기름을 짜 오신 게다. 아들이 이 사람 저 사람에게 신세 지며 사는 것을 잘 아신 터라, 내 호주머니 형편을 생각하시고 기름으로 체면치레라도 하라는 뜻이었다.

참깨와 들깨를 섞어 짠 기름과 고소하게 볶은 참깨를 종이봉투에 함께 넣으셨다. 네 사람 몫이었다. 동생들 몫도 챙기지 않으시고 집에서 쓸 것 좀 두고 다 주셨다. 마음처럼 기름을 많이 짤 수 없는 형편을 어머니께서 여러 번 탓하셨다. 몸이 따라주지 않아 밭농사를 맘껏 지을 수 없을뿐더러, 기름 짜러 오가시는 길이 여간 순탄하지 않기 때문이다. 시장에서 돈 주고 사면 정작 몇 푼 안 되는 것이련만, 어머니께서 짠 기름은 향과 맛이 질리지 않게 유독 고소하다.

집에서 참기름을 듬뿍 넣어 어머니께서 무치신 나물에 맛이 길들여진 탓에, 다른 나물은 맛이 없어 잘 먹지 못한다. 다른 집은 밭에 풀을 매는 것이 힘들고 어려워 대부분 제초제를 쳐서 풀을 잡는다. 한때 풀을 매는 것이 귀찮아 아버지께서 제초제를 하셨다가 어머니와 크게 싸우셨다. 우리 식구 입에 들어갈 것에 농약을 하면 결코 안 된다는 뜻을, 어머니께서는 고추밭 지주 말뚝처럼 박고 사신다.

참깨나 들깨 농사는 고추 농사에 비해 수월한 것 같지만, 어떤 농사든 죽을힘깨나 써야 소출을 기대할 수 있다. 참깨는 비닐을 덮고 씨앗을 심는 순간부터 새와 한바탕 전쟁을 치러야 한다. 참깨 씨앗이 고소한 향을 내밀어내지 않는데도, 산중에 있는 새들이 떼로 몰려와 부리나케 씨앗을 빼먹어버린다. 작은 씨앗이 양수를 터뜨리며 잎이 명태 눈알처럼 지상으로 나올 때까지, 새 떼와 숨바꼭질을 해야 한다. 어머니는 언제나 술래였다.

참깨를 거둬들인 시기는 장마와 겹친다. 하루라도 늦으면 저 스스로 속살을 능수능란하게 팡팡 터뜨려 속이 텅 비고 만다. 일단 벤 참깨는 잎을 다 떼어내고 한 묶음씩 묶어 햇볕에 말린다. 햇볕에 잘 마른 깻단을 나무로 툭툭 쳐 깨가 쿨렁쿨렁 쏟아지게 한다. 이런 일을 등이 굽은 부모님께서 하시는 게 만만치 않다. 들깨 농사는 모종하여 어린 묘를 심어야 하므로, 참깨처럼 새를 맞상대할 일이 없다. 다만 들깨 모종을 심을 즈음 어김없이 가뭄이 찾아온다.

들깨 모종을 심고 나면 아침저녁으로 스프링클러를 돌려 물을 빽빽하게 줘야 한다. 이런 날이면 움푹움푹 패인 밭 이곳저곳이 마치 눈물이 고인 것처럼 햇볕에 반질반질하게 빛난다. 들깨는 제 이름처럼 야생적인 기질을 타고난 탓인지 땡볕에 주눅 들지 않고 별 탈 없이 잘 자란다. 대부분 생명체가 더위에 지친 내색을 선명하게 할 때, 그는 제 몸의 고소한 향을 널찍하게 퍼뜨린다. 그 향은 더위에 기억을 잃기 쉬운 입맛을 불쑥 되돌려놓는다. 상추에 싱싱한 들깻잎을 속옷처럼 입히고 밥 한술에 묵은 된장을 올려 먹으면 그윽한 향기가 이마다 씹힌다.

들깨는 심을 때와 달리 거둬들일 때 새와 숨바꼭질을 해야 한다. 참깨보다 향이 울울창창하므로 새가 사생결단하고 몰려든다. 이때도 역시 어머니가 술래이다. 거둬들인 들깨는 하루나 이틀쯤 햇볕에 바싹 말린 뒤 참깨처럼 막대기로 털어낸다. 이때 부모님 손만으로는 턱없이 부족해 이웃 사람이 와서 도와준다. 들깨를 털 때 먼지가 하도 많이 나서, 들깨를 터는 방식은 마치 먼지를 좇는 것처럼 보인다. 이렇게 턴 들깨는 명료한 바람길에서 실한 알곡을 선별하는 작업을 한다.

참깨와 들깨는 방앗간에서 기름을 짜기 전 물에 씻어 말린다. 모래알보다 작은 것을 물로 씻어 말리는 과정은 익숙하게 발음하는 어휘처럼 쉽지 않다. 단 한 톨이라도 허투루 없어질까 봐 애지중지하게 다룬다. 어머니께서는 이런 과정이 기름 맛을 결정한다고 여기신다.

경건하기까지 한 자세로 그야말로 깨알 같은 참깨와 들깨를 씻고 볕에다 말리신다.

작년부터 부모님께서 힘에 부쳐 김장김치 담그는 것을 내려놓으셨다. 넓은 텃밭을 놀리면 죄가 된다고 하시며, 김장 배추 기르시는 것은 아직 하고 계신다. 정성껏 기른 배추를 교회나 이웃에게 그냥 나눠주고, 김치 한두 통 받은 것으로 김장을 때웠다.

"아이! 인사할 데 있으면 빼놓지 말고 해라. 내년부터는 기름 짜는 것도 못 하겠다. 이번이 마지막이다."

마지막이라는 어머니 말씀이 가슴 한 귀퉁이에 박혀 눈물로 맺힌다. 어머니께서 담그신 맛있는 김장김치, 가출한 입맛을 돌아오게 만든 장엇국도 다시는 먹을 수 없는 것이 되었다. 이제 참기름과 들기름도 이번이 마지막일지 모른다. 왠지 모를 슬픔이 날개를 달고 고소하게 파닥거린다.

(2019. 9. 4.)

설거지

해가 부산하게 떴다. 부모님과 함께 아침을 먹었다. 훈용이와 날을 꼬박 새운 통에 아직 한창 밤인 아내를 대신하여 설거지했다. 해바라기 닮은 수세미에 세제를 한 방울 떨어뜨리고, 물을 묻히자 수세미에서 포말이 일어났다. 밥그릇과 국그릇, 수저와 젓가락이 개수대에 얽히고설켰다. 접시와 찬 통이 꼬이고, 이런저런 냄새가 줄지어 섰다.

아침 설거지는 거의 내 몫이다. 설거지하면서 많은 것을 생각한다. 식사의 끝은 밥을 다 먹고 수저를 내려놓는 순간이 아니다. 설거지를 마쳐야 드디어 식사를 마무리한 것이다. 글쓰기에 빗대면 글을 다 쓰고 나서 퇴고하는 것과 같다. 설거지는 식사를 끝맺음하는 갈무리이다. 한마디로 설거지는 식사의 뒤끝이다. 뒤끝이 흐리거나 게으른 사람은 아마 밥을 먹은 뒤, 설거지를 미루고 쌓아 둘 것이다.

부모님과 함께 산 지 열한 번째 봄을 맞는다. 이 세월 동안 어머니와 아내 사이에서 외교관이 되었다. 처음에는 멋모르고 어머니 입장만 생각했다. 이것이 어느 선을 넘으면 나와 아내 사이가 덜컹거렸다. 서툴지만 내 생각이 아내에게 치우치면, 어머니 눈치가 보여 삐거덕거렸다. 이럴 때마다 나는 덜컹거리는 곳에 못질하거나, 삐거덕거리는 곳을 수선하느라 허둥댔다.

학습은 경험한 행동을 통해 일관성 있는 변화가 일어난 것이라고 누군가 정의했다. 우리 집 개수대는 앞이 확 트여 바다와 같다. 아래 동네가 한 눈으로 적당히 들어오고 앞산이 풍경으로 든든히 서 있다. 하늘이 반쯤 보이는 창으로 산새가 몸詩를 몇 줄 쓰고 사라진다. 나는 이곳에서 바다의 울음소리를 들으며 일부러 둔감해지거나 의도적으로 민감해지려고 한다. 이따금 생긴 고부간의 앙금을 늦지듯 실어 보내려고 수돗물로 파도 소리를 만들곤 한다.

어느 날부터 약지에 꽃이 하얗게 만발했다. 지문은 연루된 허물을 겹겹이 벗고 깊은 속살로 자라났다. 잠시 시들었던 꽃은 물을 만나면 흥청망청 피어났다. 녀석은 손 마디마디에 물길을 내고 물만 보면 싱싱하게 파닥거렸다. 이 꽃은 물이 바로 봄이었다. 손가락에 핀 꽃은 내내 가려운 흉이 되었다. 약지는 가려움이 더께로 쌓여 시도 때도 없이 꿈틀댔다. 이 꽃이 어머니 눈에 닿으면 어머니는 혀를 낮게 찼다.

글방에서 어머니께서 싸주신 도시락을 이르게 먹고 커피를 끓였다. 세상에는 맛보다 냄새가 더 좋은 것이 있다. 냄새만 맡아도 배부르다는 말은 경험의 뿌리에서 생겼다. 냄새와 음식 맛이 짝짓기하여 자극과 반응을 일으켰다. 커피 향에서 느낀 선한 이미지가 혀끝까지 일관된 동선으로 따라왔다. 커피는 오감으로 마셔야 맛있다. 눈으로 색깔을 보고, 코로 향을 맡고, 혀로 맛을 느껴야 한다. 손끝으로 커피 체온을 측량하고, 귀로 커피 넘어가는 소리를 기울여 들어야 한다.

글방에서 도시락을 먹을 때는 설거지하여 집으로 가져간다. 어머니나 아내의 손을 조금이라도 덜려고 그런다. 도시락과 찬 통, 커피잔을 개수대에 집어넣었다. 수세미에 세제를 한 방울 떨어뜨렸다. 세제의 심줄이 불거지면서 거품이 일었다. 도시락과 찬 통을 씻어 물이 잘 빠질 정도로 물매를 만들어줬다. 커피잔을 들었다. 손가락 틈을 아찔하게 빠져나가더니, 개수대에 돌팔매질한 돌처럼 떨어졌다. 깨졌다고 믿었다.

불길한 믿음이 빗나가면 행운이다. 몸은 성성했으나 손잡이가 떨어져 나가고 말았다. 마치 맘먹고 칼로 손잡이만 골라 자른 것처럼 아주 정밀하고 교묘하게. 눈 맞은 수캐를 따라 집을 나가버린 암캐처럼 어쩔 수 없는 일이었다. 있을 때는 미처 모르고 지나쳤던 존재의 의미를 명료하게 깨달았다. 손잡이는 서로를 이어주는 매개체이자 신뢰이다. 손잡이가 없는 문은 벽과 같다.

설거지는 단순히 그릇을 씻고 말리는 것으로 끝나지 않는다. 설거지하면서 어머니 마음을 헤아리고 아내 입장을 바라본다. 어떤 일이든 갈무리를 잘하여 뒤끝이 없게 해야 한다. 오늘 커피잔 손잡이를 깨뜨리고 나서 존재의 의미를 새롭게 기억하였다. 아무리 사소한 것이라도 창조주의 심오한 계획이 들어있다. 손잡이가 떨어져 나간 커피잔이 오늘의 잠언이다. 몸소 깨어지면서 존재의 뜻을 곰곰이 사모하라는 가르침을 새긴다.

달이 향기롭게 떴다. 세상일에 지치고 찌든 마음을 설거지하려고 달빛 아래로 나선다. 내 안에 아직도 쌓아둔 이런저런 찌꺼기를 씻어 내려고 달빛 속으로 슬몃 들어간다.

(2020. 3. 7.)

소풍

부모님과 함께 산 지 열 해째 되었다. 이런데도 부모님을 모시고 밖에서 점심을 같이 먹은 일이 손에 꼽을 정도다. 다른 집과 달리 훈용이를 데리고 밖에서 밥 먹는 일이 녹록하지 않다. 이런 손자를 보느라 넋을 놓고 사는 며느리를 두고 당신들만 밖에서 밥 먹는 것이 전혀 내키지 않으신 게다. 오늘은 용케 구색을 갖춰 구실을 만들었다. 어찌 되었든 아들 노릇 못하는 나는 못나도 한참 못난 사람이다.

주인이 참 겸손하고 친절했다. 부모님을 위해 수육을 주문했더니, 굳이 시킬 필요없다고 극구 사양했다. 일단 먹고 난 뒤 결정하라며. 참 장사 못 한 사람이라고 맘속으로 핀잔을 줬다. 아버지는 그런대로 잘 드셨지만, 어머니는 곰탕에 든 면발을 입에서 자주 놓치셨다. 사용하시던 젓가락을 바닥에 두어 번 떨어뜨리기도 하셨다. 세월이란 놈 참 몹쓸 놈이다. 녀석은 매정하게 아버지 등을 휘어놓았고 어머니 허리를 뚝 꺾어놓았다. 그래 놓고도 지금껏 사과하기는커녕 미안한 내색 한 번 하지 않은 별난 놈이다.

아닌 게 아니라, 수육을 시키지 않아도 될 만큼 고기가 푸짐했다. 국물이 어떻게나 진하던지 혀에 착착 달라붙었다. 잘 먹었다고 하시는 어머니와 달리 아버지는 별말씀하지 않으셨다. 아버지는 요즘 어떤 음식을 드시든 무슨 맛인지 잘 모르겠다고 하신다. 미각을 전혀 읽지 못한 난독증에 빠진 셈이다. 태생적으로 입이 짧은 소식주의자이다. 아무 말씀 하지 않으신 것은 여전히 맛의 의미를 캐지 못하신 것이다.

창밖 가까이 손에 닿을 듯 가을 산이 있다. 가을 산이 일필휘지한 문장마다 화려체이다. 세상에 있는 모든 눈이 그를 쳐다본다. 문득 누군가 시선이 우리를 향하고 있다는 것을 직감했다. 마치 우리를 가을 산처럼 지그시 바라보는 눈빛을. 밥을 먹은 사람이 다 나가고 우리만 남았다. 고개를 돌리는 순간, 주인 눈과 마주쳤다. 그 눈빛이 애잔하면서도 따스했다. 특별히 어머니에게 부드럽게 닿은 눈빛이 알 수 없이 촉촉하다. 밥값을 계산하려고 카운터에 이르렀을 때도 어머니에게 맞닿은 눈빛을 뗄 줄 몰랐다.

"선생님이 부럽습니다. 부모님이 다 살아계시니까요. 저는 한 분 남은 어머니를 두 주 전 하늘나라로 보냈습니다. 용을 쓰며 붙잡으려고 했지만, 그 이별만큼은 인력으로 할 수 없더라고요."

그분 손을 꼬옥 잡았다. 주책맞게 눈물이 정작 내 눈에서 먼저 흘렀다. 어머니께 건강하시라며 붙이는 인사가 살갑다 못해 간절했다. 식당 앞에 있는 젊은 은행나무 한 그루가 잎을 자꾸 누릇누릇하게 내려놓는다. 은행잎이 꾸부정한 아버지 등과 ㅅ자로 꺾인 어머니 허리 위로 눈발처럼 휘날린다. 귀갓길, 제 몸에 물을 가득 채우고 가을볕을 끌어안고 있는 상관저수지의 윤슬이 눈부시다. 열 해 전, 정들었던 고향 집을 떠나 이삿짐을 따라오셨던 이 길의 단풍도 요렇게 구구절절했을까.

가을이 깊숙해지고 있다. 아버지와 어머니의 생애도 잎을 다 내려놓기 시작한 가을 산을 차츰차츰 닮고 있다. 앞으로 글 쓰는 시간을 축내서라도 오늘 같은 소풍을 자주 다녀야겠다. 뭉툭해진 가을 하루가 낙엽처럼 팔랑팔랑 지고 있다.

"세월 침침해져 싼다는 아버지와/ 눈물 무담시 흘러 싼다는 어머니 뫼시고/ 가을 정오 둑 밑 안과에 들렀다/ 모래내시장에서 양말 몇 켤레 사고/ 맛 오른 갓김치 담글 양념 좀 사고/ 곰탕 한 그릇씩 먹으러 가을 산/ 가직한 길 따라 시간 축내며 흘렀다/ 뭣을 먹어도 당최 무슨 맛인지/ 미각 읽지 못하시겠다는 아버지와/ 뿌연 곰탕 국물에 알맞게 불은 면발/ 입술로 잘 붙잡지 못한 어머니 뒤로/ 가을이 실없이 나이 먹고 있었다/ 식당 앞 젊디젊은 은행나무 한 그루/ 누릇누릇하게 자꾸 내려놓은 잎/ ㄱ 字 아버지 등과 ㅅ 字 어머니 허리로/ 끝내 기울어 쿵쿵 쓰러져 내리었다." (「가을 소풍」 전문)

(2019. 11. 2.)

시 쓸 힘밖에 없는 아비

기분이 아무리 좋아도 훈용이는 5분 이상 사람을 붙여주지 않는다. 아비인 나도 그런 사람 축에 낀다. 이런 현상을 정신분석학이나 이상심리학을 거창하게 끌어들여 파헤치고 싶지 않다. 제 기분이 최고에 이르면 그래도 날 안아주거나 내게 안기기도 한다. 아주 드문 일에다 5분 안쪽이긴 하지만. 작업실에서 일을 보고 귀가하면 보통 자정이 훌쩍 넘는다. 일을 늦게 끝낸 날은 새벽 2~3시에 귀가하기도 한다. 훈용이는 거의 매일 잠을 자지 않고 날을 꼬박 새운다.

오래전 모처럼 일찍 귀가했다. 일찍이라 해봤자, 기껏 자정 인근이었을 게다. 내 목소리를 듣고 훈용이가 좋아서 침대에서 방방 뛰었다. 훈용이를 안고 침대로 눕힌 순간, 귀에서 이물질이 흘러나왔다. 면봉으로 여러 차례 닦았지만, 멎을 줄 몰랐다. 나보다 아내가 더 놀랐다. 골방지기인 아내와 훈용이가 바깥바람을 쐬는 날은 주일 예배를 드리러 가는 날이다. 주일 아침마다 훈용이를 내가 씻어준다. 이때 훈용이 귀를 봤지만, 별 이상이 없었다.

지난 6월 28일, 훈용이 안과 치료를 받으러 삼성서울병원에 갔다. 이때 아내가 방학하면 이비인후과에 들러 훈용이 귀를 치료하자고 했다. 그날 이후 양은 적지만, 고름이 계속 나온다며. 아마 보통 아이라면 곧바로 병원에 다녀왔을 것이다. 훈용이는 의사소통이 전혀 되지 않아, 진료를 받는 과정이 죄다 첩첩산중을 넘는 것과 같다. 아내가 며칠 전부터 오늘 오전을 비워두라고 했다. 훈용이를 데리고 병원 갈 생각을 하니, 타지도 않은 뱃멀미가 났다.

평소 아침을 부모님과 함께 먹는다. 밤을 꼬박 새운 훈용이가 아침이 되어서야 잠 잘 채비를 한다. 노루잠을 잔 아내는 늘 배보다 잠을 고파한다. 훈용이가 잠든 틈을 비집고 더불어 몇 숨이라도 자야 한다. 얼마 전 어머니께서 훈용이가 요즘 짜증이 늘었다고 귀띔해주셨다. 날씨 탓만이 아니라 어디가 아픈 것 같다고 하셨다. 훈용이는 온몸이 통점이라, 어머니 말씀을 각별하게 귀에 담지 않았다.

오늘 아침 날밤을 꼬박 새운 훈용이를 서둘러 씻겼다. 자음과 모음을 엮을 줄 모르는 훈용이는 손톱이 바로 혀다. 제 손에 잡히는 족족 꼬집는다. 내 손등과 손가락 곳곳에 초승달이 여러 개 떴다. 이럴 때마다 섟이 낙타 등 피라미드처럼 솟는다. 비를 맞았는데, 어느 빗방울인들 탓하면 쓰겠는가. 이왕 젖은 몸 뼈까지 스며들지 않게 바라는 수밖에.

병원 가는 길, 차 속에서 훈용이가 잠투정을 했다. 아내 손을 꼬집고 자신을 계속 때렸다. 가끔 장애를 앓는 자녀를 부모가 죽였다는 뉴스를 듣는다. 대부분 사람은 자녀를 죽인 부모에게 돌팔매질해댄다. 나는 법적 · 윤리적 문제를 떠나, 그 가족이 겪었고 겪으며 겪을 아픔을 먼저 떠올린다. 그런 사람에게 돌을 던질 힘이 없다. 먹고 자고 씻고 화장실 가는 일이 누군가에겐 사소하고 평범한 일이다. 이런 일을 하는 게, 마치 해발 구천구백 미터를 넘는 것과 같은 사람이 있다. 그의 가족도 장애의 고통을 베돌지 않고 고스란히 짊어져야 한다.

아픔은 참 이기적인 놈이다. 뼈저리게 겪지 않으면, 자신과 전혀 상관없는 상상의 모서리가 된다. 아픔의 깊이는 상상으로 가늠할 수 없다. 아픔을 겪은 사람은 다른 사람이 앓는 아픔에 대해 공감하는 그릇이 크다. 요즘 누군가 앓는 아픔을 보고 아무것도 느끼지 못하는 사람이 많다. 전주역 마중길 나무들이 파릇하다. 나무는 아픔을 서로 나누어 가진다. 가지와 가지가 서로를 떠받쳐주고, 뿌리와 뿌리가 아픔을 조율하며 직립의 힘이 된다. 잎은 초록동색으로 한 식구가 되며.

의사 선생님이 참 따뜻한 분이셨다. 부드럽고 낮은 어조에다 표준어를 꼬박꼬박 쓰셨다. 훈용이를 바라보시는 눈빛이 직업적인 시선이 아니라, 사랑과 진실로 빚은 시선이었다. 애초부터 나와 아내는 훈용이가 말귀를 잘 알아듣지 못할 것이라고 소마소마했다. 검사를 하면서 애를 좀 먹었지만, 염려한 만큼 훈용이가 힘들게 하지 않았다. 살다 보니, 이런 날이 있다. 이런 일이 뭉근하게 생기면 좋겠다. 닷새 후에 올 때도 훈용이가 오늘 한 것처럼 해줬으면.

귀갓길, 훈용이가 잠투정을 날카롭게 했다. 아내는 훈용이에게 손을 뜯기면서도 인내의 제방을 허물지 않았다. 혼잣말로 하는 말이 자장가인지, 신세를 타령하는 노래인지, 기도문인지 두루뭉술했다. 길바닥에 뒹구는 돌멩이 속은 어느 정도 가늠하면 서도, 연약한 풀잎 같은 자식새끼 귓속은 정독하지 못했다. 詩 쓰는 일에만 힘을 축냈을 뿐, 훈용이 귓속에 무슨 일이 일어났는지 몰랐다. 참 시답잖은 아비다.

"앞 못 본 아들 온몸 통점이다. 자음과 모음 한 자 엮지 못한 혀. 말귀 꼬리조차 붙잡지 못한 귀. 밥 한 톨 푹 삭히지 못한 이. 크다가 뚝 멈춰버린 골육. 갓 돌 지났을 성싶은 머리. 이런 새끼 품고 사는 동안 매화 스물두 번 피고 초록 그만큼 덧입었다. 뒷산 단풍 스물두 번 들고 첫눈 그만큼 내렸다. 얼마 전 피깨나 난 귀. 얼마나 귓속 답답했으면 피 곪아 터졌을까. 맘속 통증 해독하지 못한 독해력 그렇다 치자. 여린 풀잎 같은 새끼, 얕은 귓속 한 점 보지 못한 애비였으니.

어머닌 돋보기 끼지 않은 맨눈으로 훈용이 귓속 통증 때때로 측량하셨건만. 아이! 뭔 일 있는갑다. 이상시럽다. 더워서 그런 것만은 아닌 것 같다. 뭔 일 있는갑다.

그때마다 날 폭폭 쪘고 덩둘하게 詩 쓸 힘만 냈을 뿐."
(「뭔 일 있는갑다」 전문)

(2019. 7. 11.)

아들의 꿈

"아빠! 별일 없어요?"

학교에서 글쓰기 특강을 마치고 나오는 길에 아들이 건 전화를 받았다. 평소 전화를 잘하지 않는 녀석인데, 무슨 일인지 목소리가 부드럽고 살갑기까지 하다. 아픈 곳은 없느냐고 되묻는 목소리가 너무 곰살맞다. 별일이다. 목소리가 왜 그러느냐고 녀석이 묻는 말끝에 강의해서 그렇다고 했다. 멎었던 비가 차창에 곰실곰실 달라붙었다.

"저, 어젯밤 아빠가 죽은 꿈을 꿨어요."

아무 일 없다. 잘 지내고 있다. 아빠는 하루하루 생애가 너무 행복하다. 날마다 운동하고 글 쓰면서 살맛이 난다고 그랬다. 휴가 계획이 없느냐고 녀석이 물었다. 순간 휴가라는 말이 너무 낯설게 들려왔다. 이 말을 까마득히 잊고 지낸 지 오래되었는데. 하기야 날마다 산책하는 시간이 달콤한 휴가 아니겠는가.

어젯밤 불편한 허리와 불쑥 찾아온 한기 때문에 잠을 내내 설쳤다. 한 달에 한 번 만나 세상 돌아가는 이야기나 삶의 뒷골목에 대한 얘기까지 흉금 없이 털어놓는 모임이 있다. 스무 해 넘게 만나왔으므로 모두 동기나 다름없다. 저녁을 함께 먹고 카페에 들렀는데 에어컨 냉기가 몸에 아프게 박혔다. 다른 사람은 시원하다고 하는데, 나만 한기를 독하게 느꼈다. 집에 돌아와 전기매트를 켜고 잠이 들다 깨기를 되풀이하다 아침을 맞았다.

오늘 여성 목회자 글쓰기 특강을 했다. 그간 기도하면서 수업을 준비해왔다. 코로나의 광기가 아직 멎지 않은 상황에서 염려가 앞섰다. 과연 몇 사람이나 참여할까. 서로 잘 소통할 수 있을까. 목회자 이전에 사람인데, 서로 갈등하거나 등 돌리는 일이 일어나지 않을까. 어차피 2년 전부터 맘먹고 준비했으므로 하나님께 다 맡기고 담대하게 시작했다.

이 강의를 들으려고 전주는 물론이고 서울, 부산, 순천, 군산, 익산에서 오는 사람이 있다. 3시간 동안 마스크를 쓰고 강의하는 게 영 녹록지 않다. 안경에 입김이 서려 앞을 가리고 숨이 막혀 답답하기도 하다. 이러할지라도 강의를 열심히 듣는 수강생 앞에서 이런 티를 결코 낼 수 없다. 삶은 글쓰기라고 말하지 않았던가. 부정적인 삶의 기제를 덜어내고 긍정적인 에너지를 발산해야 좋은 글을 쓸 수 있다고.

잘 살아야 글을 건강하게 쓸 수 있다고. 수업 시간마다 이 말을 후렴처럼 노래했으므로, 몸으로도 글 쓰는 모습을 보여야 했다.

요즘 아들이 꾼 꿈을 나도 자주 꾼다. 부모님과 한 지붕 아래서 산 지 열 한 해가 되었다. 세월이란 녀석은 참 인정머리가 좀체 없다. 아버지 등을 더 내려 앉혀 놓았고, ㄱ 字였던 어머니 허리를 ㅅ 字로 꺾어버렸다. 잠결에 지나가는 소낙비 오는 걸음 소리를 듣고 일어나 비설거지 하시던 아버지 귀를 멀어지게 했다. 텃밭에 오만 가지 것을 심어 마을 사람에게 나눠주시던 어머니 숨소리를 울퉁불퉁하게 만들었다.

아들 녀석이 꾼 꿈과 내가 자주 꾼 꿈이 결속되어 머릿속에서 유쾌하지 않게 아른거린다. 일반적인 해몽에 따르면 부모님이 돌아가시는 꿈을 꾸면 부모님이 장수할 징조라고 한다. 천만다행이다. 참척지통을 두 번이나 뼈아프게 겪은 나는 그지없이 행복하게 천붕지통은 아직 겪지 않았다. 부모님께서 돌아가시는 꿈을 꾼 날은 나도 모르게 철이 좀 든다. 어머니 몸 곳곳에 자라는 통증은 잠잠한지. 아버지 기력은 더 쇠하지 않았는지 곰곰이 들여다본다. 집에 전화했다.

"어머니! 드시고 싶은 것 없어요? 아버지도?"

비 몸살을 몸에 사육하며 사시는 어머니 목소리가 묵직하게 가라앉았다. 이럴 때마다 어머니는 집에 있는 사람이 먹고 싶은 게 뭐가 있겠느냐고 하신다. 늘 무거운 삶의 비중에 눌려 뒤뚱뒤뚱 사는 아들을 오히려 걱정하신다. 시간에 쫓겨 허둥지둥 사는 아들을 안쓰럽게 여기시며 눈에 넣으신다. 어머니는 나에게 당신 속내를 잘 드러내지 않으신다. 내게 행여 짐이 될까 봐. 어머니께 여쭌 문장을 다듬어서 서너 번 더 여쭸다.

"집에 고기도 있고 생선도 있다. 걱정하지 마라. 사 올 수 있으면 아버지 사탕이나 좀 사 오너라. 그런데 요즘 통 입맛이 없다."

차창에 빗방울이 거세게 달라붙는다. 윈도 브러시가 빗물을 한데 모아 부산하게 흘려보낸다. 어디론가 흘려보내야 어느 세월엔가 멎고 마는 게 빗물뿐이겠는가. 눈이 흐려지면서 눈에서도 빗방울이 주르르 흘러내린다. 호우주의보가 내리지 않았는데도 내 눈에서 비가 자꾸 내린다. 집 나간 수캐처럼 어머니 입맛이 빨리 돌아오면 좋으련만.

새삼스레 철들다 보니 어머니는 가슴 먹먹한 詩이다. 어머니라는 시집은 눈물의 원류이다. 비가 그칠 줄 모르고 무성하게 내린다.

(2020. 7. 27.)

오죽했으면 그랬을까

인터넷 기사 하나가 눈에 확 띈다. 발달장애를 안고 태어난 4개월 된 아들을 죽인 어머니가 살인 혐의로 구속되었다. 진화했던 불꽃이 활활 타오르듯 가슴이 허물어져 내린다. 그 여자에게 나쁜 어미라고, 짐승만도 못하다고, 저런 사람은 죽여야 한다고, 돌을 던질 힘이 없다. 아니, 돌을 들어 올릴 여력마저 없다.

오죽했으면 그랬을까. 윤리의 잣대를 들이대고, 모성의 되로 측량할 생각에 앞서 이런 생각이 먼저 찾아온다. 어떤 상황에 부닥쳐보지 않은 사람은 그 상황을 몸으로 받아쓸 수 없다. 몸붓으로 쓸 수 없다. 다만 그럴 것이라고 상상의 붓을 허공에 놀릴 수밖에 없다.

장애를 앓는 동생이 있는데, 훈용이가 더한 장애를 달고 태어났다. 동생으로 인해 우리 가족이 받아들여야 했던 아픔을 설명할만한 어휘가 이 땅 어디에도 없다. 동생은 제 몸을 스스로 어느 정도 건사하고 말귀를 좀 알아듣는 편이다. 훈용이는 혼자서 할 수 있는 게 아무것도 없다. 소리를 지르고 제 몸을 때리는 일밖에 할 줄 모른다.

아픔에도 시제가 있다. 우리 삶에서 아픔이 과거형으로 끝나고 말면 좋으련만, 우리 바람과 달리 현재 진행형일 때가 많다. 이런 상황이 오래 지속하면 선한 생각의 뒤축이 허방을 짚기 마련이다. "나와 죽음 사이는 한 발짝밖에 되지 않네." 사울에게 살해 위협을 끊임없이 느낀 다윗이 요나단에게 고백한 말이 짠하게 떠오른다. 아픔이 과거완료 형으로 끝나지 않고 끈질기게 따라붙으면 아픔에 살의를 느낀다.

아침마다 기도의 끈을 붙잡는다. 이렇게 하지 않았을 때는 나쁜 생각이 얼토당토않은 기도를 불렀다. 심지어 하나님을 향해 삿대질하며 따졌다. 그 많고 많은 사람 가운데 왜 나여야 하느냐고? 한두 번도 아니고 왜 여러 번이어야 하느냐고? 아픔의 유산을 왜 대를 이어 물려주느냐고? 하나님께 가진 서운함은 분노와 원망을 업고 다니게 했다. 오랫동안 이 짐을 짊어지고 바람처럼 떠돌았다.

오죽했으면 그랬을까. 지금 생각하면 하나님께서 날 이렇게 바라보셨을 것 같다. 그래, 네 마음 잘 안다. 네가 오죽했으면 그렇게 했겠느냐. 네 마음이 얼마나 아팠으면 그랬겠냐. 네가 눈먼 사람 아픔을 이제 이해하느냐? 말 못 하는 사람 마음을 이제 읽을 줄 아느냐? 그 가족이 떠안은 아픔의 무게가 얼마나 무거운지 이제 느끼느냐? 기도는 흔들림이다. 기도하면 어깨가 흔들리고 마음이 흔들린다. 마음이 흔들리면 귀가 열리고 생각이 따스해진다.

오죽했으면 그랬을까. 생각의 각이 달라 다시는 쳐다보고 싶지 않을 것 같은 사람 눈빛을 들여다볼 용기가 소박하게 생긴다. 딱딱하게 척진 마음이 부드럽고 말랑말랑해진다. 불평과 불만이 썰물처럼 빠져나가고 감사가 밀물처럼 밀려온다. 많이 가지지 못한 게 부끄럽지 않고, 단지 살아서 숨 쉬는 게 행복하다. 생각하면 시가 되고 그리움이 되는 날日이 있다. 이런 날日이 일상이 되어 분주하게 그리워하다 시의 숲에 살갑게 머문다.

그리움이 한동안 무소식일 때가 있다. 이런 때 궁금증이 콩나물처럼 자라기 시작한다. 잘 지내는지? 별일 없는지? 끼니는 챙겼는지? 나를 바라보는 눈빛은 지긋한지? 마음의 정원에 봄볕은 충일한지? 끙끙 앓을 일 없는지? 이런 게 한낱 부질없는 염려라는 게 후렴처럼 들리면, 마음의 괄호 속이 넉넉하게 채워지며 안온해진다. 염려한 것을 귀찮게 여기지 않고 오죽했으면 그랬느냐고 이해하는 마음이 사랑이다. 문안할 수 있는 그리움이 있다는 것은 끝내 기울어질 곳이 있다는 것이다. 시의 숲으로 쓰러지듯 기운다.

오죽했으면 그랬을까. 일가족이 다시는 돌아올 수 없는 길을 함께 떠났다는 기사를 조심스럽게 읽는다. 극단적인 선택이란 말을 가정법으로 쓰고 있다. 한때나마 사는 것을 전부로 여기고 살았을 가족이 선택한 그 길이 얼마나 험하고 멀었을까. 그 길이 얼마나 어둡고 칙칙했을까. 그때 흔하게 불던 바람은 왜 인기척 하나 내지 않고 고요했을까. '잠깐만요'라는 말言은 길을 잃고 어디로 가고 있었을까. 그들 이름을 불러 줄 만한 사람 하나 이 땅에 없었을까.

그 길 갈 힘으로 이 악물고 살면 되지 않겠느냐고, 손가락질하는 사람 있을지 모른다. 생명의 존엄성을 유기한 무책임한 처사라고 흉보는 사람 있을지도 모른다. 유서의 어조는 대부분 죄송체로 시작하여 용서체로 끝난다. 오죽했으면 그랬을까. 이 땅 떠나는 길 삼가 소풍날 되길. 소나기가 한차례 지나간 하늘에 번갯불이 번쩍거린다.

(2020. 4. 17.)

사소함의 무거움

"훈용이 귀에서 피가 나요. 병원 다녀올 시간 좀 내세요."

제 귀에서 피가 흘러나오는데도 아프단 말을 할 줄 모르는 녀석을 데리고 병원에 들렀다. 훈용이 입에 마스크를 씌우는 것부터 난제였다. 말귀가 통하지 않으니 어떻게 해 볼 도리가 없었다. 토요일 오전 꽤 이름난 T 이비인후과는 발 디딜 틈이 없을 정도로 사람으로 넘쳤다. 훈용에게 마스크를 도저히 씌울 수 없어 접수하고 밖에서 기다렸다. 작년 이맘때 양 귀에 중이염에 생겨 오래 치료했는데 재발한 것 같다.

의사 선생님이 귀를 보려고 하자 훈용이가 완강하게 거부했다. 훈용이 상태를 이미 알고 있는 의사 선생님이 서두르지 않고 온화하게 대했다. 나와 아내가 훈용을 붙잡고 겨우 진료를 마쳤다. 예상한 대로 중이염이 다시 생겼다. 의사 선생님이 아주 아팠을 텐데 특이한 증상을 보이지 않았느냐고 물었다. 태어나서 지금까지 스물네 해 동안 "엄마", "아빠" 소리를 한 번 하지 못했는데. 맘이 와르르 무너져 내렸다.

아침마다 훈용을 위해 기도한다. 빛 한 점 감지하지 못하고, 뇌문과 말문이 막히고, 성장이 정지된 녀석을 제 아들로 주신 하나님! 세상 사람이 비록 장애인이라고 손가락질할지라도 이 아들을 주신 뜻이 무엇인지 헤아리게 하옵소서. 자신을 때리지 않게 하시고 시도 때도 없이 소리 지르지 않게 하옵소서. 그 마음이 불안하지 않고 평화스럽게 하옵소서. 제때 자고 제때 일어나는 수면습관을 주옵소서. 이런 아들의 아비라는 것을 부끄럽게 여기지 않게 하옵소서. 훈용을 주님의 영광을 드러내는 도구로 사용하옵소서.

이렇게 기도하면서도 막상 어떤 상황이 닥치면 짜증이 난다. 삐딱하게 바라보는 세상의 뭇시선이 부담스럽고 힘들다. 훈용이가 태어나지 않았다면 내 인생이 더 잘 나갔을지 모른다. 온 식구가 소리 내면서 밥다운 밥을 먹고 잠다운 잠을 푹 잘 수 있었을 테다. 문을 맘껏 여닫고 고장 난 가전제품을 아무 때나 수리했을 게다. 화장실 물을 맘껏 내리고 전화를 편하게 했을 것이다.

다른 집에서는 아주 사소한 일상이 우리 집에서는 가파른 비탈이다. 온 식구가 매 순간 넘어야 할 해발 구천구백 미터이다. 아내와 함께 안방을 차지한 훈용이가 우리 집 세대주가 된 지 오래다. 스물네 해 동안 끼니는 늘 울퉁불퉁하였고 공복처럼 허전하다. 어머니께서 허전한 구석을 그나마 메워주셨는데, 이제 걷는 기력조차 쇠하여 찬

만드실 힘마저 없으시다.

진료를 마치고 약국에 들러 약을 타니 정오가 훨씬 지났다. 귀갓길, 가는 길목마다 빨강 신호가 발목을 붙잡는다. 세 사람 모두 지칠 대로 지쳐 문장 같으면 서둘러 마침표를 찍고 싶을 지경이다. 집에 당도하니 어머니께서 ㅅ 字 허리를 펴 밥을 하시고 찬을 겨우 만들어놓으셨다. 밥이 자꾸 목에서 덜컥덜컥 걸린다. 식구가 모두 끙끙 앓는 소리를 삼키고 있다. 아버지도 어머니도 아내도.

"교수님! 삼겹살 언제 먹어요?"

ㅇㅇ이 전화다. 오늘까지 벌써 네 번째다. 자신이 학교 근처로 오는 게 번거로우므로 자기 집 근처로 와서 삼겹살을 사달라고 한다. 장애를 앓고 있지만 이렇게 자기주장을 명료하게 하는 ㅇㅇ이가 부럽기도 하고 한편으로는 귀찮기도 하다. 어제는 새벽 2시에 전화했다. 핸드폰의 맥을 끊어놓고 잠들어 받지 못했지만. 아마 이 전화를 받지 않아 다시 전화한 것 같다. 당장 약속할 수 없어 전화라도 잘 받아줘야겠다고 다짐했던 게 오늘처럼 마음의 힘이 바닥나면 흔들리곤 한다.

서재 침대에 누우니 앞산이 한눈에 들어온다. 무성해진 신록의 붓이 불어오는 바람에 몸을 뒤집고 초록 문장을 휘휘 갈겨쓴다. 이 틈에 한 무리 새 떼가 수평으로 빠져들고 뻐꾹새가 울음을 기다랗게 풀어놓는다.

"뻐國! 뻐國!"

환청일까. 뻐꾹새 울음소리가 "기뻐하라. 기뻐하는 세상을 만들라."처럼 들려온다. 지금껏 살아오면서 누군가를 뒤에서 흉보는 일에 여러 차례 가담한 적이 있다. 그 사람이 처한 형편과 상황을 깡그리 무시하고 내 감정을 쓸데없이 소모한 일이 많다. 감사하기보다 불평하는데 더 친숙하다. 세상살이하는데 사소하다고 여기는 것은 지극히 주관적이다. 이 비중이 무겁다고 생각하는 것 역시 마찬가지다. 각자 견디고 버텨야 할 몫이 있다.

이 몫을 누군가 대신 떠안아 줄 것이란 환상을 버리자. 징징대지 말자. 이왕 살 생애, 뻐꾹새처럼 "뻐國! 뻐國!" 노래하며 살자. 어머니께서 싸주신 상추 나물을 가지고 글방으로 나선 길, 날씨보다 바람이 눈부시게 더 좋다.

(2020. 5. 25.)

가장의 허리

손수 손빨래한 세월을 빨랫비누로 세면 몇 개나 될까. 어제 아침 속옷, 양말, 운동복, 손수건 따위를 주물러 빨았다. 빨래를 마치고 일상의 길든 각으로 일어서려는 순간 허리가 덜컹했다. 대수롭지 않게 여기고 빨랫줄에 빨래를 널었다. 자유스럽던 동작 하나하나가 뾰쪽해지다 묵직해졌다. 작년부터 겨울방학이 되면 허리 통증이 어김없이 찾아왔다. 아무 기별 없이 불쑥.

용하다는 한의원을 찾아다니며 침을 맞았다. 허리가 끊어질 것 같은 통증이 만발하면 응급실에 가서 드러누웠다. 때로는 통증 완화 주사를 맞기도 하며. 이후 나름대로 스트레칭을 하고 근력을 기르는 운동을 꾸준히 했다. 허리를 안정적으로 받쳐주는 의자를 사서 자세를 바로 하려고 애썼다. 이런 덕에 허리 통증은 한동안 기억나지 않는 것처럼 오래 묻혔다.

무거운 것을 든 것도 아니고 힘든 일을 한 것도 아닌데. 손빨래 몇 개 한 것뿐인데. 허리 통증이 되살아나다니. 오늘 훈용을 데리고 병원에 들렀다. 어제 가려고 맘먹었는데 들쑥날쑥한 훈용이 수면습관 때문에 가지 못했다. 차에 오르자마자 날밤을 꼬박 새운 녀석이 짜증을 심하게 냈다. 닥치는 대로 꼬집고 악을 쓰고. 병원에 도착해서 극에 이르렀다. 진료하는 의사 선생님 손까지 심하게 꼬집었다. 우리 부부 손은 물론 간호사 손까지.

어렵게 진료를 마치고 오는 길에 시장을 봤다. 여섯 식구가 사는 집 쌀통은 쌀을 채우고 얼마 되지 않아 곧장 바람이 들락거린다. 연로한 부모님 입이 심심하지 않게 부모님 머리맡에 간식거리를 늘 채워놓아야 한다. 시장 본 것을 아내가 차에 일일이 올렸다. 가장의 허리는 단순히 신체 가운데 일부가 아니다. 그 집 식구를 먹여 살리는 전답이자 그 집안을 지탱하는 몸 기둥이다.

가장인 내 허리가 삐끗하면서 내가 해야 할 몫을 다른 식구가 대신할 수밖에 없게 되었다. 시장 본 것을 아내가 차에 싣고 내렸다. 집 주차장에 내려놓은 것을 아버지께서 집안으로 나르셨다. 끌 것을 끌고 가시는 꾸부정한 아버지 허리가 형편없이 더 낮아지셨다. 왼손에 계란 한 판을 들고 오른손으로 훈용이 손을 잡은 아내 어깨가 쓸쓸히 늙었다. 이런 모습을 지켜보며 식솔의 그림자를 밟고 가는 마음이 치명적으로 영 불편했다.

쌀 때문에 점심이 한참 때를 넘겼다. 아내가 김치 냉장고에서 김치 통을 꺼내야 한다고 했다. 무거운 시장 짐을 나르신 아버지께 말씀

드리는 게 눈치 보였던지 김치 없이 그냥 먹자고 했다. 이럴 때 어머니께서 나서신다. 어머니 화법은 항상 "~을 해 달라."라는 것이 아니라, "~을 어떻게 하면 좋겠냐?"라는 식이다. "김치 통을 꺼내야 하는데 어떻게 하면 좋겠어요?"

허리를 펴고 누워계시던 아버지께서 김치 통을 꺼내셨다. 농익은 김치 냄새가 때늦은 점심 식욕을 아삭하게 당겼다. 밥을 먹고 좀 눕고 싶었으나 연구실로 곧장 나섰다. 며칠 동안 쏟아져 내린 장맛비를 그득 품은 상관저수지가 주변 산까지 모두 살갑게 끌어안고 있다. 오롯한 풍경이다. 풍경에도 나름대로 허리가 있다. 주저앉지 않게 떠받쳐주고 무너지지 않게 버팀목이 되어주는. 이 허리 때문에 눈 맑은 풍경이 늘 한자리에 변함없이 자리하고 있다.

길게 뻗은 꽃대에 꽃을 매단 코스모스나 기생초의 하늘거림은 얼마나 율동적인가. 벽을 절망으로 여기지 않고 9부 능선까지 타고 오르는 담쟁이 허리는 얼마나 초지일관인가. 바람의 흔적을 고스란히 기록하는 갈대의 몸 획은 얼마나 거침없는 일필휘지인가. 멋지 않고 흐르는 강물 곳곳 굽이진 허리마다 백사장의 은빛은 얼마나 눈부신가.

가장이라는 자리는 외롭고 고독하다. 여섯 식솔 가장의 허리는 바람 잠잠한 날이 거의 없다. 몸 성한 곳이 없는 노부모님과 갈수록 영육이 여려지는 훈용으로 인해. 살다 보면 하루 생애가 통증일 때가 있다. 장대 끝에 앉은 바람처럼 간당간당한 날이 많다. 사는 게 우듬지에 매달린 아침이슬 같아 재채기를 꾹꾹 삼키며 욱여넣어야 할 때도 있다. 이런 생애 가운데 내 허리는 자주 허물어지고 꺾였다.

이럴 때마다 허물어진 허리를 펴주는 건 식구이다. 꺾인 허리를 세워주는 것은 詩이다. 외롭고 고독한 가장의 자리 역시 詩의 자리이다. 식구 역시 詩의 텃밭이다. 삶이 배어들지 않은 글은 맹맹하다. 아픔을 잘 조탁하지 않은 글은 아무도 들으려하지 않은 노래가 되고 만다. 가장의 허리는 꼿꼿하고 당당해야 한다. 식솔의 지지대가 되어야 하고 버팀목이 되어야 한다.

내가 앓는 허리 통증은 삶통痛이 아니라 詩痛이다. 절실하게 앓고 나서야 간절해지는 것들. 앉고 서고 눕고 일어서는 게 눈물겹게 감사할 일이라는 것. 내게 딸린 식솔이 많아 삶의 비행을 더 높이, 더 오래, 더 멀리해야 한다는 것. 그리하여 삶의 고샅과 모퉁이까지 샅샅이 들여다볼 수 있다는 것. 이 여행을 통해 내 시의 곳간이 차곡차곡 쌓였으므로. 내가 결국 풍성하게 부유해졌으므로. 나는 끝내 푸지게 행복했다.

천년 같은 하루 생애가 석양처럼 붉게 지고 있다.

(2020. 7. 18.)

6부

감사의 조건

첫눈

첫눈이 언제쯤 올까?

지난주에 종강하고 이틀에 걸쳐 학교에서 교직원 연수회를 했다. 오늘 정오에는 출판기념회가 있다. 올해 책을 펴낸 교수들이 함께 자리하여 자신이 쓴 책에 관해 이야기하고 소찬도 나눈다. 나는 올해 『첫눈의 끝말』이란 시집과 『흔들림에 기대어』란 수필집을 냈다.

내가 쓴 책보다 더 정이 가고 마음에서 놓을 수 없는 책이 있다. 이번 학기 '삶을 풀어쓰는 수필'을 수강한 학생들이 쓴 글을 모아 『우리 이야기, 수필로 피어나다』를 펴냈다. 비록 복사한 것을 제본하여 만들었지만, 출판사에 맡겨 만든 것보다 알차고 값지다. 이 강의를 수강한 학생은 이론 강의를 빼면 매주 글을 한 편씩 쓴 셈이다. 게다가 매일 일기까지.

매주 주어진 제목에 맞춰 쓴 글을 향초가 뿜어내는 향기와 잔잔히 흐르는 피아노곡에 맞춰 각자 낭송했다. 단순히 리포트를 수행한 것이 아니라, 가슴속 깊이 묻어뒀던 삶의 빛깔을 적나라하게 보여줬다. 지금껏 살면서 누구에게도 꺼낼 수 없었던 아픔, 서운했다고 말하지 못하고 꾹꾹 눌러온 누군가에 대한 불만, 말 한마디 따스하게 하지 못한 것에 대한 회한, 마음의 감기를 오래 앓느라 세상과 벽을 쌓았던 일에 이르기까지.

종강한 날은 학교 작은 연주 홀에서 한 학기 공부한 것에 대해 각자 되돌아보거나 노래를 불렀다. 몇몇 학생이 준비한 음식을 푸지게 먹으며. 우리는 한 학기 동안 강의하고 수업만 받은 게 아니라, 서로의 삶을 아낌없이 나눴다. 아픈 이를 다독거리고 슬픈 이의 눈물을 닦아주며, 기쁜 일에 웃음 보따리 터지게 축하해주고 예쁜 마음과 선한 행동은 본받으려고 힘쓰며.

책을 만들 때 원고 내는 것도 순전히 자유에 맡겼다. 학점을 따려고 의무감을 느끼고 하는 수업이 아니라, 즐겁게 삶을 풀어썼다. 글 쓰는 것이 힘들고 자신 없는 학생에게 리포트 내는 것을 강요하지 않았다. 다른 사람이 한 이야기를 들어주는 것만으로 잘했다고 칭찬했다. 나는 이번 학기 내내 이 강의를 목을 길게 빼고 설레며 기다렸다.

해 길이가 턱없이 짧아져 강의를 마치고 나면 밖은 늘 어둠이 두꺼웠다. 학교가 산중에 있어 밤공기는 달콤했지만, 산바람은 새파랬다. 강의를 끝낼 때마다 기도했다. 강의 시간 내내 집중할 수 있게 해 주시고 다른 사람 이야기를 경청하게 해 주심에. 콩콩 앓으며 버리지 못했던 아픈 기억을 글로 표현하게 해 주심에. 시간 없다는 핑계로 그냥 지나쳤던 것 가운데 소중한 것이 많았다는 것을 깨닫게 해 주심에. 하루 생애를 잘 살게 해 주시고 귀가할 수 있게 해 주심에 감사드리며.

어제 학생들 성적을 입력하고 미안한 생각이 들었다. 수강생 모두 좋은 성적을 주고 싶었지만, 교과부가 일률적으로 정한 성적 기준이 있다. 대학 글쓰기 교육이 대부분 실용적인 글쓰기와 평가를 위주로 하므로, 학생들이 글 쓰는 것에 흥미를 느끼지 못한다. 종강할 무렵 학생들에게 성적 배점에 대해 잘 설명했지만, 많은 학생이 눈에 밟혔다. 미안한 마음을 지울 수 없어 얼마 전에 쓴 시를 녹음하여 톡방에 올렸다.

"세상에 혼자인 것 별로 없다/ 활활 불타다 꽃처럼 지는/ 저녁노을도 혼자 진 일 없거늘/ 그대 저녁노을처럼 함께 질 이 있는가?// 나무도 어울려 숲으로 사노니/ 밤이면 제품으로 새 불러들여/ 외로운 생각 툴툴 털어내거늘/ 그대 나무 같은 사람 곁에 두었는가?// 강은 제 혼자 흐르는 게 아니라/ 별뿐만 아니라 바람까지 껴안고/ 넓고 깊은 바다로 함께 가거늘/ 그대 강 같이 흘러갈 사람 있는가?// 구름 사이에 달빛 끼어 캄캄하고/ 등불 고개 떨치며 졸고 있는 밤/ 사람이든 시든 노래든 그림자이든/ 그대 가까이 있어 줄 이 있는가?" (「그대 있는가?」 전문)

여러 학생이 답을 달았다. 오랜만에 목소리를 들으니 좋다는 예닮이, 나른한 오후에 내 목소리가 파도처럼 밀려온다는 소희, 시를 들으니 수업 시간이 떠오른다는 효진이, "나무 같은 사람 곁에 두었는가?"라는 시구가 멋있다는 윤상이, 내일을 살아갈 힘이 된다는 주현이, 감사하다고 한 기영이, 시에 목소리를 입힌 것을 들으니 그리워진다는 주영이. 녀석들 참 보고 싶다. 정작 내가 몹시 그립다.

『우리 이야기, 수필로 피어나다.』 책 맨 앞에, 내가 쓴 글 「삶을 풀어쓰는 수필, 그 이름들」이란 글이 있다. 이 글을 이렇게 마무리했다. "이 강의를 통해 한결같이 살갑고 각별해진 이름들을 내 삶의 나이테에 오롯이 새기련다. 첫눈이 오면 그 위에 이들 이름을 한 사람씩 쓰고 싶다. 첫눈이 언제 오려나."

첫눈이 정말 언제쯤 올까?

(2019. 12. 18.)

휴강

코로나바이러스 19 경보단계가 '심각'이 되었다. 기세가 한풀 꺾인가 싶더니 대구에 있는 모 종교집단에서 감염자가 폭증했다. 이들 가운데 이동 경로가 아직도 감감한 사람이 많다. 오늘까지 감염자 가운데 다섯 사람이 세상을 떴다. 다른 지역에 비해 그동안 재해의 발길이 뜸했던 우리 지역도 코로나 19 감염자가 늘고 있다. 스무 해 이상 다달이 모여 정분을 나누는 모임이 있다. 어제저녁에 모였다. 대부분 식당이 문을 닫아 회원 가운데 지인이 아는 식당에 전화하여 겨우 저녁을 먹었다.

마스크를 쓰고 예배를 드렸다. 예배를 마치고 점심을 먹기는커녕 교인과 악수도 하지 못했다. 교인이 많은 교회는 영상예배를 드린다. 우리 교회 인근에 있는 모 교회 널따란 주차장이 텅 비었다. 시내 거리는 한산하다 못해 적막하다. 오가는 택시 지붕마다 승객이 부재임을 알리는 불을 달고 있다. 어쩌다 눈에 띄는 사람은 저마다 마스크를 썼다. 사람과 차가 별로 없는 시내가 낯설어지다 문득 외로워졌다. 도대체 코로나바이러스 19의 광기가 어느 곳, 언제까지 미칠지 알 수 없다.

내일 방학 글쓰기 특강이 있다. 지난주에는 모처럼 눈이 많이 내렸고 내 허리 상태가 좋지 않아 어쩔 수 없이 휴강했다. 개강을 두 주 연기한 터라 보강할 요량으로. 문제는 지금이다. 우리 지역 감염자 동선이 광범위하고 감염자가 전국적으로 확산하는 추세이다. 학생들에게 예정한 대로 강의를 하겠다고 며칠 전에 공지했지만, 당분간이라는 조건의 시간이 떠올랐다.

교수학습지원센터 선생님과 통화했다. 나는 미리 종강이라는 답안지를 꺼냈다. 선생님도 '심각'인 상황을 고려하여 종강하는 게 좋겠다고 했다. 전화를 끊고 나니 생각이 하나 퍼뜩 떠올랐다. 뻐꾹새 한 마리 울음소리가 봄 산을 흔들어 깨우듯이. 일방적으로 종강한다고 하지 않고 학생들 생각을 물었다.

"사랑하는 여러분! 코로나바이러스 19 기세가 등등합니다. 우리 지역도 감염자가 생겨 많은 사람이 염려하고 있습니다. 이런 상황을 고려하여 여러분 생각을 살피고자 합니다. 강의할 것인지 당분간 휴강할 것인지. 개강을 2주 연기했으므로 상황을 봐서 개강한 이후라도 시간을 만들겠습니다. 개인뿐만 아니라, 우리 공동체 안전을 위해 고민할 문제입니다. 여러분 생각을 기다립니다."

예닐곱 학생이 휴강했으면 좋겠다고 답신했다. 생각을 드러내지 않고 깊이 묻고 있는 다수 학생의 심중을 잠시 헤아렸다. 그렇지 암묵적인 동의도 다수 있는 법이니까. 문우 몇 사람이 모여 각자 쓴 작품을 합평하는 모임이 오늘 있다. 한 회원이 폐렴이 잦은 어머니 때문에 참석하는 것이 힘들다며 모임을 연기했으면 좋겠다고 했다. 대부분 회원이 그렇게 하기로 뜻을 모았다. 장소를 예약했던 모 도서관에 전화하여 빌린 방 예약을 취소했다.

글쓰기에 한창 열정을 불사르고 있는 한 회원이 달랑 "ㅠ"라고 흔적을 남겼다. 글 쓰는 일에 푹 빠져 있는 그에게 전화하여 둘이라도 만나자고 했다. 목소리가 금방 날개를 달고 훨훨 날았다. 허리에 똬리를 틀고 있던 통증이 그제부터 목으로 기어 올라왔다. 고개를 맘대로 움직일 수 없다. 하는 수 없이 전화하여 만나자고 한 약속을 취소했다. 만나지 못한 대신 그 회원이 쓴 작품을 메일로 평하기로 했다. 이 문학회를 내가 리더하고 있어서 따지고 보면 휴강한 셈이다. 어찌 되었든 휴강의 원류는 코로나바이러스 19이다. 코로나바이러스 19에 관한 정보가 요즘 다양하게 넘친다. 덩달아 가짜 뉴스나 그릇된 정보가 활개를 친다.

작년 겨울방학 글쓰기 특강 때도 허리가 아파 주사를 맞으며 강의했다. 쓰러져도 강의실에서 쓰러지겠다는 의지를 짚고서. 나는 이것을 의지의 지팡이라고 했지만, 굳이 그렇게까지 한 것은 꼰대 발상이라고 흉보는 사람도 있으려니 싶다. 요즘 내가 길들인 핵심 습관이 하나 있다. 아침에 일어나면 성경을 읽고 기도하는 것이다. 하나님 말씀이 얼마나 다디달고 맛있는지 감히 주체할 수 없다. 기도할 때마다 눈물의 방죽이 무너져 내린다.

훈용이가 앞을 보지 못한 채 태어나면서 장기를 기증하겠다고 오래전에 서약했다. 기도 끝에 내 몸을 위해 기도한다. 머리는 총명하고 지혜롭게, 선하고 창의적인 생각이 떠오르게 해 주시라고. 눈은 만물을 아름답게 보게 해 주시라고. 코는 그리스도 향기를 맡게 해 주시라고. 입은 인내하며 좋은 말, 옳은 말, 화목하고 사랑하는 말만 쓰게 해 주시라고.

오장육부는 튼튼하며 혈관은 깨끗한 피가 흐르게 해 주시라고. 뼈는 제자리에 있고 관절은 닳지 않게 싱싱하게 해 주시라고. 이리하여 후에 이것이 필요한 사람에게 잘 전달하게 해 주시라고. 코로나바이러스 19로 인해 글쓰기 특강과 문학 모임을 휴강했지만, 기도를 멈출 수 없다. 하나님 말씀 경청하는 것을 게을리할 수 없다. "평안의 하나님께서 너희 모든 사람과 함께 계실지어다."(로마서 15:33)

허리와 목이 아파 위를 올려다보는 것이 힘들다. 그러나 내 안에 계신 하나님을 우러러보며 코로나바이러스 19의 광풍이 멎기를 기도한다.

(2020. 2. 24.)

이별 아니면 시작

6월 끝 주에 시작한 방학 집중 글쓰기 특강을 오늘 종강했다. 처음 시작할 때는 30여 명 학생이 나와 글쓰기에 대한 의지를 선명하게 불태웠다. 19년째 방학 집중 글쓰기 강의를 하면서 터득한 게 있다. 초반 몇 주는 빠지는 사람이 없다가 중반쯤 이르면, 솔래솔래 빼먹은 곶감처럼 자리가 다문다문해진다.

이번 방학도 예전과 별반 다르지 않았다. 성적과 아무 상관 없고 강의료 한 푼 들지 않은 강의이다 보니, 뾰족한 수가 없었다. 몇 해 전에는 자기 양심을 걸고 열심히 하겠다는 서약서를 쓰기도 했다. 어떤 해에는 화요일마다 강의하여 '화요 공동체'라는 푯말을 말뚝처럼 박고 희망을 북돋우기도 했다. 작년까지는 돈을 내고 출석한 날만큼 돌려주는 수법까지도 썼다.

사실 무더운 여름날 글쓰기 강의를 들으려고 학교에 오가는 일이 쉽지 않다. 게다가 오후 2시부터 5시까지 3시간 동안 강의를 꼬박 들으려면 여간 독한 마음을 먹지 않으면 안 된다. 나 역시 알 수 없는 사명감의 자성에 끌려 당연히 할 일로 여기지만, 때로는 지속하여서 해야 하는지 의지의 둑이 허물어질 때가 있다.

오늘 반쯤 나왔다. 성경 공부와 겹친 신대원 학생 몇은 오후 성경 공부를 빼먹고 왔다. 정읍에서 오가는 고안숙 학생은 지난주부터 초등학교 6학년 딸을 데리고 나왔다. 예수님을 흠향하는 사람이 되라며 딸 이름을 '예흠'이라고 지었다고 한다. 각자 강의를 들은 소감을 발표하기 전 아침에 쓴「이 끝이 이별일까 시작일까」라는 시를 낭송했다.

"세상에 몹쓸 놈 한둘이랴만/ 세월만큼 지독한 놈 있으랴/ 6월 끝물에서 어쩌다 만난 우리/ 통마늘 같이 꿈꾸는 날 있어/ 고덕산 산새처럼 자유하였다/ 어찌 이런 날만 있었노라고/ 생색의 깃발 날릴 수 있으랴/ 귀를 가졌으나 들리지 않았고/ 생각했으나 글이 되지 않아/ 날개 꺾여 외로운 날 있었다/ 사소한 통증 편두통이 되고/ 당연한 폭염 핑곗거리 되어/ 유난히 아프고 더운 날 있었다/ 세상에 몹쓸 놈 한둘이랴만/ 세월만큼 지독한 놈 있으랴/ 8월 끝물 이제 우리 이별한다/ 내 노래가 공허하진 않았는지/ 내 사랑이 빈궁하지 않았는지/ 눈물 비스듬히 흘려보내며/ 용서 바라나니 용서 바라나니/ 이 끝이 이별일까 시작일까."

한두 학생이 주렁주렁 흐르는 눈물을 애써 숨았다. 장은옥 학생은 작년에 심리학과를 졸업했다. 이제야 글쓰기를 어떻게 해야 할지 감을 좀 잡았다고 했다. 학교 다닐 때 개설한 글쓰기 교과목과 방학 특강 글쓰기를 빠지지 않고 죄다 참석했건만. 조서연 학생은 상담심리 대학원에 다닌다. 장은옥 학생 활동 보조사로 일하다 아예 공부까지 시작했다. 이용철 학생은 졸업한 지 4년이 넘었다. 오랫동안 학교에서 장애우 학생 학습 도우미나 활동 보조사로 일하며, 방학 때 글쓰기 강의에 빠지지 않고 나오고 있다.

김현남 학생은 올해 일흔이다. 매사에 얼마나 열정을 쏟는지 외모도 나이만큼 먹어 보이지 않는다. 송태규 선생님은 익산 모 중학교 교장 선생님이다. 명예퇴직을 두 해 남겨두고 글쓰기에 목을 매단 사람처럼 사생결단하고 글을 쓴다. 이렇게 노력한 결과 곧 정통 수필지에 수필가로 등단할 예정이다. 오성숙 학생은 신대원에 다닌다. 아들이 송태규 교장 선생님 학교에 다닌다. 학부모와 교장 선생님이 글쓰기 특강 강의실에서 조우한 것이다.

김미영 학생도 신대원에 다닌다. 생업 때문에 오랜 시간 은행원으로 일했다. 하나님 부름을 받고 신학을 공부하게 되었다. 글쓰기에 대한 필요성에 대해 절감하고 있었지만, 노력이 부족하고 결단하지 못했다. 최한영 학생은 신학과 3학년에 다닌다. 앞을 전혀 보지 못한다. 어머니와 활동 보조사 도움을 받아 학교에 나온다. 학교에서 개설한 글쓰기 교과목과 방학 특강 글쓰기를 한 번도 거르지 않고 다 수강했다. 이번 특강 때도 유일하게 결석을 한 번도 하지 않았다. 선물로 내 시집 『첫눈의 끝말』을 주었다.

이혜승 학생은 신대원에 다닌다. 이번 특강 때 가장 열심히 했다. 자신이 리포트로 썼던 글을 자원하여 공개 첨삭을 받았다. 이번에 글쓰기 특강을 받고 난 소감을 이렇게 고백했다.

"이번 방학 동안 가장 잘했다고 생각하는 것은 글쓰기 특강을 들은 것이다. 두 달 가까이 왕복 두 시간, 카풀이 없을 땐 왕복 네 시간이 걸려 학교에 오고 갔다. 오가는 길이 피곤하기도 했지만, '성실'이란 도장을 꾹 찍고 싶어 무더위와 벗이 되어 열심히 해 출석했다. 공개 첨삭을 받을 용기가 어디서부터 샘솟았는지 모르겠다. 공개하는 첨삭 받기를 정말 잘했다. (중략) 19년째, 학기 중에는 물론이거니와 방학 때에도 혼신의 힘을 다해 가르쳐 주시는 최재선 교수님을 만나게 된 것도 감사하다. 글쓰기 스킬도 중요하지만, 글을 쓸 때 가져야 할 마음가짐과 태도에 대한 말씀을 마음에 깊이 새긴다. 단 한 줄이라도 매일 글을 쓰라고 하신 이유를 조금은 알 것 같다. 다시금 느끼지만, 모든 배움과 훈련에는 일맥상통하는 무언가가 있다.

오늘, 특강을 마무리했다. 성경 공부를 하는 예수 만나와 시간이 겹쳐 오전에만 듣고 학교로 향했다. 교수님께서 마지막 수업이 이별이 될지 또 다른 새로운 시작이 될지 우리에게 달려 있다고 하셨다. 글쓰기를 향한 긴 여정은 이제부터가 시작인 듯하다. 더디더라도, 멈추지 않고 한 걸음이라도 매일 걸어 봐야지."

이 밖에 많은 학생이 최선을 다하지 못한 것에 대해 괜한 죄스러움과 종강한 것에 대해 아쉬움을 토로했다. 이 끝이 이별일까, 아니면 시작일까? 공부는 끝이 없다. 글쓰기도 역시 마찬가지다. 뒷산이

산 그림자를 업고 오다가 운동장에 잠시 내려놓고 숨을 몰아쉰다. 개강 날이 코앞에 이르렀다.

(2019. 8. 23.)

선생의 자리

병은 감추지 말고 소문내라고 한다. 꽤 오래되었는데 허리 통증이 무궁화처럼 쉬 질 줄 모른다. 잔병치레를 하도 많이 하여 아프다는 말 꺼내기조차 쑥스럽다. 오늘 방학 집중 글쓰기 특강이 있다. 세상이 온통 신종 코로나 때문에 코끝조차 드러내놓고 다닐 수 없다. 꾀가 슬슬 일더니 발끈 섰다.

“군산에서 확진 판정을 받은 환자가 생겼다 하니 이걸 핑계 삼아 휴강해버릴까.”

군산에서 오가는 학생들, 익산 황등에서 5시간 이상 걸린 시간을 길에다 깔고 다니는 혜승이, 앞을 전혀 보지 못해 어머니 손을 잡고 나오는 한영이, 퇴원하자마자 먼 길을 마다하지 않고 나오시는 윤 목사님, 휠체어에 몸을 의지하고 단 한 번 빠지지 않고 나오는 쌍순 학생, 이 밖에 여러 학생이 눈엣가시처럼 박혀 아른거렸다.

"오늘 수업합니다. 모두 마스크 쓰고 나오시기 바랍니다." 대화방에 이 문장을 톡 올렸다. 이 문장 밑에 「로마서」 16장을 읽다 떠올린 「문안하라」라는 시를 덧붙였다.

"이 새벽, 네 심장 뛰게 하시고 / 혈류 흐르게 하신 하나님께 문안하라/ 밤새 잠들지 않고 하늘 한 모서리/ 봄꽃으로 피어있는 달에게 문안하라/ 눈다운 눈 일절 내리지 않은 땅/ 오후쯤 오리란 눈에게 미리 문안하라/ 발소리조차 내지 않고 덜컹 찾아와/ 여기저기 짓밟는 통증에게 문안하라/ 혼잣말로 다시는 보지 않겠노라/ 하염없이 결단한 이름에게 문안하라/ 밤새 수만 개 숨구멍 막히고 닫혀/ 활활 불타오르던 그리움에게 문안하라."

침대에서 몸을 공처럼 굴리다 늦은 아침을 먹었다. 서두르면 오전 진료를 받을 수 있을 것 같아 몸을 부산히 움직이려는 순간, 밀봉되어 있던 통증이 터져 나왔다. 대나무 빗자루로 눈치우 듯 죄다 쓸어버리면 좋으련만. 몸을 겨우 일으켜 씻었다. 사소한 동작 하나하나마다 삐걱거렸다.

병원 주차장은 바람 한 점 지날 틈이 없었다. 공터는 늘 한갓진 곳에 있기 마련이다. 병원을 꽤 멀리 등진 사무실 앞에 차를 슬며시 놓고 한참 걸었다. 한기가 따라붙었다. 병원에 들어서자 한약 냄새가 숭

숭 뚫린 숨구멍으로 그윽하게 들어왔다. 마음이 새벽 공기처럼 맑고 환해졌다.

진료를 마치고 학교 앞 김밥집에서 김밥을 한 줄 샀다. 연구실에서 숨을 평평하게 삭히고 김밥을 없앴다. 학교가 대학 역량진단 평가를 준비하면서 할 일이 몇 짐 더 생겼다. 공문 하나를 처리하자 강의할 시간이 바짝 다가왔다. 어정쩡하게 서 있는 모습을 보고 한 학생이 안쓰러운 표정으로 허리가 아직도 아프냐고 물었다. 이 문안이 일순간 통증의 모서리를 닳게 했다.

해마다 방학 특강 글쓰기를 시작할 때는 강의실이 열기로 후끈하다. 이 열기는 한두 주쯤 웃자라다 차츰차츰 시든다. 우리 의지는 습관을 지배하기에 턱없이 부족하다. 나약한 습관은 늘 핑곗거리를 창조하는 힘이 있다. 예순 생애 내 삶도 근육보다 핑계를 더 많이 달고 살아왔다. 이런 주제에 학생들이 솔솔 빠져나가면 방학 때 왜 괜한 짓을 하는지 물음표를 달고 자책했다. 학생들 앞에서 타울거리며 내색하지 않았지만.

선교하러 가거나 집안에 크고 작은 일이 생겨 나오지 못한 학생도 있다. 세상일이 우리가 생각한 대로 굴러간다면 애면글면 용쓰며 살지 않아도 살만할 터. 미래라는 시제의 불확실성 때문에 우리는 힘들어도 견디고 쓰러질 것 같아도 버티는 게 아닌가. 아침마다 기도하면서 생긴 마음의 평안을 되새김질했다. 마스크를 쓰고 나온 학생들 얼굴이 해반주그레하다.

모 학생이 쓴 글을 공개 첨삭하면서 판소리처럼 사설을 신명나게 풀었다. 글쓰기는 삶이다. 좋은 글을 쓰려면 좋은 생각을 해야 한다. 내가 좀 손해 보고 말아야 한다. 누군가 관계가 꼬이면 안 된다. 생애를 성실하게 살아야 한다. 상상력을 광대하게 넓혀야 한다. 긍정적인 에너지를 발산해야 한다. 산 너머에 있는 세상과 바다 건너에 있는 세계를 바라볼 줄 알아야 한다.

글과 친근해야 한다. 연인이 순간순간마다 서로를 그리워하듯이 글 쓰는 것을 그리워해야 한다. 시간 날 때 좀 쓰려고 하거나 어쩌다 필요할 때 쓰려고 하면 글과 친해질 수 없다. 글은 날마다 써야 한다. 단 몇 줄이라도 좋으니 숨 쉬듯이 글을 써야 한다. 우주와 생명, 자신과 다른 이를 눈여겨보고 끊임없이 사고하라. 일기를 쓰라.

과정이 적절하지 않고 문장 사이에 유기성이 떨어졌다. 완전한 문장으로 쓰라. 피동문을 삼가라. 논거가 충분하지 않고 타당하지 않다. 오류를 범하지 말라. 서술성을 살린 문장을 쓰라. 신뢰성과 효용성, 객관성이 떨어진 글이다. 오후 2시부터 5시까지 서서 강의하는 내내 허리 통증을 까마득히 잊었다.

강의를 마치고 연구실에 이르러 자리에 앉자 선잠에서 깬 통증이 잠꼬대를 심하게 하기 시작했다. 통증을 달래는 순간 코밑에 열꽃이 몇 송이 구순하게 피었다.

*타울거리다 : 애를 바득바득 쓰다

*해반주그레하다: 얼굴이 해말쑥하고 반주그레하다

*구순하다: 의좋게 화목하다

(2020. 1. 5.)

교수님! 안녕하십니까?

오늘은 아예 바깥바람을 쐬지 않기로 했다. 마음에 둔 책을 한 권 다 읽을 요량으로 방에 말뚝처럼 박혔다. 쌀을 씻어 밥 안치는 것마저 거추장스러워 오랜만에 피자를 시켰다. 며칠 전 모 글쓰기 치유센터에서 실시하는 '사진 일기 한 달 도전기'에 등록했다. 서울을 매주 오가며 참여하는 게 녹록지 않아 망설이던 터에 온라인으로 강의를 열어 참여했다. 학생들에게 글쓰기를 가르칠 때 글쓰기 영역을 더 넓히려는 심산으로. 오늘부터 개강하여 오늘치 사진과 글을 올렸다.

○○이가 전화했다. 어눌한 발음으로 "교슈님! 안녕하십니까?"라고 안부를 물었다. 녀석은 두 해 전에 ○○○○학과를 졸업했다. 지적장애를 앓고 있다. 학교 다닐 때 내 강의 시간표와 강의실을 나보다 더 잘 꿰고 있었다. ○○이를 만날 때마다 한 번도 거르지 않고 딱 커피 한 잔 값을 건넸다. 한동안 뜸하다 싶더니 한 달 전부터 삼겹살

이 먹고 싶다며 이따금 전화했다. 코로나가 멀찍이 물러나면 삼겹살을 먹자고 약속했다.

○○이는 이 약속을 빨리 지켰으면 하는 눈치다. ○○이가 뜬금없이 전화할 때마다 ○○이와 약속을 미루었다. 두서너 번쯤. 약속을 유예한 이유를 코로나로 둘러댔지만, ○○이를 만나는 일보다 먼저 해야 할 일이 많이 쌓였다. 해야 할 일을 차일피일 미루지 못한 성격 때문에 때로는 나 자신을 닦달할 때가 많다. 우선 학생들이 쓴 리포트를 첨삭하여 시의적절하게 돌려줘야 한다. 모르긴 몰라도 날밤을 새우며 쓴 글에 대한 평가를 설레게 기다릴 테니.

게다가 무슨 일이 있어도 하루 생애 가운데 꼭 해야 할 일, 여덟 가지를 벽지처럼 붙이고 산다. 그렇다고 꼭 해야 한다는 강박관념에 빠진 것은 아니다. 이 가운데 오래전부터 자연스럽게 하여 습관이 된 것이 있다. 대표적인 것이 글쓰기와 산책이다. 이와 달리 몇 달 전부터 마음을 단단히 먹고 시작한 게 있다. 성경 읽기와 기도하기이다. 이 밖에 스트레칭과 근육 강화 운동을 시작한 지 한 달이 되었다. 이러한 일은 이제 내 삶의 중심부가 되었다.

○○이가 전화했다. "교수님! 안녕하세요?" ○○이는 작년에 ○○○○학과를 졸업했다. ○○이 역시 장애를 약간 앓고 있다. 작년에 '논리적인 글쓰기' 강의를 들으며, 리포트를 한 번도 내지 않았다. 쉬는 시간에 맘속에 있는 아픔을 한 번씩 길게 꺼냈다. 토론할 때 아무도 자신에게 관심을 보이지 않고 말할 기회를 주지 않는다고 볼멘소리를 했다. 이럴 때마다 나는 ○○이 속에 있는 어린아이가 하는 말

을 귀여겨듣고, 그가 속상해하는 근린에 가까이 가려고 했다.

"교수님 수업 시간이 그리워요." 코로나가 먼 곳으로 날아가고 나면 만나자고 했다. 녀석은 대전에서 전주까지 오는 것을 상당한 거리라고 여기는 기색이었다. 이 것은 단순히 지역 간 거리가 아니라, 왔다가 혹 환대를 받지 못할 것을 우려한 것이었다. 그리움은 유통기한이 없다. 아픔도 그리움처럼 유통기한이 없다. 아픔은 모래밭에 묻힌 유리 조각처럼 파도에 쓸리거나 바람이 불면 모습을 기억으로 형상화한다.

톡! 톡! ○○ 외할아버지께서 내 사진을 십자가 형상으로 편집해 카톡으로 보내셨다. 자세히 보니 몇 해 전 북 콘서트를 할 때 찍은 것이다. ○○는 음악을 전공하고 있다. ○○는 언어장애를 앓고 있다. 내 강의를 몇 과목 들었는데 글쓰기뿐만 아니라, 공부를 너무 잘하여 장학생으로 다닌다. ○○ 외할아버지는 일흔 중반에 이른 연세에 하루도 빠지지 않고 ○○와 함께 등교하셨다. 부끄럽게도 내 강의를 통해 ○○ 생각과 삶을 바꾸었다고 늘 고마워하셨다.

기도할 때마다 내가 가르치는 학생이 내게 중요한 사람이 되기를 바란다. 그들이 내 마음에 깊이 들어와 나에게 영향을 줘 나를 변화시키도록 애쓴다. 이러한 뜻을 그들에게 감추지 않고 드러내려고 한다. 학생과 관계를 어떻게 맺을 것인지에 대해 말해준 설명서 따위는 없다. 훈용이 같은 아들을 특별히 우리 집안에 주신 주님의 뜻을 헤아리면서 나름대로 터득한 게 있다. 바로 수용하고 지지하는 것이다.

○○이와 당장 삼겹살을 먹을 수 없어도 전화를 잘 받아주는 것.

그때마다 지금 만날 수 없는 상황을 온기 있는 어휘로 뜨시게 설명해주는 것. 지그시 기다리며 그를 위해 기도해주는 것이다. ○○이와 지금 곧바로 만나지 못해도 그가 하는 말에 토를 달지 않고 끝까지 들어주는 것. 자신은 쓰레기 같은 존재라며 자존감을 완전히 내던졌을 때, 흙 툴툴 털어 귀한 존재라고 다시 쥐여주는 것. 하나님은 자신을 미워한다고 낙담할 때, 너는 하나님의 존귀한 아들이라며 북돋아 주는 것이다.

"교수님! 안녕하십니까? ○○과 1학년 김○○입니다. 지난주 과제를 하지 못했는데, F인가요?" "ㅎㅎ. 아닙니다. 쓰는 대로 보내세요." 학생들이 리포트를 원해서(want) 하지 말고, 좋아서(like) 즐기면서 하면 좋으련만. 무슨 일이든 원해서 하는 것보다, 즐기면서 해야 성장한다. 즐거움은 성장의 자궁이다. 하루 생애가 뉘엿뉘엿 저물고 있다. 이 하루를 나는 안녕하기 전에 과연 즐겼을까?

(2020. 5. 1.)

연기꽃

교직원 예배가 8시 20분에 있어 다른 날보다 일찍 학교에 이르렀다. 안개를 쓸어낸 고덕산 이마가 한결 널찍하고 명료하다. 학교를 한 바퀴 돌 요량으로 신발을 운동화로 갈아 신었다. 학교가 온통 산중처럼 고요하다. 귀를 촘촘하게 기울이니 적막의 집에 온갖 소리가 모여 살고 있다.

나무는 졸린 눈을 비비고 일어나 세수하느라, 손우물로 물을 받고 있다. 풀잎은 제 등에 있는 이슬이 깨지지 않게 조심스럽게 내려놓는다. 담쟁이는 오르던 나무에 길을 내며 쉬지 않고 계속 걷는다. 지렁이는 해가 솟기 전 서둘러 집으로 돌아가느라 숨소리가 거칠다. 떨어진 나뭇잎은 서로를 껴안고 입을 맞추고 있다. 소리마다 결과 태가 있다.

흰나비 한 마리가 땅바닥에 나뭇잎처럼 엎드려 있다. 그간 비행했던 그의 생애가 고단해 보인다. 나비가 파닥거리고 있는 곳에서 서너 발쯤 떨어진 곳에 담배꽁초가 흥건하다. 옹기종기 모여 누군가 눈치깨나 보며 등 뒤에 숨긴 연기 꽃을 바람에 날려 보냈을 성싶다. 젊은 생애 어떻게든 피내고 비워 날려 보내야 할 것이 참 많았던 것 같다. 그게 사랑일지, 아픔일지, 학업일지, 진로일지, 관계일지 모르지만.

우리 학교 학생은 입학식 때 술을 마시지 않고, 담배를 피우지 않겠다고 서약한다. 신학과를 모태로 학교를 세웠기 때문에 이 서약을 전통적으로 해오고 있다. 지금은 신학과 외에 다른 학과가 있을 뿐만 아니라, 과거보다 교회에 다니지 않은 학생이 많다. 이런 상황에서 최근 담배를 피우는 학생 역시 많다.

몇 해 전부터 학교에 흡연실을 만들자는 이야기가 슬슬 나왔다. 나는 흡연실을 만드는 데 앞장서서 찬성했다. 흡연에 대한 욕구를 억압하지 말고 자율에 맡기되, 금연교육과 신앙교육을 병행하자는 취지였다. 화장실에서 담배를 슬그머니 피우는 얌체 흡연자 때문에 화장실 사용하는 것이 너무 불편했다. 급기야 화장실 문에 '금연'이라는 팻말을 누군가 붙였지만, 흡연의 지독한 잔흔이 화장실에 똬리를 틀고 살았다. 다른 냄새에 비해 유독 담배 냄새에 내 감정은 불쾌하게 반응한다. 담배를 피운 사람이 곁에 스치기만 해도 예민하게 알아차린다.

생애 담배 한 번 입에 문 적 없는 나는 담배 피우는 사람 기분이나 입장을 절실하게 이해하지 못한다. 80년대 군대 생활을 할 때 날 힘들게 하는 선임이 있었다. 내게 담배를 억지로 피우게 하려고 흡연과 얼차려 가운데 하나를 선택하라고 했다. 뙤약볕이 호시절을 맞은 8월, 나는 담배 대신 땀을 소나기처럼 쏟으며 연병장을 다섯 바퀴나 돌았다.

흡연실 만드는 것에 대해 이런저런 이유를 붙이면서, 흡연실에 대한 이야기는 이제 마른눈雪과 같이 되었다. 흡연실 대신 학생들이 주로 담배를 피우는 곳에 재떨이를 마련해주자고 했지만, 이마저 외롭게 지워지고 말았다. 낙엽처럼 널브러져 있는 담배꽁초를 보면서, 담배 연기에 날려 보냈을 학생들 핵심감정을 톺아보았다. 글쓰기 시간 때 술술 풀어놨던 이야기가 연기 꽃으로 피웠다.

우울증세가 심한 철한이는 게임을 하거나 담배를 피울 때 가장 행복하다고 했다. 부모가 초등학교 5학년 때 이혼하는 바람에 할머니 집 외에는 갈 곳이 없었다. 중학교 때 호기심으로 할머니 담배를 훔쳐 피운 게 담배와 인연을 깊게 맺고 말았다. 끼니는 그냥 건너뛰어도 참을 수 있지만, 담배는 아무 까닭 없이 그냥 늘 그리웠다. 여러 차례 담배와 이별하려고 한 결심은 장맛날 토담처럼 자꾸 무너졌다. 녀석은 옷보다 담배 냄새를 두껍게 입고 산다.

담배를 피우는 학생은 저마다 사연이 있다. 오래전 신학과를 졸업한 민수는 술고래에다 골초인 아버지에 대한 저항감 때문에 담배를 피웠다. 아버지는 술을 마시지 않으면 담배를 거의 입에 대지 않았지만, 술을 마시면 줄담배를 피웠다. 이때 집안을 담배 연기로 온통 매캐하게 도배하였고, 아버지 잔소리는 술 트림보다 역겹고 질기게 멎을 줄 몰랐다. 민수는 아버지에게 복수하는 길이 만취한 아버지 앞에서 맞담배를 피우는 것이라고 여겼다. 아버지가 폐암으로 세상을 뜨고 난 뒤 민수는 목사 안수를 받았다.

아픔은 아픔끼리 모여 살고 기쁨은 기쁨끼리 어울려 산다. 저마다 행여 품고 있을지 모를 창피함이나 공허함, 자기혐오나 열등감 같은 부정적 에너지를 마음의 우물에서 퍼내야 한다. 상처는 아픔을 토닥거리며 과거가 되게 하고, 기쁨의 반경 안에서 기쁨의 족속이 되어 미래로 나아가야 한다. 아픔은 혼자 짊어지는 것보다 함께 나눌 때 연기 꽃으로 가볍게 피워 날릴 수 있다.

"훨훨 날을 수 없는 산새들/ 여기 옹기종기 자리하여/ 연기 꽃깨나 피워냈겠구나/ 모나고 구석진 곳에서/ 울퉁불퉁한 허공 탓하며/ 세상 투덜투덜 노래하다/ 바람에 연기 꽃 날렸겠구나/ 줄 잘못 타고난 조상이야/ 원근 탓할 수 없는 혈연/ 차디찬 세상 꿈마저 깨면/ 눈부시게 홀로 외로워지다/ 빼빼 말라 웅크려 드는 법/ 저마다 들끓는 아픔 다독이며/ 연기 꽃으로 훨훨 날았겠구나." (「연기 꽃으로 훨훨 날았겠구나」 전문)

(2019. 10. 1.)

삶의 기술자

어느새 세월이 오월 끝에 이르렀다. 금방 물러나리라고 믿었던 코로나 잔재가 여전하다. 결국, 이번 학기 강의를 대면으로 하지 않고 영상으로 마무리할 상황에 이르렀다. 이론 강의를 한 몇 주를 빼고 매주 학생이 낸 리포트를 첨삭하느라 한 주가 어떻게 가는지 모르고 보낸다.

학기 초에는 글쓰기에 대한 기본을 전혀 갖추지 못한 리포트 태반이었다. 이런 글은 첨삭하는 시간이 덤으로 걸린다. 비슷한 잘못을 여러 학생이 반복하여 범하므로 스트레스를 갑절로 받기도 한다. 이런 글을 200여 편 가깝게 읽으려면 인내의 고개를 몇 번 넘어야 한다. 들숨을 깊게 들이마셨다 날숨을 길게 내쉬기도 하고, 눈부시게 빛나는 고덕산 신록을 눈요기하며 기분을 바꿔보기도 한다.

하나하나 꼼꼼히 나름대로 최선을 다해 매주 첨삭했다. 습관이란 참 무섭다. 그릇된 글쓰기 습관을 단번에 고치는 게 여간 쉽지 않다. 긴 문장을 계속 쓰면 감점하겠다고 엄포를 놓거나 '의'와 이별하지 않으면 점수를 주지 않겠다고 협박 아닌 협박까지 했다. 원고 분량이 부족하거나 초과한 글은 다시 돌려보냈다.

첨삭한 것을 이해하지 못한 학생은 연구실로 불러 글쓰기 상담을 했다. 김○○ 학생은 올해 마흔여덟 살이다. 부군 사업이 잘될 때는 외제 차를 몰고 다니면서 그야말로 떵떵거리며 살았다. 그때 주위에 사람이 끊어질 틈 없이 넘쳤고 대부분 사람이 자신에게 굽신거리기 일쑤였다. 부군 사업이 차츰차츰 시들더니 그 많던 재산이 순식간에 동이 났다.

결국 부군과 갈라서고 이런저런 일을 마다하지 않고 해오다 학교에 입학했다. 돈이 많은 게 부자가 아니라, 마음이 편해야 진정한 부자라는 걸 알았단다. 늦게 시작한 공부지만, 대충하지 않겠단다. 들여쓰기와 단락 나누기, 긴 문장을 짧게 고치는 법에 관해 설명하는 동안 그녀 눈이 촉촉하게 젖었다. 글 쓰는 게 힘들지만, 차츰차츰 알아가는 맛이 알아 기쁘다고 했다.

임○○ 학생은 우리 학교 신대원 오○○ 전도사님 딸이다. 자신이 쓴 글을 수정하여 두 편씩 보낸다. 글을 잘 쓰려는 열의가 대단하여 잘못 쓴 것을 일일이 첨삭하지 않고 스스로 고치라고 지도한다. 김○○ 학생은 작년 '인문고전 읽기' 시간에 글쓰기에 대해 기본적으로 학습했는데도 아직도 힘겹게 뒤뚱거린다. 오늘 문자를 보내 연구실에 들러 글쓰기 상담을 하라고 했다. 귀찮게 여기지 않고 반기는 폼

이 들떠 있다.

신학과 4학년인 박○○ 전도사 글은 매섭게 채찍을 가했다. 작년에 '글쓰기 전략'을 수강했지만, 몇 %가 늘 부족했다. 내 잔소리를 귀여겨듣고 열심히 노력한 결과 지금은 글을 잘 쓴다. 박○○ 학생이 쓴 글은 웬만한 글쟁이 뺨을 치고도 남을 정도로 속이 꽉 차고 찰지다. 저명한 문예지에 수필가로 등단시키고 싶을 정도이다. 오○○ 학생은 장애를 앓고 있다. 몸이 따라주지 않아 글 한 줄 쓸 때마다 몸부림쳐야 한다고 했다.

김○○ 학생은 늦은 나이에 음악을 공부하러 입학했다. 앞으로 신학을 2 전공으로 공부하여 찬양사역자가 되는 것을 꿈꾸고 있다. 이런 단단한 의지만큼 글쓰기 능력이 많이 향상했다. 김○○ 학생은 집이 서울이다. 연구실에 들를 수 없다 하여 전화로 글쓰기 상담을 하기로 했다. 이○○ 학생은 작년에 이어 글쓰기와 관련된 과목을 네 과목이나 듣고 있다. 큰누나와 작은누나도 글쓰기 강의를 예전에 들었다. 이제 어느 정도 수준급에 이르렀다.

10주째에 이르면서 대다수 학생이 글 쓰는 능력을 발휘하고 있다. 아울러 생각이 더 넓어지고 깊어졌다. 리포트를 첨삭하는 시간이 많이 줄어들었고 읽는 게 재미있고 오지다. 오늘은 서른 명 정도가 리포트를 보냈다. 리포트를 첨삭하여 메일로 보내는 즉시 대다수 학생이 리포트를 확인한다. 몇몇 녀석은 감사하다고 문자를 보냈다. 매주 글 쓰는 것이 힘들지만 글쓰기에 대한 두려움이 사라져 행복하단다. 어떤 녀석은 인생에서 나를 만난 게 행운이라고 한다.

첨삭을 마치고 나선 길. 고덕산 산 그림자가 보폭을 늘려 학교로 내려오고 제 생애가 한창 푸른 운동장에 멧비둘기 한 쌍이 열애 중이다. 코로나가 아니었다면 막차를 놓치지 않으려고 왁자지껄했을 교정이 단순하게 고요 적막하다. 이 고요 적막 몇 쪽을 맛보려고 도서관 뒤쪽으로 한 바퀴 돌아 나왔다. 빈자리는 늘 그리움을 남겨 놓는다.

담쟁이 덩굴손이 좌절을 모르고 나무 등을 타고 오른다. 우리 학교 학생 누구나 글을 잘 쓰고 잘 살면 좋겠다. 삶을 혁신하지 않은 글쓰기는 죽은 글쓰기이다. 글쓰기를 배우면서 글쓰기 능력만 그럴싸하게 늘릴 뿐, 그릇된 생각이나 삶을 바꾸지 않으면 안 된다. 이렇게 하면 글쓰기 기능인에 머물고 만다. 글쓰기를 통해 삶까지 바꾸는 삶의 기술자가 되어야 한다.

(2020. 5. 22.)

삶의 주어 자리

주말 오후 하늘빛이 온기로 넘친다. 키 큰 나무들이 흔들리고 연구실 창이 바람 소리를 그대로 읽어내느라 힘겨워한다. 학생들이 쓴 리포트를 한창 첨삭해야 할 때 서툰 솜씨로 온라인 강의 영상을 만들고 있다. 어제 영상 만드는 교육을 받았는데 막히는 데가 많다. 코로나의 광기가 죽을 줄 모르고 여전히 기세등등하다. 대면 강의를 계속 하면서 산중에 있는 학교가 그야말로 적막하다. 학생이 없는 학교가 마치 주어 없는 문장처럼 모호한 비문과 같다.

강의를 녹음하는데 영 맛이 나지 않는다. 학생들 눈빛을 마주 보며 그때그때 상황에 맞게 연기하듯 강의해야 하는데. 목소리는 천편일률적으로 푹 가라앉고 어색하기 짝이 없다. 얼마 전 읽은 책 『90년생이 온다』(임홍택) 내용이 낱낱이 떠오른다. 90년생이 가진 진리나 가치를 60년생 입장에서 보면 경이하다. 이들 관점으로 보면 지금까지 살아오면서 몸에 박히고 머릿속에 자리 잡은 것 가운데 내가 바꿔야 할 게 한둘 아니다.

매주 학생들에게 책을 읽으라 하고 발표시키고 글을 쓰라고 했다. 언어활동 능력이 부족하면 졸업하고 사회에 나가 할 수 있는 게 별로 없다며 다그쳤다. 제대로 하지 않은 학생은 연구실로 불러 상담했다. 금요일과 토요일에도 연구실에 박혀 학생들이 낸 리포트를 첨삭했다. 열아홉 해 내내 한 해도 거르지 않고 방학 집중 글쓰기 특강을 했다. 이렇게 하는 것을 당연히 해야 할 일로 여겼다. 나는 이렇게 해주는데 너희는 왜 내 마음을 몰라주느냐며 학생들에게 서운한 마음을 품었다.

얼마 전 모 학과 ㅇㅇ가 전화했다. 다른 학교로 편입했다며. ㅇㅇ는 다른 학교에 다니다가 우리 학교 모 학과에 입학했다. 그는 여러 사람 앞에서 말하는 것을 두려워했다. 죽고 싶은 마음이 하룻날에도 여러 차례 불쑥불쑥 들어 힘들다고 했다. 이랬던 ㅇㅇ가 글쓰기 강의를 여러 번 들으며 몰라보게 달라졌다. 글을 쓰는 능력과 발표하는 능력이 수준급으로 향상했다. 덩달아 자존감도 높아졌다.

"교수님! 저 ㅇㅇ대학교 ㅇㅇㅇㅇ학과로 편입했습니다. 이렇게 편입하고 나니 저희 학과 ㅇㅇ 교수님과 교수님이 많이 생각납니다. 교수님은 저에게 글 쓰는 능력뿐만 아니라, 사람이 되는 법에 대해 가르쳐주셨습니다." 녀석이 편입학한 ㅇㅇㅇㅇ학과는 다른 학과에 비해 언어활동 능력이 뛰어나야 한다. 자존감이 낮으면 문 앞에 얼씬거리는 것조차 꿈꿀 수 없다.

축하한다고 했다. 머릿속에서 나를 까맣게 지우지 말고 힘든 일 있으면 전화하라는 말도 함께. 교육인적자원부가 대학 역량을 평가할 때 신입생과 재학생 충원 비율을 중요하게 여긴다. 요즘 대학 역량진단평가 교양 영역을 도맡아 준비하느라 정신이 하나 없다. 이런 가운데 맘속에 넣고 눈여겨보던 녀석의 이탈은 가슴 아렸다. 그런데 ○○ 입장을 생각하자 서운한 마음이 누그러졌다. 우리 학교에서 잘 학습하고 훈련하여 자신이 바라는 대학 학과로 편입했으니. 손바닥이 얇도록 박수해야지.

살다 보면 우리는 주어를 자신으로만 삼으려고 고집부릴 때가 많다. 그래서 완고해진다. 다른 사람을 배려할 여유가 없다. 상대가 처한 상황을 도외시하기 마련이다. 나 역시 그랬다. 얼마 전 역량진단평가와 관련하여 학과 교수회의를 하는 자리에서 모 교수님께 감정을 모조리 드러냈다. 나를 주어로 삼지 않고 그 교수님을 주어로 여겼으면 그 정도로 하지 않았을 것이다. 처음에는 의롭다고 여겼던 것이 몇 날이 흐르면서 모래밭에 파묻힌 사금파리가 드러나듯 뾰쪽뾰쪽하게 부끄러웠다.

코로나 영향으로 몇 주째 주일 예배를 드리지 못하고 있다. 매일 성경 몇 절 읽고 몇 분 기도하는 것으로 할 일 다 했다고 생각했다. 그동안 꽤 멀리 있는 교회로 주일 예배드리러 가는 것을 순전히 내 의지라고 믿었다. 믿음의 주어를 교만하게 '나'라고 여겼다. 깊이 생각하니 믿음의 주어는 하나님이다. 예배 시간에 하나님께서 나를 예배하는 장소로 초대하신 것이다. 그 부르심에 나는 목적어에 불과하다.

목적어가 주어 노릇을 하면 피동문이 된다. 영어는 수동태가 존재하지만, 우리 국어는 수동태 번역 꼴인 피동문을 삼가야 한다. 그렇지 않으면 주어와 서술어가 일치하지 않은 비문이 된다. 길섶에 피어있는 작은 들꽃도 주어를 누구로 삼느냐에 따라 문장 맛이 달라진다. "나는 길가에 핀 들꽃을 보며 웃었다."는 것과 "들꽃이 나를 보며 웃었다."라는 문장은 맛이 서로 다르다. 눈을 지그시 감고 음미하면 혀끝에 와닿는 맛이 미세하게 다르다는 것을 느낄 수 있다.

문장에서 주어를 누구로 삼느냐는 것은 단순히 문법적인 문제에 불과하다. 이와 달리 우리 삶의 자리에 누구를 주어로 삼느냐에 따라 삶이 달라진다. 학생이 없는 학교, 상대를 배려하지 않은 언행, 하나님이 계시지 않은 신앙은 주어가 없는 삶이다.

(2020. 3. 22.)

꿀잠

"교수님! 상담받으러 언제 갈까요?"

아침부터 학생 여럿이 문자를 쏟는다. 한 학기 내내 글쓰기 리포트를 첨삭하다 보면 꼭 만나야 할 학생이 있다. 서면 첨삭을 통해 지적한 내용을 이해하지 못하거나 한 번쯤 만나 위로하거나 격려해야 할 학생이 있다. 과목에 따라 일기를 쓰게 하므로 일기를 점검하려고 만나기도 한다.

○○는 마산에 산다. ○○○○을 전공하려고 입학했다. 그릇되게 쓴 문장을 하나하나 짚어 고쳐주었다. 상담을 마치고 나자 감사하다는 말을 여러 차례 공손하고 살갑게 했다. 질문할 게 없느냐고 하자 기다렸다는 듯이 친구 이야기를 했다. 모 대학 문예창작학과에 다니는 여자 친구를 우리 학교에 편입시키면 글쓰기를 가르쳐줄 수 있느

냐고. 그렇게 하겠다고 약속했다.

밖에서 기다리던 ㅇㅇ이가 들어왔다. 자리에 앉자마자 일기장을 내보였다. 이번 학기 「자기 표현적 글쓰기」를 수강하는 학생에게 일기를 쓰게 했다. 이 강의를 수강하는 학생은 매주 리포트를 쓰고 매일 일기를 썼다. 학점 때문에 어쩔 수 없이 일기를 쓰기 시작했지만, 대다수 학생이 일기 쓰는 맛에 푹 빠졌다. 문단에 당장 등단해도 손색이 없을 만큼 글을 잘 쓰는 ㅇㅇ는 일기 하나하나가 뛰어난 작품이었다.

ㅇㅇ는 자신이 쓰고 지은 곡으로 하나님을 찬양하는 꿈을 꾸고 있다. 내 강의를 들으며 난생처음으로 지겹게 글을 썼다고 했다. 글을 어떻게 써야 하는지 감을 좀 잡자마자 종강했다며 아쉬워했다. 7월 초부터 하는 방학 글쓰기 특강을 들으라고 했더니 멈칫했다. 몸이 편찮은 아버지 약값을 마련하려면 아르바이트를 해야 한다는 말을 어렵게 보탰다.

ㅇㅇ는 '내 삶을 바꾼 사람이나 사건'에 대해 중학교 2학년 때 별세한 아버지 이야기를 썼다. ㅇㅇ는 아버지가 임종하는 순간 아버지 손을 잡고 열심히 살겠다고 약속했다. 이 약속은 사춘기를 혹독하게 겪으면서 없었던 일이 되었다. 공부해야 하는 이유를 알 수 없었고 심장이 잘 뛰는 것이 귀찮았다. 고등학교 1학년 때 어머니가 몸져눕자 정신이 번쩍 들면서 철까지 들었다.

말을 많이 한 날은 허기가 빨리 찾아온다. 더욱이 비슷한 말을 오래 반복하면 속이 급속히 빈다. 학교에서 가까운 곳에 있는 설렁탕집에 들러 빈속을 그럴싸하게 채웠다. 홀로 먹는 밥은 뼈저리게 외롭지만, 생각을 깊숙하게 판다. 모 교회 장로님 부부가 운영하는 이 집은 국물이 깊고 살코기가 풍성해 맛까지 신실하다. 장로님께서 3킬로는 족히 넘을 고소한 건빵을 한 봉지 주시며 글을 쓰다 출출하면 먹으라고 하셨다. 세상에! 고소한 맛이 나게 글을 쓸 수밖에.

우산을 받지 않아도 맞기 좋을 만큼 비가 내린다. 학교 앞 카페에 들러 커피를 마셨다. 커피 향이 비 냄새와 어울려 근사하다. 비 내리는 풍경이 서러울 정도로 푸릇푸릇하다. 누구든 비에 대한 기억을 한 둘쯤 가지고 산다. 오래 간직하고 싶은 좋은 기억일 수 있고 생각날지 몰라 몸서리치는 나쁜 기억일 수 있다. 불쑥 떠오른 시「눈부신 사랑이라고 치자」가운데 일부이다.

"장대비 쏟아내는 하늘도/ 볕 맑은 생각 품은 날 많거늘/ 장맛비같이 눅눅한 우리 생애/ 느릿하지만 언젠가 오고야 말/ 절망하고 말기엔 아직 이른/ 맑고 청명한 내일이라 치자."

○○가 전화했다. 오후 4시에 시험을 끝내고 상담하러 오겠다고. 연구실 앞에 두 학생이 이미 기다렸다. 두 학생 상담을 마치고 나자 잠이 비틀비틀 걸어왔다. 이때 모 교수님이 빵과 커피를 가져다주셨다. 비 오는 날, 비에 젖지 않고 글쓰기 상담에 젖고 커피에 흠뻑 젖는다. 다행이다. 하루 생애 가운데 무언가에 이렇게 축축이 젖어 들 수 있어서.

어머니께서 머리가 아프다며 전화하셨다. ○○ 상담을 마치고 약국에 들러 약을 지었다. 타박타박 내리던 비가 멎자 퍼렇게 부은 숲이 사람 사는 마을로 몇 걸음 슬몃 내려왔다. 지은 약과 장로님께서 주신 건빵을 어머니께 드리고 서재 침대에 누워 그대로 잠이 들었다. 잠결에 밥 냄새가 유목민처럼 떠돌아다녔고 된장국 냄새가 무성하게 퍼졌다. 얼마쯤 된 세월이 제가끔 흘렀을까.

"똑똑"

연구실 문을 두드리는 소리로 여기고 벌떡 일어났다. 아내가 밥 먹으라는 소리였다. 여지없이 환청이었다. 잠든 세월이 고작 30여 분에 불과했는데, 잠이 이렇게 다디달 수가. 만날 일어나 무얼 할까 궁리만 해왔던 삶. 30여 분 깊게 잠든 게 이토록 꿀맛인 것을. 이 맛으로 인해 당분간 행복에 젖는다. 산에서 내려온 밤바람이 물기를 그득하게 머금어 시원하다.

(2020. 6. 25.)

눈이 온다

90년생은 1990년에서 1999년 사이에 출생한 사람을 일컫는다. 이 세대는 길고 복잡한 것을 좋아하지 않을 뿐만 아니라, 피해야 할 악으로 여긴다. 자신이 속한 조직에 충성하기보다 자신을 더 우선으로 삼는다. 직장을 은퇴할 때까지 죽기 아니면 살기로 다니려 하지 않는다. 직장 일보다 자기 삶을 더 중요하게 여긴다. 이렇다 보니 기성세대 눈으로 보면 그들 세계를 독해하기 어렵다. 아마 2000년생은 90년생보다 더할 것이다.

지난 학기 학생들이 한 강의 평가를 어제 보았다. 해마다 반복되는 것이지만 간호학과 학생들이 한 '인문고전 읽기' 강의 평가가 가장 낮다. 오전반과 오후반 가운데 오전반 강의 평가가 턱없이 낮다. 모 직원 선생님이 강의 평가 우수 교수로 뽑혔다고 전해준 말이 무색할 정도로 기분이 귀중중하다*. 변명 같지만 나름대로 가장 공들여 강의했다. 기대에 미치지 못한 강의 평가를 보자 다음 학기부터 가르치려는 마음이 께느른해졌다*.

간호사는 다른 직업과 달리 직업에 대한 소명의식과 윤리의식이 남달라야 한다. 이런 의식을 강의 시간에 심어주려고 무던히 애썼다. 간호사로서 언어활동 능력이 부족하면 간호 현장에서 문제를 해결하는 능력이 떨어진다. 이 능력을 기르려고 매주 책을 읽고 독서 경험을 바탕으로 토론한 후 글을 쓰게 했다. 이뿐만 아니라, 몇 주는 '3분 스피치'를 통해 논리적으로 말하는 방법을 익혔다.

간호학과 신입생은 간호사가 다른 직업에 비해 취업하기 쉬우므로 간호학과에 대부분 입학했다. 『연어』(안도현)를 읽고 자신이 겪은 삶의 폭포에 관해 이야기하라고 하면, 서울에 있는 대학에 가지 못한 것을 주로 꼽는다. 다른 학과 학생이나 늦깎이로 들어온 학생이 겪은 산전수전 인생사와 차원이 다르다. 『소유냐 존재냐』(에릭 프롬)를 읽고 어떤 간호사가 되고 싶으냐고 물으면, 돈 많이 벌어 여행하고 먹고 싶은 것 먹겠다고 한다.

『목민심서』(정약용)를 읽고 간호 현장에서 어떻게 적용할 것인지 물었다. 『고령화의 쇼크』(박동석 외, 굿인포메이션))를 읽고 고령화 시대에 어떤 간호사가 될 것인지 말하게 했다. 『유쾌한 혁명을 작당하는 공동체 가이드북』(세실앤드류스, 강정임 역, 한빛비즈)을 읽고 간호 현장에서 인간관계를 어떻게 풀 것인지 토론시켰다. 『논어』를 강독하면서 말씀 하나하나를 간호사와 연계하여 묻고 대답하는 형식으로 강의했다.

수강 신청을 할 때 오전반보다 오후반이 훨씬 많았다. 30명씩 숫자를 맞춰야 조별 토론이나 평가를 균형 있게 할 수 있어 과 대표에게 번호순으로 반을 편성하라고 했다. 그런데 학생들 뜻은 내가 의도한 것과 전혀 달랐다. 반을 선택할 권리를 자기들에게 달라고 했다. 알고 보니 아침 9시 강의를 들으려면 일찍 일어나야 하므로, 아침에 강의 듣는 것을 부담스러워했다. 나는 특별한 일이 없으면 9시 강의가 있는 날 8시 20분쯤 연구실에 당도한다.

연구실에서 짧게나마 기도한다. 출석부와 다음 주에 읽어야 할 책, 관심 끌기로 학생들에게 들려줄 말을 챙겨 늦어도 5분 전쯤 강의실에 이른다. 지각하기를 밥 먹듯 하는 학생, 핸드폰에 눈을 박고 있는 학생, 영혼을 잃은 사람처럼 눈빛이 멍한 학생에 이르기까지 맥이 풀리지 않는 날이 별로 없었다. 이때마다 일일이 꼰대 짓을 했다. '인문고전 읽기'는 우리 학교 인성교육과 관련된 교양필수 교과목이다.

머릿속에 가둬둔 지식은 자신뿐만 아니라, 세상을 바꿀 수 없다. 학기마다 '인문고전 읽기'를 수강하는 학생을 대상으로 두 가지 일을 실천하고 있다. 무감독으로 중간고사를 치르고 종강할 무렵 장기기증 서약을 한다. 무감독 시험은 모두 참여했지만, 장기를 기증하겠다고 서약하는 사람은 점점 줄고 있다. 다른 학과보다 간호학과 학생이 눈에 띌 정도로 확연하다.

이것은 한동안 풀리지 않는 수수께끼였다. 이 수수께끼를 『90년생이 온다』를 읽으면서 어느 정도 깨단하게* 풀었다. 이들은 '2000년생'이다. 공자가 "부모에게 효도하고 윗사람을 공경하며 좋은 사람을 사귀고 어려운 사람을 도우라. 그리고 남은 힘이 있으면 학문에 힘쓰라."라고 한 말보다 국가시험이 최우선 과제일 수밖에 없는. 그러나 '90년생'이든 '2000년생'이든 간호사는 사람다운 포대에 전문지식을 담아야 한다. 소명감과 투철한 직업의식을 가져야 한다.

"사랑합니다. 인성 · 영성 · 지성을 겸비한 간호사 되겠습니다. 교수님께서 학생들이 자기 주도적으로 참여할 수 있도록 이끌어 주셔서 감사드립니다. 수업 시간마다 행복했습니다. 좋은 강의 감사드립니다. 중 · 고등학교 때는 사람들 앞에서 발표하거나 말하는 게 너무 부끄럽고 두려웠습니다. 인문고전 강의를 통해 발표에 대한 두려움을 이겨낼 수 있었습니다. 자존감을 높일 수 있게 해준 수업이었습니다. 열정적으로 강의하셨습니다. 모든 학생이 강의에 참여할 수 있는 수업을 해주셨고 학생들의 언변 향상에 도움이 되는 강의 감사합니다."

이와 달리 매주 글을 쓰는 것이 힘들었고, 학생들에게 바라는 것이 너무 많았다는 말도 있었다. 그랬다. 말하기와 듣기, 읽기와 쓰기 능력을 향상하려고 학생들에게 욕심을 너무 부렸다. 학생들이 쓴 리포트를 첨삭하려고 매주 주말을 잊고 산 지 오래다. '2000년생'과 '꼰대', '전공'과 '교양', '기능'과 '전인교육', '강의 평가'와 '소신'의 갈림길에 눈이 펑펑 온다.

*깔묻히다: 깔리어 묻히다
*옹골지다: 실속 있게 꽉 차다
*딩딩하다: 가늘고 팽팽한 줄 따위가 튕겨 울리는 소리가 나다
*귀중중하다: 지저분하다
*께느른하다: 기운이 없어 내키는 마음이 적다
*깨단하다: 오랫동안 생각지 못하던 것을 어떤 실마리로 인하여 깨닫다

(2020. 2. 17.)

꼰대질과 선생질

비대면으로 강의하면서 여러 학생에게 전화나 문자를 자주 받는다. 이때 대부분 학생이 자신을 잘 밝히지 않는다. "교수님 수업받는 학생인데요. 리포트에 관해 물어볼 것이 있어서 전화했습니다." 이 문장은 익명성과 함께 존대법에 어긋난다. 이런 전화를 받으면 막연하다. 여러 과목을 강의하고 있고 우리 학교 학생뿐만 아니라, 다른 대학 학생을 대상으로 글쓰기 특강을 하므로 더욱더 그렇다.

『90년생이 온다』(임홍택 저, whale books)는 요즘 세대가 지닌 특징을 잘 드러낸 책이다. 이 책을 읽고 나서 내 교육방식과 사고가 얼마나 꼰대스러웠는지 혼란스러웠다. 요즘 세대는 SNS를 통해 거의 소통한다. 이렇다 보니 전통적인 언어활동과 다른 언어살이를 한다. 앞서 말한 책에서 저자는 90년생이 지닌 특징 가운데 하나를 '간단함'이라고 했다. 이들은 시간 걸리고 긴 것을 싫어한다. 긴 어휘를 한두 字로

압축하는 조어법을 즐기고, 이마저도 귀찮아 이모티콘을 즐겨 쓴다.

학생과 원활하게 소통하려면 이들이 쓰는 대화법을 어느 정도 익혀야 한다. 때로는 이들을 흉내 낸답시고 나섰다 '아재 개그' 하지 말란 핀잔을 받기도 한다. 오늘 글쓰기 특강하는 대학 학생이 리포트에 대해 질문하려고 문자를 보냈다. 여전히 이름을 밝히지 않았다. "○○ 대학교 학생입니다. 리포트를 쓸 때 정해준 서체를 꼭 써야 하나요?" 자세히 설명해주려고 전화했더니 "안녕하세요?"란 인사말 대신 연신 "예" 소리만 했다.

13주 차 강의를 하면서 여러 학생과 글쓰기 상담을 하고 있다. 서면으로 첨삭한 것을 이해하지 못한 학생이나, 잘못을 반복한 한 학생을 연구실에서 만난다. 모 학과 1학년 김○○ 학생은 성남에 살고 있다. 글쓰기 상담을 하려고 성남에서 한사코 내려온다고 하여 전화로 하기로 했다. 대부분 학생이 서면 첨삭에서 잘 이해하지 못한 것을 상담하고 나면 금방 알아듣는다. 글쓰기 상담은 한 번으로 끝내지 않고 두 번 이상을 한다.

학생이 쓴 글을 보면 성격, 글쓰기를 할 때 환경, 평소 습관을 한눈에 알 수 있다. 며칠 전 모 학과 임○○ 학생과 글쓰기 상담을 했다. 글 속에 리포트를 열심히 쓰려고 하는 열정, 지적받은 것을 고쳐 쓰려는 세심함, 단번에 마무리하지 않고 고쳐 쓰기를 몇 차례 한 성실함이 다부지게 배어 있었다. 김○○ 학생은 상담을 마치고 나서 곧바로 리포트를 보냈다. "교수님! 이렇게 쉬운 것을 혼자서 끙끙 앓으며 힘들어했어요. 교수님 연구실 책상에 쌓여있는 리포트를 보면서 너무 고생하신다는 것을 알았어요. 열심히 하겠습니다."

소통은 상대를 이해하고 배려하는 마음을 가질 때 원활하게 이루어진다. 어떤 매개체가 있어야 친밀하게 소통할 수 있다. 글은 소통하는데 아주 효율적인 역할을 한다. 글쓰기 상담을 하다 보면 그 학생이 처한 여러 상황에 대해 자연스럽게 낱낱이 알게 된다. 대부분 학생은 자신이 누구에게도 하지 못한 이야기를 속살 드러내듯이 글로 표현한다. 어떤 학생은 이런 글 끝에 나만 알고 있으라는 부탁을 꼭 끼워 넣는다. 성하지 않은 가족 이야기부터 이런저런 아픈 사연에 이르기까지. 눈물깨나 흘리며 읽어야 할 이야기가 수두룩하다.

황새는 성장이 더딘 새끼를 어미가 먹거나 둥지에서 버린다. 약육강식 논리가 살벌하게 작동하는 생태계에서 어쩌면 변형된 모성애일지 모른다. 형제들끼리 골육상쟁을 치르지 않게 하거나 다른 포식자에게 희생당하지 않게 하려고 어미가 殺生의 업을 짊어지려는 것인지. 글쓰기 교육을 하다 보면 글쓰기에 대한 기초를 갖추지 못한 학생이 참 많다. 이들에게 매일 일기를 쓰게 하고 한주에 글을 한 편씩 쓰게 하면 놀라울 정도로 글 쓰는 능력이 향상한다.

이 과정에서 잔소리를 많이 한다. 들여쓰기해라. 단락 나누기를 제대로 해라. '의' 표현을 삼가라. 논점에서 벗어난 오류를 범하지 말라. 문장을 길게 쓰지 말라. 논거가 타당하지 않다. 다음 리포트에서도 이 같은 잘못을 범하면 학점을 주지 않겠다. 글쓰기 상담이 필요하므로 미리 연락하고 연구실로 들르라. 글 쓰는 것이 일상이 되고 삶이어야 한다. 이왕 할 것 즐거운 마음으로 행복하게 하자. 참 잘하고 있다. 계속 정진하자.

이렇게 한 것이 꼰대질일까? 아니면 선생질일까? 오늘 저녁 한 달에 한 번씩 만나 소찬을 먹는 모임이 있어 참석했다. 모임 구성원 대부분이 대학에서 학생을 가르치고 있다. 교육 현장에 관한 이야기를 주로 나눴다. 모 대학에 몸담은 회원이 꼰대를 측정하는 도구에 대해 말을 꺼냈다. 자신은 꼰대라고 생각한 적이 없는데, 측정한 결과치가 상 꼰대로 나왔다고 했다. 이러면서 내가 가르치는 글쓰기 교육 방식이 학생 입장에서 최상 꼰대에 속할 것이라고 했다.

그럴지 모른다. 내 강의를 듣는 학생은 대부분 매일 일기를 쓰고 매주 책을 읽고 글까지 써야 하므로 너무 힘든 줄 안다. 지난 학기 내 강의를 세 과목 들은 학생은 지옥에 갔다 온 기분이라고까지 했다. 나는 글의 근력이 떨어지지 않게 하려고 날마다 한 줄이라도 글을 쓰려고 몸부림친다. 언행이 일치한 선생이 되려고 글 쓰는 것을 게을리하지 않는다.

이렇게 하는 것이 꼰대질일까? 선생질일까?

(2020. 5. 31.)

감사의 조건

하늘이 완연하게 가을 낯이다. 끝이 만년필 촉처럼 뾰쪽한 나무가 꽃 편지지 같은 하늘에 연서라도 쓸 기색이다. 포르르 나는 한 무리 새가 잉크가 채 마르지 않은 편지를 물고 어디론가 부산하게 떠난다.

늦은 오후 마지막 강의 '삶을 풀어쓰는 수필' 시간이다. 오늘 수강생이 발표할 주제가 '감사'이다. 세상에서 바꿀 수 없는 것 가운데 하나가 이미 지나가 버린 시간인 '과거'이다. 과거를 바꿀 수는 없지만, 살아온 시간 속에 삶의 여러 빛깔이 배어 있다. 이 빛깔을 꺼내 지금 다시 칠하고 생각을 덧입히는 것이 이른바 삶을 풀어쓰는 글쓰기이다.

향초에 불을 붙이고 잔잔하게 흐르는 음악을 배경 삼아 자신이 쓴 글을 각자 읽었다. 도원이는 스물다섯 해 전 4월 20일 태어났다. 아버지가 동원예비군 훈련을 받느라, 어머니 혼자 자신을 낳았다. 그때

울기만 하고 부모님께 감사하다고 말하지 못했다. 지금, 이 순간 자신을 낳아준 부모님께 인생에서 최고로 감사하다고 했다. 신학과 3학년에 편입학한 은혜는 파주에서 살다 7년 전 고향 진안으로 이사했다. 글을 읽기도 전에 어깨가 파도처럼 출렁거리며 울었다. 지역아동센터에 함께 근무하는 모 선생님이 각별하게 챙겨준 사랑을 되새김하며 감정이 복받쳤다.

윤상이는 고등학교 1학년 때 담임선생님을 추억했다. 자신이 한 번 거짓말한 것을 용서해주시고, 늘 격려해주셨다. 이 선생님 때문에 사춘기를 무던하게 넘길 수 있었다. 기영이는 중학교 2학년 때 국어 선생님을 그리워했다. 선생님은 아낌없이 주는 나무처럼 많은 것을 베풀어주셨다. 그는 이 선생님을 만나 생각과 삶이 바뀌었다.

예닮이는 감사할 사람이 많다. 부모님, 맞벌이한 부모 역할을 해주신 할머니, 친구들, 하나님에 이르기까지. 게다가 나까지 슬쩍 끼워 넣었다. 글 쓰는 법을 이해하기 쉽게 가르쳐주고, 적용하는 연습까지 하여 글쓰기 실력이 많이 늘었단다. 우리가 느끼는 감정 가운데 놓치기 쉬운 것이 감사라고 했다. 어른스러운 문장이 한동안 내 눈길을 붙잡고 놓지 않았다.

하은이는 「감나무와 하수구」라는 제목으로 글을 썼다. 할아버지 집은 서울에서 보기 드물게 마당에 키 큰 감나무가 있다. 담배를 즐겨 피우는 할아버지 담뱃갑을 통째 하수구에 버려도 할아버지는 화를 내지 않으셨다. "할아버지! 담배 끊는다고 하셨잖아요. 거짓말쟁이." 하은이가 이렇게 말해도 웃으시기만 하셨다.

소희는 엄마란 말만 들어도 눈물이 나오고 죄송하다. 소희는 어렸을 때 엄마가 만들어주신 앨범을 자주 본다. 사진마다 엄마가 따스하게 붙인 댓글의 온기가 지금도 생생하다. "내 딸로 태어나서 고마워", "건강하게 자라서 고마워", "우리 딸! 정말 잘했어." 이런 온기와 달리 아픈 기억도 있다. 부모님이 맞벌이하여 비가 불쑥 오는 날마다 초등학교 때부터 고등학교 때까지 신발주머니를 뒤집어쓰고 귀가했다. 중학교 때 어머니가 우산을 가지고 마중 나와 함께 분식 먹은 것이 지금도 행복하다.

효진이는 인천에 있는 이모 집에서 중학교를 3년 동안 다녔다. 친자식보다 더 살갑게 대해주셨다. 힘들고 슬픈 일이 있어도 이모는 전혀 내색하지 않으셨다. 오히려 자신을 늘 격려하고 위로해주셨다. 대학생이 된 지금도 이모가 가슴속에 늘 계신다. 내친김에 이모한테 전화하라고 했다. 신호음이 멎으면서 스피커폰에서 효진이 이모 목소리가 들렸다.

"이모! 감사해요."

"뭐가?"

"저, 중학교 때 잘해주시고."

"에구! 이제 감사하냐? 그래, 고마워. 앞으로 이모가 더 잘할게."

"사랑해요."

"그래. 나도 아주 많이 사랑해."

감사의 뿌리는 거대하지 않다. 특별한 색을 띠고 있거나 먼 곳에 숨어 있지 않다. 마음의 면적을 넓혀 눈여겨보면, 세상은 감사할 것 지천이다. 이 땅에 태어난 것, 누군가 베풀어준 각별함, 용서와 격려, 우리 주변에 사람 있음, 아낌없이 주고받은 사랑에 이르기까지. 고덕산 산 그림자가 두껍다 못해 사방이 어둑해졌다. 기도하고 강의를 마쳤다. 강의를 시작하는 시간부터 마무리하는 시간까지 집중하게 해주심에. 우리에게 감사할 조건을 많이 주심에. 우리가 글 쓰는 기술자에 머물지 않고, 글 쓴 것처럼 삶을 살아가게 인도해주시라고.

학교 식당에서 주현이, 하은이, 효진이, 소희, 예닮이, 은혜랑 함께 저녁을 먹었다. 저녁을 먹은 뒤 이음(카페)에 들러 커피를 마셨다. '삶을 풀어쓰는 수필' 수강생은 날마다 일반 일기와 독서일기를 쓰고 있다. 글은 숨 쉬는 것처럼 날마다 읽고 써야 글 쓰는 것이 호시절이 된다. 누군가 그랬다.

"오늘 일기 교수님이랑 커피 마신 것 써야지."

(2019. 10. 11.)

「삶을 풀어쓰는 수필」, 그 이름들

나무는 겨울이 오기 전 제 몸을 스스로 전지한다. 잎을 다 내려놓고서야 드디어 나무 木 字가 되어 자기 이름을 완성한다. 엊그제 개강한 것 같은데 종강이 바로 눈앞이다. 학기 말이 되면 다음 학기에 강의할 교과목을 개설한다. 이번 학기 설강한 교과목 가운데 「삶을 풀어쓰는 수필」은 개설해도 거리낄 것 없고, 폐강되어도 무방하다고 여겼다. 속으로는 은근히 수강생이 적어 폐강되기를 바랐다.

우선 학생들이 문학적인 글쓰기에 대한 관심이 적으리라는 예단이 발동했다. 여기에 매주 학생들이 쓴 리포트를 첨삭해야 할 분량이 많아 게으름이 미리 작동했다. 오주희 학생은 2002학번으로 사회복지학과에 다닌다. 이런저런 일 때문에 학업을 포기하고 얼마 전 복학했다. 참 먼 길을 돌고 돌아왔다. 지금 사는 게 버겁다. 도원이는 사회복지학과 4학년이다. 글 쓰는 것을 좋아한다. 「가을」이란 글에서 "소풍가듯이 인생을 살고 싶다."라고 했다. 관호는 사회복지학과 3학년이다. 리포트를 다 제출하지 않았지만, 강의 시간에 맨 앞줄에 앉아 눈빛을 밝힌다. 심리상담학과 1학년인 은수는 학기 초에 두 번 정도 나오고 얼굴을 감추어버렸다.

곽은혜 학생은 신학과에 편입하여 4학년이다. 글을 잘 쓸 때가 있지만, 어느 날은 시간에 쫓겨 글을 서둘러 쓴 날도 있다. 자식 같은 학생들과 공부하면서 기죽지 않고 잘 견디고 있다. 사회복지학과 2학년인 은찬이는 말이 아예 없다. 이에 비해 글을 알차게 쓴다. 특히 가족에 대해 애틋한 마음을 지니고 있다. 강주희는 간호학과 2학년이다. 집이 광주여서 기숙사에서 생활한다. 얼마 전 남자 친구를 군대에 보내고 부쩍 외로워졌다. 말수가 적지만 낯빛이 늘 환하고 글도 밝다. 윤상이와 기영이 역시 간호학과 2학년이다. 1학년 때 최선을 다하지 않아 아쉽게 받은 학점을 만회하려고 이 과목을 수강하고 있다. 얼마나 열심히 하는지 안아주고 싶다.

사회복지학과 2학년인 승용이는 지금까지 리포트를 한 번도 내지 않았다. 그래도 기특하다. 강의 시간에 지각하거나 결석한 일이 한 번도 없다. 상하는 심리상담학과 2학년이다. 고민을 많이 하고 이 과목을 수강했다. 글쓰기를 잘하면서 자신감이 없어 가끔 자신을 물음표로 묶어둔다. 혜연이는 심리상담학과 4학년이다. 긴 문장을 즐겨 썼는데 요즘은 많이 나아졌다. 주영이는 음악학과에서 피아노를 전공하고 있다. 음악과 글쓰기를 통해 마음을 다스리고 있다.

여원이, 예찬이, 동민이, 진임이, 나연이는 신학과 1학년이다. 여원이는 아빠가 군산에서 교회를 개척하여 사역하신다. 글쓰기 능력이 피아노 치는 실력만큼 늘었으면 좋겠다. 예찬이는 엄마가 개척교회 목회자이다. 좋아하는 축구를 그만두고 신학의 길로 들어섰다. 울산에 있는 여자 친구가 늘 보고 싶다. 글쓰기에 대한 그리움도 함께 늘었으면 좋겠다. 동민이는 초지일관 원고 분량을 늘리라는 지적을 받는다. 존재하는 것만으로 가르침을 주시는 분으로 외할머니를 꼽았다.

장진임 학생은 얼마 전 새 가정을 꾸렸다. 그녀의 낯빛은 때로 하늘과 같다. 표정이 청명한 날이 있는가 하면 흐린 날도 가끔 있다. 글 역시 마찬가지이다. 그녀를 위해 기도했다. 요즘은 쾌청하여 보기 참 좋다. 나연이는 글을 수준급으로 쓴다. 지난주 발표한 「평안하신지요?」는 부모님께 쓴 글이었다. 부모님과 연락이 끊긴 지 두 해가 되었지만, 행방이 아직 묘연하다. 평소 눈물을 닦으려고 가지고 다닌 손수건을 꺼내 흠뻑 적시고 말았다.

한빛, 선영, 양훈이, 원호는 사회복지학과 1학년이다. 한빛이는 한때 리포트를 전혀 내지 않았다. 글 쓰는 게 너무 힘들다. 다행히 지금은 열심을 내고 있다. 선영이 글은 들쑥날쑥하다. 아주 잘 쓴 날이 있는가 하면, 원고 분량이 턱없이 부족해 성실성이 의심받을 때가 있다. 양훈이는 지난 학기 때 내 과목을 세 강의나 들었다. 요즘 이런저런 일로 힘들어하는 눈치다. 문장이 대체로 만연체라서 지루할 때가 있다. 원호는 미국에서 오래 살다 돌아왔다. 이러다 보니 글 쓰는 게 녹록하지 않다. 최선을 다하는 모습이 대견하다.

예닮이, 하은이, 소희, 주현이, 효진이는 간호학과 1학년이다. 녀석들은 강의 시간에 떼로 몰려다닌다. 예닮이는 이름자에서 그리스도의 향내가 난다. 글 쓰는 것을 버거워하는 것 같다. 하은이는 좋아하는 그림을 그만두고 간호학을 선택했다. 글 쓰는 것도 그림처럼 즐겼으면 좋겠다. 소희는 글을 잘 쓴다. 아버지가 담배 피우는 것을 못내 안타까워하는 글이 애틋했다. 주현이도 글을 잘 쓴다. 유추와 비유를 통해 쓴 글을 보면 감탄이 절로 나온다. 효진이도 열심히 하고 있다. 다만 원고 분량이 부족한 글이 있다.

어느 뉘든 모두 살갑고 각별한 이름이다. 나는 글쓰기에 대한 지식 몇 가지를 주었을 뿐인데, 이들은 자신이 살아온 삶의 보따리를 매 시간마다 푸지게 풀어줬다. 강의 시간마다 학생이 주체가 되고 나는 진행자 역할만 했다. 함께 웃고 같이 울었다. 서로 품어주고 등 두드려주었다. 이 강의를 통해 우리는 삶이 글이고 글이 곧 삶이 되어야 한다는 것을 깨달았다. 자신이 주체가 된 삶, 자아존중감을 높이는 삶을 살아야 좋은 글을 쓸 수 있다는 것도 알았다. 사소한 것에 의미를 불어넣고 우주에 있는 모든 것을 공평하고 세심하게 들여다봐야 글이 된다는 것을 체험했다. 게다가 매주 쓴 리포트를 모아 책으로 만들기로 했다.

늦은 오후에 시작한 강의가 끝나면 뭉툭해진 하룻날이 저물어 어둡다. 우리 삶은 풀어야 할 게 있고 매듭지어야 할 게 있다. 어떤 삶이든 기록해야 몸에 맞지 않은 옷이 되지 않고 생의 나이테가 된다. 이 강의를 통해 한결같이 살갑고 각별해진 이름들을 내 삶의 나이테에 오롯이 새기련다. 첫눈이 오면 그 위에 이들 이름을 한 사람씩 쓰고 싶다.

첫눈이 곧 오겠지. (2019. 11. 28.)

J

아침 안개가 토를 수없이 달고 있던 운동장 의자에 J가 앉아 있다. 햇볕은 따스했으나 냉기의 날을 날카롭게 세운 바람 무성한 오후였다. 아니 앉아 있다기보다 낙엽처럼 휘날리고 있다. 먼발치에서 J를 눈여겨봤다. 노트를 꺼내 무엇인가를 쓰고 있다. '삶을 풀어쓰는 수필' 리포트를 쓰고 있는 것일까. 이번 주 '낙엽'에 대해 글을 써오라고 했으니.

손 전화를 재빨리 꺼냈다. 찍은 사진을 톡 보냈다. "교수님! 언제 찍으셨어요? 감사합니다." 늦은 오후 강의를 마치고 문자를 봤다. "ㅎㅎ" J는 3학년에 편입학하여 피아노를 전공하고 있다. 곧 졸업한다. 내가 지도하고 있는 문학 동아리에서 J를 처음 봤다. 글쓰기를 하면서 마음을 치유하고 싶다고 왔다.

J는 자신이 쓴 글을 읽을 때마다 눈물을 쏟았다. J를 우울하게 만

든 것은 엄마 말들이었다. "피아노를 지금까지 얼마나 쳤는데, 아직도 그 수준이냐?", "너는 피아노에 재능이 없으니 빨리 집어치워라.", "너를 더 가르칠 능력이 없으니 다른 길을 선택해라." 그녀에게 엄마 말은 화살이었다. 엄마가 이런 말을 할 때마다 살맛을 잃곤 했다.

J는 태생적으로 손가락이 짧다. 피아노를 치는 사람으로서 몇 날 며칠로 해결할 수 없는 치명이었다. 손가락에 맞춰 연주할 곡을 골라야 했다. 이렇다 보니 자신감이 시들시들해지고 무대에 서는 것이 두려웠다. 엄마 말처럼 피아노를 집어치우려고 마음먹었지만, 그럴 용기를 팍팍 내지 못했다. 지금껏 피아노를 가마솥처럼 여기고 아픔과 기쁨을 팔팔 끓여왔으므로.

얼마 전 문학 동아리에서 시화전을 했다. 회원 가운데 마음의 감기를 앓는 사람이 몇 있다. 이들이 글쓰기를 통해 아픈 마음을 다스리고 세상과 소통하는 힘을 기르려는 뜻으로 마련했다. J는 피아노와 관련한 시를 단연코 썼다. 깊숙한 뒷골목처럼 시가 너무 어둡고 칙칙했다. 청명하게 쓰라고 몇 번 이야기했지만, J가 쓴 시는 비대한 절망이 우글거렸다. J에게 양해를 구하고 시에 긍정과 미래와 행동을 욱여넣고 수선했다.

"교수님! 삶을 이렇게 살아야겠어요. 피아노도 이렇게 연습하고." 입꼬리를 잔뜩 올린 시를 보고 J가 눈물의 우물을 퍼냈다. 화선지 위에 붓으로 예쁘게 눌러쓴 시에 표구로 뼈대를 세우고 액자를 옷처럼 입혔다. 이렇게 치장한 동아리 회원 14편 시가 봄날은 학교에서 여름날은 교외로 마실을 다녔다. 모 교회에서 시를 전시했을 때, 60대 후

반쯤 된 여성이 J가 쓴 시를 사고 싶다고 했다. 피아노를 전공한 딸에게 선물하겠다며.

학교 앞에 카페 '이음'이 있다. 우리 학교를 졸업한 목사님이 무엇인가를 잇겠다며 문을 열었다. 목사님은 학생들에게 커피만 판 게 아니라, 사랑을 듬뿍 쏟아주셨다. 밥을 먹지 못한 학생에게 빵을 내어주고 마음이 아픈 학생을 어루만지셨다. J는 학교보다 '이음'에서 보내는 시간이 더 많았다. 아픈 이야기를 들어주고 슬픔을 덮어주는 사람이 있었으므로. 다른 사람이 말한 하나님은 신뢰할 수 없었으나, 목사님이 말한 하나님은 믿을 수 있었기에.

'이음'이 며칠 전 문을 닫았다. 건물주와 임대 계약하는 게 매끄럽지 못해 카페를 계속 잇지 못했다. 이날 이후 J는 몰라보게 수척해졌다. 세상에 있는 길이란 길이 다 막히고 끊겼다. 집 잃은 새처럼 허공을 이리저리 날아다녔다. 밥때가 되어도 밥을 쳐다보기 싫었다. 졸업연주회를 앞두고 피아노를 안고 살아야 하는데, 피아노가 괴물처럼 보였다. 세상에 이별처럼 아프고 절망스러운 게 있을까.

지난주 「시월」에 대해 학생들이 글을 썼다. 카페 분위기가 물씬 나는 강의실에서 향초에 불을 붙였다. 잔잔하게 흐르는 피아노곡을 배경 삼아 각자 쓴 글을 발표했다. J는 '이음'에 대해 쓴 글을 울먹울먹하며 읽었다. 누군가에게 쫓기듯 다급하게. 때로는 명료하지 않은 목소리로. 문장마다 목사님에 대한 그리움이 현재 진행형으로 머물러 있었다. 나 역시 카페 '이음'이 끊어진 여진으로 인해 가볍게 흔들리고 있다.

지갑을 놓고 간 날에도 부담 없이 들러 커피를 마실 수 있었다. 마음 앓이 하는 학생들과 함께 이야기하는 목사님을 보면 마음이 아랫목처럼 따스했다. 좀 출출하다 싶은 날은 마늘 빵을 덤으로 내어주셨다. 지난 학기 '자기 표현적 글쓰기' 시간에 몇 학생이 목사님에 대해 글을 썼다. 마음의 감기약을 먹고 있는 모 학생은 「내 사랑, 여진 씨」라는 제목으로 글을 썼다. 참사랑의 의미를 목사님을 통해 깨달았다고 했다.

오늘 마지막 강의를 마치고 주차장으로 가는 길에 J를 만났다. 마른풀잎처럼 풀이 죽었다. 저녁을 먹고 산책 나선 길, 달빛이 온 땅에 자르르 흐른다. 달빛을 조심스럽게 밟으며 하루 생애를 되돌아본다. 불쑥 J가 눈에 밟혀 전화기를 꺼냈다. "J야! 밥은 먹었니?" 밥으로 물은 안부는 밥으로 돌아온다. 하나님 뵈시기에 어쭙잖게 사는 사람이 그만 "기도해줄까?"라고 말해버렸다. 이 우주에 있는 어떤 어휘나 문장으로도 J 마음을 감쌀 수 없었으므로.

"네, 교수님!"

"사랑의 하나님! 오늘 하루 또 주셔서 감사합니다. 이 순간에도 저희 심장이 뛰고 혈관에 피가 흐르게 하셔서 감사합니다. 주님의 귀한 딸, J가 많이 외롭습니다. 마음이 아픕니다. 뜻대로 되는 일이 없어 힘듭니다. 그래서 눈물이 자꾸 납니다. 이 시간, 주님께서 J 마음을 어루만져주시고 보듬어주시옵소서. J, 주님께서 사랑하시는 딸 맞죠? 세상에 둘도 없이 존귀한 사람이죠? 무엇이든 할 수 있는 사람이죠? 지금 이 시각 J와 함께 계시지요? 이 시간 이후 J의 삶이 소망이 되기를 원합니다. 아픔이 아니라, 희망이 되기를 바랍니다. 마음이 잔잔하고 평안하게 하옵소서. 우리 주 예수 그리스도 이름으로 기도합니다. 아멘!"

밑거름처럼 내려앉은 달빛 위로 밤바람이 냉기를 웃거름처럼 뿌리고 있다. 생각을 달곰하게 하며 걷고 또 걷는다.

(2019. 11. 8.)

가을 몸살

목감기가 왔다. 가을이 보낸 첫 엽서이다. 목감기는 그냥 오지 않고 뼈를 밟고 근육을 찢으며 온다. 저녁 산책을 접고 누워 있다가 지인이 부랴부랴 갖다준 약을 먹었다. 아침이 되자 몸이 좀 우선해졌다. 오래전 내일과 그글피 외부에서 문학 특강을 하려고 일정을 잡아 둔 게 있다. 이것도 염려스럽지만 이번 주에 학생들이 쓴 리포트를 당장 첨삭해야 한다.

학교로 가는 길, 가을 나들이하는 사람으로 길마다 숨 막힌다. 먼 숲뿐만 아니라, 길가에 있는 나무 표정이 어제보다 눈길을 끈다. 저 표정을 지으려고 나무는 지난 겨울부터 얼마나 많은 생각을 씻고 다듬어왔을까. 산중에 있는 학교는 빛 고운 나뭇잎과 적막이 어울려 와락 안기고 싶은 품과 같다.

오전에 '인문고전 읽기' 수강생이 쓴 리포트를 첨삭했다. 안도현이 쓴『짜장면』을 읽고 우리 사회가 안고 있는 문제와 해결방안을 찾으라는 것이다. 오후에는 '삶을 풀어쓰는 수필' 수강생이 낸 글을 첨삭했다. 이번 주 주제는 가을이다. 도원이는 가을은 소풍 가기에 좋다고 했다. 천상병 시인이 쓴 「귀천」을 인용하며 앞으로 남은 인생을 가을 소풍 가듯이 살고 싶어 했다.

관호는 가을이면 친구 지훈이가 생각난다. 서울에서 이사했을 때 지훈이가 잘해주었다. 이제는 지훈이가 서울로 이사해 만날 수 없다. 지훈이가 떠나면서 "서로 떨어져 있어도 우리는 하나야."라고 말했다. 이 말을 단풍보다 아름답게 기억하고 있다. 은찬이는 신경림 시인이 쓴 「갈대」를 제 글 속에 끼워 넣었다. 자신이 흔들리는 것은 다른 환경이나 조건이 아니라, 자신 때문이란다. "내가 울고 있는 것을 '까맣게 모르지 않도록' 나를 돌아보고 발전시키도록 힘쓰겠다."라고 갈무리했다.

주희는 가을이 되면 그리운 게 많다. 길거리에서 파는 붕어빵, 얼마 전 군대에 입대한 남자 친구, 책갈피마다 끼워두었던 단풍잎에 이르기까지. 이번 주 중간고사가 끝나면 초등학교 때 『몽실 언니』 책 속에 두었던 단풍잎을 찾으려고 한다. 기영이는 「가을 나무」라는 제목으로 글을 썼다. 끝을 나무에 질문하는 형식으로 마쳤다. "나무야! 너에게 가을은 어떤 계절이니?" 이 땅에서 지금 가을을 맞고 있는 나무들이 어떻게 대답할지 궁금하다.

상하는 이 가을이 아프다. 어떤 사람을 혼자 사랑했으므로 이별도 혼자서 했다. 그리운 생각은 만성두통이 되었고, 말할 수 없는 답답함은 식도염이 되었다. 속이 터지면서 혈압이 올랐고, 아무 일 없이 잘 지내는 그 사람을 보고 배가 아파 위염을 앓았다. 상하가 앓는 아픔이 곧 종점에 이르렀으면 좋으련만. 혜연이는 풍경화 같은 가을을 볼 수 있어 모든 게 감사하다. 오자마자 가는 가을을 즐기며 좋은 추억을 남기려고 한다.

예찬이는 도종환 시인이 쓴「가을 사랑」을 불러왔다. “당신을 사랑할 때의 내 마음은/ 가을 햇살을 사랑할 때와 같습니다/ 지금 당신을 사랑하는 내 마음은/ 가을 햇살을 사랑하는 잔잔한 넉넉함입니다.” 먼 곳에 있는 여자 친구가 애틋하게 그리운 모양이다. 동민이는 할머니를 모시고 설악산으로 단풍을 구경하러 가고 싶다. 할머니는 날마다 새벽 제단에서 자신을 위해 기도하신다. 가을이 가기 전 이런 할머니와 함께 낙엽을 밟으며 걷는 게 꿈이다.

진임이는「달과 별의 매듭짓는 소리」란 제목으로 글을 썼다. 그녀는 “달과 별의 매듭짓는 소리로 곱게 물들어 있는 단풍 냄새가 그립다.”라고 했다. 몇 주 전까지만 해도 열정이 넘치고 낯빛이 봄날 같았는데, 요즘 수심이 깊다. 행여 그녀 삶에 매듭짓지 못한 게 있다면 달과 별을 묶듯 잘 매듭짓길 바란다. 선영이는 자기 주위에 사람이 많아 행복하다. 박노해 시인이 쓴「가을날의 지혜」란 시를 한 곳에 엮었다. “아무리 큰 재난이 닥쳐도 서로 믿고 기댈 수 있는/ 사람 관계만 살아 있다면 두려울 게 없단다.” 어찌 사람 관계뿐이겠는가.

양훈이는 이 가을날 한 여자로 인해 성장했다. 너무 좋아한 그녀에게 남자 친구가 있다는 것을 한 달 후에야 알았다. 하늘이 무너지고 땅이 꺼졌다. 용기를 내 준비한 선물을 주면서 그동안 좋아했다고 고백했다. 후련했다. 세상엔 붙잡으려고 하면 할수록 무게가 늘고, 놓으면 비로소 가벼워지는 게 많다. 사랑도 이 가운데 하나이다. 소희는 「홍시」라는 제목으로 글을 썼다. 구성이 탄탄하고 문장이 짧아 역동적이다. 불러온 시 「할머니」도 인상적이다. “간짓대/ 깡마른 간짓대// 높은 가지/ 홍시 따 주시는// 우리 할머니/ 커다란 손이다.” 아낌없이 주는 사람 손은 누구나 할 것 없이 다 큰 손이다.

주현이는 「전어」라는 제목으로 글을 썼다. 김경중 시인이 쓴 「가을 전어」를 맛있게 내놓았다. “노릇노릇 익어가는 가을 전어와/ (생략) / 서로가 서로에게/ 참으로 담백한 가을 맛이 되자.” 불쑥 어머니께서 무쳐주신 전어회가 떠오르며 입맛이 돈다. 효진이는 가을이면 잠자리가 생각난다. 안도현이 쓴 「나와 잠자리의 갈등」이란 시를 데려왔다. “다른 곳 다 놔두고/ 굳이 수숫대 끝에/ 그 아슬아슬한 곳에 내려앉는 이유가 뭐냐?/ 내가 이렇게 따지듯이 물으면/ 잠자리가 나에게 되묻는다/ 너는 지금 어디에 서 있느냐?”

어떤 대상을 어떤 자리 어떤 방향에서 보느냐에 따라 의미와 원근이 달라진다. 이 가을도 마찬가지이다. 가을을 긍정과 희망으로 본 사람이 있는가 하면, 아프고 시리게 여긴 사람도 있다. 어떻든 우리 곁에 가을이 이미 왔다. 나는 가을을 맞는 의식을 목감기와 몸살로 치르고 있다. 학생들이 풀어쓴 가을 이야기와 불러온 시를 듣다 보니 해가 어느덧 고덕산 이마에 매달렸다.

가을 산이 단풍으로 근사하게 물들고 있다. 물드는 것은 서로 닮는 것이다. 그리고 언젠가는 닮은 이를 향해 퐁당 떨어져 내린다. 잘 달인 쌍화탕이 불쑥 당긴다. (2019. 10. 19.)

7부

은혜의 강

지독한 말言의 톱

톱은 나무를 자를 때 쓴다. 그렇지 않고 잘못 쓰면 흉기가 된다. 우리 주변에 자신이 하려는 말은 다 하면서 상대가 하는 말을 톱질하는 사람이 있다. 아주 독선적이고 몰상식한 행위이다. 이것이 한두 번으로 그치지 않고 몸에 배어있으면 그 사람 인격을 의심하지 않을 수 없다.

며칠 전 한 지인에게 전화를 받았다. 어떤 일에 관해 설명하려고 하자 "용건만 간단히 해요."라며 말을 잘랐다. 이번에는 그래도 '해요'체를 썼지만, 지난번에는 서술어를 먹통 시켜 "간단히"라고 했다. 나와 나이 차이가 얼마 나지 않고 그 사람에게 피해를 준 일도 없다. 그 사람 마음을 세밀하게 정독할 수 없는 일이지만, 이런 일을 두어 번 겪으니 기분이 꼬질꼬질하게 구겨졌다.

매일 하는 밤 산책을 오늘은 서둘러 나섰다. 걷는 시간을 다른 날보다 더 늘릴 요량으로. 어제 마음의 감기를 깊고 오래 앓고 있는 학생에게 전화한 일이 떠올랐다. 그가 말했다. “교수님! 제가 죽으려고 수면제를 20여 알 먹고 잤는데, 죽지 않고 잠만 깊게 자고 일어났어요.” 이 말이 계속 귓전에 꽈리를 틀고 있어 녀석에게 다시 전화했다. 어제와 달리 목소리가 힘 있고 밝았다. 나는 녀석의 안녕을 살피려고 전화했는데, 녀석은 학점에 대한 궁금증이 더 컸다.

아중천은 아중저수지에서 몸을 풀고 내려온 물 몇 말과 아중리 일대 주거지에서 나온 생활하수 몇 되가 섞여 흐른다. 날이 추워지면서 철새 몇 마리가 늘었고 운동하는 사람은 부쩍 줄었다. 얼마 전 토사가 쌓인 몇 곳을 파내고 물억새를 정리하여 물이 지체하지 않고 잘 흐른다. 먹잇감을 찾아 위쪽과 아래쪽을 오르내리는 수달과 날마다 거의 마주친다.

아중천 징검다리를 건넜다. 징검다리는 애먼 발길에 밟히면서도 面水한 자세를 혼신의 힘을 모아 일절 흩트리지 않았다. 찰대로 찬 달빛이 쏟아낸 말을 귀에 속닥속닥 집어넣었다. 몸 가운데 반은 물속에 들여놓고 물의 소리를 듣고, 다른 반은 물 위에 올려놓고 물 밖 소리를 경청했다. 오래전에 쓴 시 한 편이 한사코 그립게 떠올랐다.

“나 없으면 누군가/ 이 물 건너지 못하므로// 누군가는 꼭 해야 하므로/ 그게 내 일이라 믿으므로// 짓밟혀 쓰리고 아려도/ 뉘를 밟은 것보다 나으므로// 물살 끊임없이 다가와/ 쓰다듬고 어루만져주므로.” (「존재의 이유 –징검다리–」 전문)

누군가에게 짓밟혀 아려도 누군가를 밟는 것보다 나으므로 징검다리가 존재한다. 누군가는 그 일을 꼭 해야 하므로, 그래야 누군가 물을 건널 수 있으므로. 우리 곁에 쓰다듬고 어루만져주는 사람이 아직 남아 있으므로. 세상은 다른 사람이 한 말에 톱질하는 사람보다 귀 기울여주는 사람이 더 많으므로 아직 온기가 살아있다.

이 시간, 그 사람은 자신이 한 말의 톱질에 대해 전혀 기억하지 못할 것이다. 가족과 오붓하게 저녁을 먹고 희희낙락할지 모른다. 찬양을 부르고 나서 하나님께 감사의 기도를 드릴지도. 어쩌면 자신이 한 말을 자르고 말대답한 아들에게 훈계할 수도.

그렇다. 상처는 다른 사람이 낼 수도 있지만 스스로 만든 자해일 수도 있다. 그가 일방적으로 싹둑 잘랐던 말을 찬찬히 잇자 하나의 물줄기가 되었다. 이 말을 징검다리에게 건넸다. 징검다리가 달빛이 쏟아낸 말처럼 내 말을 귀 기울여 들었다. 모로 뾰쪽해지다 각으로 구겨졌던 궁벽한 마음이 완만하게 풀리기 시작했다. 칙칙하게 녹슨 마음이 달빛으로 지워지고 물소리에 씻겼다.

게다가 그는 워낙 바삐 사는 사람이니까 경황없었으리라고 생각하기로 했다. 거창하게 성경 말씀을 떠올리거나 논어에 있는 말을 애써 들지 않기로 했다. 그가 내 말에 톱질하기 전에 내 말의 나무가 어떠했는지 돌아보았다. 그리고 아무 일 없었던 것처럼 아중천을 따라 흘렀다. 억새가 온몸을 바람에 내맡기고 달빛을 뽀얗게 문질렀다.

철없이 아파한 순간이 회한의 역사가 되어 부끄러웠다. 내 마음 한 구석에 있는 열등의 녹을 발가락이 부르트도록 걸으며 달빛으로 닦았다. 아중천이 끝나는 곳에 소양천이 접속사처럼 자리하여 물길을 이어받아 흐른다. 한 시간 이상 걸어 초포 다리에 이르자 마음이 소금쟁이처럼 이내 가벼워졌다. 곧이어 귀가 청명하게 맑아지면서 먼 숲에 잠든 새 심장 소리가 바람결에 따스하게 읽히었다.

되돌아가는 길이 따스한 지름길처럼 보인다. 달 주위에 총총 돋은 별이 고만고만한 빛을 싱싱하게 내려놓는다.

(2019. 12. 15.)

이웃

하루에도 몇 번씩 산이 부르는 소리를 듣는다. 이럴 때, 등산화만 달랑 신고서 산을 만나러 간다. 산이라고 해봤자 작업실 가까이에 있는 야트막한 곳이다. 아파트 언저리에 자리 잡고 있어 사람이 많이 찾는다. 편백이 거대하게 우거져 있고 아카시 꽃, 밤꽃, 자귀 꽃향기를 철 따라 몽땅 맡을 수 있어 산책하기에 안성맞춤이다.

컴퓨터 앞에 오래 앉아 있었더니 허리가 뻐근하다. 오래전 삐었던 허리가 자세를 잘못하거나 의자에 오래 앉아 있으면 묵직하게 담이 결린다. 걷는 게 좀 불편했지만, 산으로 향했다. 언제 비가 지나갔는지 웅크리고 있던 흙냄새가 일제히 일어났다. 때로는 흙냄새가 꽃향기보다 그윽할 때가 있다. 생명의 어원이 흙이기 때문일까.

키가 작고 몸집이 조그마한 산이지만, 사람이 밟은 곳마다 길이 되어 거미줄처럼 널려 있다. 사방에 걸쳐 펼쳐져 있는 산길은 어디서

든지 숙명적으로 만난다. 길을 따라 걷다 보면 산 아래서 만난 사람을 중간에서 다시 만나기도 하고, 정상에서 마주친 사람을 산 밑에서 재회하기도 한다. 사람뿐만 아니라, 청설모나 다람쥐와 마주치기도 한다. 사람을 자주 맞닥뜨려 생긴 신뢰 때문인지 좀체 두려운 기색이 전혀 없다. 사람이 잘 다니지 않는 길을 밟다 산삼같이 생긴 것이 모여 사는 군락지를 발견했다. 하마터면, "심봤다"라고 소리칠 뻔했다.

실은 처음부터 그것이 산삼이 아니라는 것을 알았다. 그들은 이웃이라는 문패를 달고 옹기종기 모여 살을 맞대고 살고 있다. 족히 50여 호쯤 될 성싶다. 서로 바라보기 좋은 사이를 옹호하며 살붙이처럼 살갑게 사는 모습이 절로 감탄사를 자아낸다. 어떤 사이든 서로를 옹호해야 화기애애해진다. 사이는 서로를 품는 공간이다. 따스한 마음이 닿아 서로에게 낯익은 이름이 된다. 서로 등을 떠받치고 든든한 언덕배기가 된 이웃이라야 사이가 견고하다.

잎을 다 내려놓은 나무가 맹숭맹숭하게 모여 있는 곳과 달리 편백은 사이를 일정하게 두고 이웃으로 찰지게 직립해 있다. 어느 것 하나 허리가 굽어지거나 고개를 숙인 게 없다. 가로나 세로로 얽히지 않고 오로지 하늘을 중심각으로 삼고 부동의 자세이다. 이 자세가 만든 숲 곳곳이 새집을 업어 키우고 있다. 바람이 흔들어 깨우지 않았는데도 편백의 체취가 궁하지 않게 스며든다. 사람 사는 마을에서 자주 하지 못한 호흡을 깊고 길게 여러 차례 했다. 속이 청명하다.

사람 사는 마을이 한눈에 환히 들어온다. 치렁치렁한 햇살이 높고 거대한 아파트 숲에 꺾여 왜소해지다 까닥까닥 사라진다. 바람 몇 줄기가 상큼하게 분다. 사람 사는 마을은 화사하고 화목한 바람만 불지 않는다. 이마를 맞대고 사는 이웃이 원수가 되어 서로 낯을 붉히며 지내기도 한다. 아파트는 이웃과 배타적인 관계를 설정한 건축공법이다. 태생적으로 이웃사촌이라는 말을 생성할 수 없는 주거 형태이다. 이웃 사이에 유형의 담은 없지만, 무형의 담이 철창처럼 존재한다.

이웃이 그리운 시절이다. 코로나 광풍이 멎을 줄 모르고 근력을 더 키우고 있다. 마스크 한 장 구하기 어렵다. 사람 만나는 것을 소박하게 꿈꿀 수 없다. 세월은 무슨 일이 벌어졌는지 한눈팔지 않고 가던 길을 계속 간다. 이와 달리 우리는 지체하거나 유예할 일이 많이 늘었다. 이 통에도 꽃이 다시 수북이 피고 있다. 유별스럽게 따뜻했던 겨울이라 하지만, 바람의 날끼은 아직 뾰쪽하게 시리다. 한 번쯤 불청객처럼 찾아올 꽃샘추위를 두려워하지 않고 꽃잎이 반짝거리며 양수를 터뜨린다.

곧 초대하지 않은 황사 바람이 들이닥칠 것이다. 죽기 살기로 산 생명만이 그나마 숨구멍이 막히지 않고 살아 있기 마련이다. 생강나무가 바라보기 좋은 거리에 이웃하여 노랗게 피어 있다. 빈집 한 채 없듯이. 빈집은 사람이 살지 않는 집이 아니라, 이웃이 없는 집이다. 마음의 이웃 없이 혼자인 사람은 빈집과 같다. 집을 오래 비워두면 폐가가 된다. 집은 사람의 온기를 먹어야 오래 버티며 산다. 사람도 그렇다. 기다림보다 오래 살아야 한다.

"눈 소식 아득한 겨울/ 남향 양지 길 낸 매화/ 이른 봄 같은 사춘기/ 서둘러 눈 지그시 뜨고// 그대 사는 가까운 마을/ 바람 길에 있는 억새/ 그리운 자세 하나로/ 역력하게 서 있으니// 어디에 있든 잠시 잠깐/ 뭉툭해질 날 없는 그리움// 풍경처럼 눈 떼지 않고/ 기다림보다 오래 살면 된다.” (「기다림보다 오래 살면 된다」 전문)

(2020. 3. 3.)

은혜의 강

새해가 벌써 사흘이나 훌쩍 지났다. 그야말로 눈 깜짝할 사이다. 작년 한 해 동안 쓴 시를 모아 시집『그대 있는가』를 발간하려고 원고를 편집했다. 열 번쯤 교정한 원고를 출판사와 평설을 써주실 분에게 보냈다. 온종일 글방에 박혀 이 작업하는 데만 매달렸다. 늦은 오후쯤 되자 온몸에 한기가 슬몃 들어와 으슬으슬 돌았다.

급기야 목이 바닥까지 가라앉고 콧물이 줄줄 흘렀다. 목은 내 감기의 접선이자 통로이다. 감기가 올라치면 목이 가장 빠르게 눈치챈다. 목소리가 갈리며 묵직해지고 목젖이 따갑게 덜컹거리며. 전에 먹다 둔 약을 찾아 먹고 보일러를 켰다. 그대로 잘 익은 파김치처럼 곯아떨어졌다. 한참 후 열기를 느껴 깨어나자 방이 찜질방이다. 기침이 쉼표 없이 거칠게 나왔다. 게다가 머리까지 혼미하게 아프며. 밤새 기침깨나 해대며 잠자는 것을 잊고 아침을 맞았다.

병원에 가긴 해야겠는데, 몸이 맘껏 말을 듣지 않았다. 홀로 있는 글방의 적막이 깊디깊다. 불쑥 외로움의 가지가 무성하게 뻗었다. 집에 연락해봤자 동행해줄 만한 식구가 없다. 연로한 부모님이나 자유하게 움직일 형편이 못된 아내에게 되레 근심만 줄 뿐. 가족이지만 드러내지 않고 홀로 암암리에 해야 할 일이 꽤 많다. 물방개처럼 마음을 가리지 못하다 벌떡 일어났다. 대충 씻고 병원으로 갔다. 병원은 감기를 앓는 환자로 수두룩했다.

나흘 뒤 대학 친구들과 ㅇㅇ으로 여행을 다녀오기로 했다. 내 육순을 기념하여 친구들이 여행을 서둘러 계획했다. 행여 몸 상태가 좋지 않아 친구들에게 김 뺄 일이라도 만들지 않을까 염려가 일었다. 낯익은 의사에게 처방을 받고 수액을 맞았다. 간호사에게 링거 맞는 모습을 찍어달라고 부탁했다. 두 친구에게 사진을 보내고 "나, 독감이래." 라는 문자를 해설서처럼 붙였다.

한참 있다 운장산 산 그림자 밑에 귀향해 사는 친구가 말을 이었다. "야! 호사다마라고 고생한다. 전화위복이라고 잘 다스리면 좋은 일이 생길 것 같다. 분투하고 극복하고 좋은 경험 같이해 보자." 이어 달리기 주자처럼 대전에 사는 친구가 글을 달았다. "쾌유를 빈다. 며칠 동안 스트레스받지 말고 푹 쉬면 거뜬히 일어날 거야. 힘내. 감기는 따뜻한 곳에 가면 자연 치유될 거야."

독감 걸렸다는 친구를 떼어놓고 자기들끼리 여행할 생각이 아예 없다. 글방으로 돌아와 약을 먹고 설거지를 했다. 여러 차례 자다 깨기를 하다 창을 보니 풍경이 어둑해졌다. 친구들 마음을 헤아려서라도 몸을 회복해 기필코 동행하리란 생각을 지팡이 삼고 일어났다. 쌀을 씻었다. 입맛이 한풀 꺾였지만 열 알 남짓 되는 약을 한꺼번에 먹으려면 속을 뭐라도 채워야 했다.

다른 때보다 물의 체온이 유별스레 차디찼다. 밥통에 밥을 안쳤다. 쟁여놓은 책 가운데 이계열 시인이 쓴 시집 『그 자리에 놓아두자』(시학)가 눈에 띄었다. 남도 땅엔 올겨울 눈이 단 한 번 내리지 않았다. 잊힐만하면 소걸음으로 다가온 비가 먼지바람을 토닥토닥 잠재우고 부산하게 달아났을 뿐. 단번에 편 쪽에 「산당山堂」이란 시가 이만한 자리가 없다는 듯 보기 좋게 자리 잡고 있다.

"당신에게 가는 길에 눈꽃이 날려/ 섬돌에 벗어놓은 고무신이 고요를 받습니다// 한 철 눈 감고 당신에게 가는 길에/ 그칠 줄 모르는 눈꽃이 날려,// 끊긴 길 위의 눈꽃이/ 햇스님 싸리비질 소리에 쓸리웁니다." (「山堂」 전문)

그리움은 여행이다. 맘속 깊이 품고 있는 사람을 향해 떠나는 길이다. 그 길은 눈을 감고 걸어도 투명하고 선명하여 앞이 환하다. 밤낮없이 언제든 가도 길을 잃지 않는다. 때로 단번에 닿지 못해 아플 뿐, 단지 바로 눈앞에 없어 앓을 뿐. 그리운 이를 찾아가는 길에 눈이 사뿐사뿐 쌓이면 얼마나 눈 맑은 풍경이랴. 첫눈이 내리는 날, "와! 눈이 와요. 그대 창에도 눈꽃 피었나요?"라는 엽서 한 통 누군가에게 보내리라.

때로 혼자 먹는 밥은 밥이 아니라, 단단하고 질긴 고독이다. 밥을 먹고 있을 때 모 교수님이 전화했다. 오늘 시무식에서 보지 못해 궁금했다며. 1박 2일 동안 있었던 일을 풀어놓자 대뜸 너무 무리하지 말라 하였다. 그랬다. 단 한 순간이라도 앞을 보고 뛰지 않으면 나 자신에게 당당하지 못했다. 어떤 일이든 열정을 품고 나서지 않으면 그 자리가 바늘방석이었다. 어떤 자리나 경제적 대가를 지금껏 열정보다 아랫자리에 두고 살아왔다. 참 미련하게.

귀한 지인이 톡 엽서를 보냈다. "우리 주 예수 그리스도를 변함없이 사랑하는 모든 자에게는 은혜가 있을지어다."(에베소서 6:24) 이 순간, 내 심장이 잠들지 않음이. 내 혈류가 멎지 않고 흐름이 은혜이다. 학교에서 보이지 않아 궁금증 주시어 전화한 동료 교수가 곁에 있음이. 바깥 여행 한 번 하지 않은 친구 데리고 여행 가주려는 친구들 있음이 은혜이다. 홀로 있는 시간 주시어 생각의 모서리 가다듬을 수 있음이. 글 쓸 힘과 시간 주심이 은혜이다.

약을 먹고 다시 책상에 앉았다. 은혜의 강에 몸을 맡기고 어딘가로 흐르고 흐른다. 오늘 밤은 어느 종점에 이르러 달짝지근하게 잠들 것 같다. 그 강에 달빛이 찰랑찰랑 따라와 주면 좋으련만.

(2020. 01. 03.)

부재중 전화

학생 낯을 보며 강의할 날이 아직도 아득하다. 한 주 한 주 연기해 온 대면 강의 일정이 이제 기약 없는 만남처럼 되었다. 오전에 학교에서 이와 관련한 회의를 마치고 오후에는 교수학습지원센터에서 하는 구글 클래스룸에 대해 강의를 들었다. 몇몇 교수님과 함께. 잘하는 교수님도 계셨지만 대부분 이른바 컴치 부류였다. 늦은 오후에 끝났는데 머릿속이 하얗다.

다음 주 강의 영상을 녹음하였다. 연구실 문에 '녹음 중'이란 푯말을 붙였다. 유선 전화 수화기를 내려놓고 손전화는 무음으로 뒀다. 과목별로 25분짜리 강의를 3개 만들어야 한다. 녹음 작업을 하다 잠시 쉬면서 손전화를 보았다. 몇 해 전 사회복지학과를 졸업한 ㅇㅇ이가 "언제 삼겹살 한 번 사 주세요."라고 문자를 남겼다. ㅇㅇ이는 장애를 앓고 있다.

모 목사님께서 전화한 흔적이 있다. “녹음 마치는 대로 전화하겠습니다.” 모 목사님은 어떤 안내문을 사진으로 찍어 의미가 무엇인지 물었다. 공공기관에서 널리 알린 글인데도 뜻이 모호한 문장 풍년이었다. 들여다볼 시간이 없어 “녹음 중입니다.”라고 문자를 띄웠다. 한 과목 녹음을 마치고 나자 어둠이 허기를 데리고 총총 왔다. 덩달아 목이 부쩍 탔다. 강의실에 서서 하는 강의보다 피로가 지름길로 왔다.

글방에서 저녁을 먹으며 핸드폰을 보았다. 10여 분 전에 심리상담 박사과정을 수료한 제자가 전화했다. 전화를 돌렸더니 내린 커피를 가져오겠다고 했다. 시장기를 찬 삼아 먹은 저녁은 곯은 배를 금방 채웠지만, 후기를 개운하게 필사할 수 없었다. 잘 숙성한 커피를 몇 모금 넘기자 입안이 맑아졌다. 눕고 싶은 생각이 시곗바늘처럼 움직였으나, 독하게 맘먹고 신발을 신었다. 마치 경건한 종교의식처럼 여기며 나서는 밤 산책은 때로 나태와 타협하려고 악수를 청한다.

아중천변의 벚꽃이 속살을 속속 드러내고 있다. 꽃그늘을 등 뒤에 두고 한갓진 곳을 밟았다. 꽃과의 거리는 멀어지지만, 그리움의 못으로 박히고 싶은 곳. 박혀서 영영 돌아올 수 없으면 좋으리란 꿈을 홀연 꾸며 엮은 보행. 이 꿈을 꾸는 동안 보폭은 짤막해지고 그리움은 길쭉해졌다. 가도 가도 넘을 수 없는 어둠의 벽. 이 벽 앞에서 간절히 믿고 있던 구석이 허물어졌다.

누구에게나 나름대로 기다리는 그 날이 있다. 그날이 어떤 일을 기념하는 날일 수 있고, 마음의 나이테로 아로새겨져 기억의 집에 오래 사는 것일 수도 있다. 그날이 아주 오랜 과거의 한 날일 수 있고,

언제 올지 몰라 조마조마 맘 뭉툭해지는 날 일 수도 있다. 그날은 내게 눈앞에 오지 않은 날이었지만, 마음속에 이미 들어앉아 따스한 날이었다. 마음의 정원 가득 만발한 꽃을 보고 바람이 그냥 지나치지 않고 머뭇거렸다.

세상살이하면서 우리는 약속을 많이 하며 산다. 생명을 함께 나누겠다는 '투신형'에서 언제 한번 보자는 '모호형'에 이르기까지. 그날은 이 족속과 피 한 방울 섞지 않은 날이었다. 벽 같지 않고 손잡이 달린 문 같은 詩. 막히지 않고 강처럼 흐르는 詩가 언제 올지 몰라 늘 목을 길게 빼야 했다. 詩를 기다리는 동안 새가 울고 석양이 동백처럼 졌다. 詩는 내 그리움의 원류이다. 오래된 그리움 속에는 단내가 오글오글 모여 산다. 사는 게 힘 팽겨 살맛 죽을 때 잘 익은 그리움을 약 불에 달달 볶으면 살맛 난다. 詩는 내게 살맛이다.

세월이 4월의 들머리에 발을 들여놓았는데도 밤바람은 맵다. 마른 억새가 이심전심으로 어울려 부대낀다. 부대낄 이름이 이웃에 있으면 외로울 틈이 있으랴. 잘살고 있다는 말 가마솥에 데워 주고, 힘내라는 말 기도로 달궈 줄 이 마른 억새의 거리에 있다면. 반질반질 빛난다고 등 두드려주고 삶 허기지지 말라고 기립 박수해 줄이 배경으로 있다면. 우리 사는 마을 어디든 멀든 가깝든 뒷산이 있다. 그 산 같은 이가 이웃이라면.

詩가 전화했다. 내 생의 이웃 같은, 내 삶의 뒷산 같은 詩가 전화했다. 부재중 전화였다. 우리 생의 손전화에 부재중 전화가 하룻날 한두 개쯤 남는다. 부재중 전화 는 잘 숙성해야 한다. 그렇지 않으면 관계의 문이 삐걱거리거나 오해의 늪에 빠지기 쉽다. 詩가 나에게 했을 문장을 떠올린다.

“미안합니다.”

이 말은 주어와 목적어를 다 갖출 필요 없다. 주어와 목적어를 챙기면 상황이 조건이 되고 조건이 변명을 끌고 다닌다. “미안합니다.”라는 말은 서술어 하나만으로 완전한 문장이다. 숟가락보다 짧은 이 말을 하며 사는 게 참 어려운 세상이다. 이 말을 쓰는데 우리 혀가 놀부보다 인색하다. 달빛이 호시절이다. 이 말을 달빛 아래 한 움큼 꺼낸다.

(2020. 4. 9.)

기댈 데

"난 기댈 곳이 없어."

"무슨 소리야. 내가 옆에 있잖아."

밤 벚꽃 그늘 밑 나무 의자에 젊은 남녀가 살갑게 앉아 얘기를 나눈다. 남자가 여자 어깨에 머리를 가볍게 기대자 여자가 그의 머리를 든든히 받쳐줬다. 일순간 벚꽃이 눈을 찔끔 감고 일제히 딴 데로 고개를 돌렸다. 나도 발걸음을 서둘렀다. 우리에게 기댈 언덕이 없고 믿는 구석이 없다면 우리 삶이 얼마나 막심할까.

사람에 따라 기대어 사는 것이 저마다 다르다. 믿음이 신실한 사람은 자신이 믿는 절대자를 비빌 언덕으로 여길 테다. 연인, 가족, 친구 혹은 동료와 같은 사람을 믿는 구석으로 생각하는 사람도 있을 것이다. 아니면, 돈이나 권력을. 오죽했으면 윤복희는 '여러분'이라는 노래를 "내가 외로울 때면 누가 날 위로해주지?"라고 물은 뒤, "여러분!"이라고 절규하며 갈무리했을까.

공제선을 만들고 있는 언덕에 마른풀잎이 모여 산다. 풀잎은 서로에게 손 내밀어 조사가 되어주기도 하고, 가까운 거리에서 서로에게 수식어가 되어주기도 한다. 서로를 바라보는 눈빛이 어찌나 다정다감한지. 서로를 부르는 목소리가 어찌나 보드랍고 온화한지. 어느 뉘 하나 따돌리지 않고 빈구석 없이 살뜰히 챙기는지. 서로를 기대고 있는 모습이 오래된 풍경이다.

길고양이와 눈이 마주쳤다. 집에서 기르는 고양이 못지않게 건강하다. 털은 윤기가 명료하게 흐르고 살집까지 제법 붙어 튼실하다. 발소리를 낮춰 나를 쳐다보는 그의 눈빛에 경계심 따위라곤 하나 없다. 천변을 방황하는 길고양이에게 집을 만들어주고 끼니를 챙겨주는 뉜가의 손길이 여전하고 꾸준하다. 겨우내 길고양이에게 기댈 데를 마련해준 손길이 있었으므로 길고양이는 길을 잃지 않았을 터. 눈빛이 별빛처럼 평온했을 것.

우리 집은 산 턱밑께 있다. 벽시계보다 산새가 새벽을 먼저 알리고 산 그림자가 저녁을 먼저 예고한다. 바깥 신발장에 장화와 고무신, 뒷굽이 내려앉은 등산화가 몇 켤레 있다. 속 모르는 사람은 닳아빠진 등산화를 버리지 않고 왜 두는지 의중을 자주 묻는다. 쓰레기를 수거하는 차가 일주일에 한 번 오는 전원주택은, 쓰레기를 제때 맘껏 내놓을 수 없다. 등산화도 이런 연유로 그 자리에 눌러앉았는데, 몇 해 전부터 새가 등산화에 집을 지었다.

놀랍게도 한 해도 거르지 않고 새가 집을 지으려고 등산화를 찾아온다. 새가 등산화에 집을 짓고 알을 낳아 떠날 때까지 그들은 우리 식구가 된다. 텃밭 남새에 있는 벌레를 잡는 아버지 손길이 분주해지시고, 어머니는 쌀을 씻을 때마다 몇 톨을 물에 오래 담그신다. 우리 식구는 등산화에 집을 지은 새에 관한 이력을 철저하게 비밀에 부친다. 어미 새가 새끼들에게 물린 젖을 떼고 떠나는 날까지. 마치 출생의 비밀을 숨겨야 하는 혈육이라도 되는 것처럼. 버리려고 내놓은 등산화를 새는 기댈 곳으로 여긴 셈이다.

먹을 것이 없어 피가 밭은 게 아니라, 기댈 곳이 없어 삶이 쓸쓸해지는 시절이다. 하루 생애 가운데, "지금 뭐 해요?"라고 물어주는 사람 몇이나 두었는가? "점심때 함께 밥 먹어요."라고 말해주는 이 몇이나 있는가? 급전이 필요할 때 돈 좀 빌려달라고 얘기할만한 사람 몇이나 있는가? 눈부시게 맑은 하늘이 내다뵈는 카페에서 시계 한 번 들여다보지 않고 내내 이야기할 사람 곁에 있는가? 기댈 데 얼마나 있는가?

기댈 곳이 허공밖에 없는 것이 있다. 새는 허공에 길을 내고 걷는다. 허공을 든든한 어깨처럼 여기며 보행한다. 그래서 그의 보행은 비행이 된다. 꽃은 허공에서 생을 시작하고 마감한다. 꽃은 허공에 기대어 피어야 청명하고, 허공에 기대어 져야 뒤끝이 작렬하지 않는다. 그래서 그의 생이 극미極美에 이른다. 거미는 기댈 곳이 허공밖에 없어 허공공법으로 허공에 집을 짓는다. 그 집에 먹잇감만 부르는 게 아니라, 아침이슬까지 초대한다. 그래서 아침이슬을 매단 거미집은 꽃의 동성동본쯤이다.

믿는 구석이 바람뿐인 게 있다. 민들레 홀씨는 바람을 타고 종족 보존의 여행길에 오른다. 꽃단풍 역시 제 태를 바람에 기대어 풀어놓는다. 꾀꼬리가 목청을 가다듬으며 뒷산을 흔들어 젖히면 송화가 바람을 타고 흩날릴 테다. 그럴 날이 그리움처럼 싸목싸목 다가오고 있다. 박목월이 쓴 「윤사월」에 나오는 눈먼 처녀가 문설주에 귀 대고 엿들었던 게 무엇이었을까. 꾀꼬리 소리, 아니면 송홧가루의 분분한 군무 소리.

기댈 곳이 허공밖에 없고 믿는 구석이 바람뿐인 것에 비하면, 우리 언덕은 얼마나 많고 든든한가. 오늘 「룻기」를 읽었다. 성경에 나오는 사람마다 누구를 믿고 기대어 사느냐에 따라 생사가 엇갈린다. 내 혈류처럼 흐르는 詩, 심장처럼 뛰는 詩가 내 삶을 감았다 풀고 풀었다 감는다. 의지의 관절이 내려앉으면 추슬러 일으킨다. 그리움의 불씨가 잠들지 않게 두드려 깨운다.

(2020. 4. 12.)

최재선 수필집

귀여겨듣다

인쇄 2020년 10월 20일
발행 2020년 10월 22일

지은이 최재선
발행인 서정환
펴낸곳 수필과비평사
주소 서울시 종로구 삼일대로 32길 36(익선동 30-6 운현신화타워 빌딩) 305호
전화 (02) 3675-3885, (063) 275-4000 · 0484
팩스 (063) 274-3131
이메일 sina321@hanmail.net essay321@hanmail.net
출판등록 제300-2013-133호
인쇄 · 제본 신아출판사

ISBN 979-11-5933-292-0 03810

값 16,000원

이 도서의 국립중앙도서관 출판예정도서목록(CIP)은 서지정보유통지원시스템 홈페이지(http://seoji.nl.go.kr)와 국가자료공동목록시스템(http://www.nl.go.kr/kolisnet)에서 이용하실 수 있습니다. (CIP제어번호: CIP 2020043103)

Printed in KOREA